中等职业教育幼儿保育专业系列教材

幼儿早期学习支持

主　　编	王达会　韦秋萍　邹　红
副 主 编	申倩琳　李远祥　钟运红　陶　佳　赵鸿颜　李方珍
参编人员	胡国祯　黄小兰　唐友芳　唐亚平　张婉月　文　瑜
	谢增伦　何涵昭　朱梦华　周洪霞　邹洪霞　革梦园
	张　敬　周　灵　邱文丰　陈秋甫
主　　审	周　劼

重庆大学出版社

图书在版编目（CIP）数据

幼儿早期学习支持 / 王达会, 韦秋萍, 邹红主编.
重庆 : 重庆大学出版社, 2025. 1. -- (中等职业教育幼
儿保育专业系列教材). -- ISBN 978-7-5689-4862-3

Ⅰ. G61

中国国家版本馆CIP数据核字第2025FR7531号

中等职业教育幼儿保育专业系列教材

幼儿早期学习支持

主　编　王达会　韦秋萍　邹　红
责任编辑：章　可　　版式设计：张　晗
责任校对：邹　忌　　责任印制：赵　晟

*

重庆大学出版社出版发行
出版人：陈晓阳
社址：重庆市沙坪坝区大学城西路21号
邮编：401331
电话：（023）88617190　88617185（中小学）
传真：（023）88617186　88617166
网址：http://www.cqup.com.cn
邮箱：fxk@cqup.com.cn（营销中心）
重庆华林天美印务有限公司印刷

*

开本：787mm×1092mm　1/16　印张：15　字数：376千
2025年1月第1版　2025年1月第1次印刷
ISBN 978-7-5689-4862-3　　定价：43.00元

随着我国教育事业的深入改革与发展，尤其是职业教育领域对专业目录的调整与优化，《职业教育专业目录（2021）》中明确将原中等职业教育阶段的学前教育专业调整为幼儿保育专业，这标志着我国对幼儿教育的关注焦点进一步聚焦于全方位、科学化的保育与教育。在此背景下，《幼儿早期学习支持》教材应运而生，以适应当前教育改革的需求。2025年，教育部印发了758项新修（制）订的职业教育专业教学标准，进一步明确了职业院校专业课程教材建设的要求。该教材的推出，为培养具有高质量幼儿保育能力的专业人才提供了有力的教学支持，从而助力教育强国的建设。

本教材紧密围绕《幼儿园工作规程》《幼儿园教育指导纲要（试行）》《3~6岁儿童学习与发展指南》《幼儿园保育教育质量评估指南》《托育机构保育指导大纲（试行）》等一系列重要文件精神，融合理论与实践，构建了一套既重视基础知识又强化保育实践的专业课程体系。"幼儿早期学习支持"作为幼儿保育专业的核心课程，其价值在于帮助学生深入理解和把握幼儿早期学习的本质特点、影响因素及其有效的支持策略，从而培养出具备正确保教观念和高度专业素养的保教工作者，顺应托幼一体化的发展趋势，全面提升我国幼儿保育教育质量。

1.融入课程思政元素

本教材积极响应党的二十大报告中提出的"办好人民满意的教育"号召，坚持立德树人根本任务，努力培养全面发展、德才兼备的社会主义建设者和接班人。在内容设计上，教材秉承课程思政的理念，充分体现以人民为中心的教育发展方向，致力于建设高质量教育体系，促进教育公平，推动素质教育的深化实施。

2.综合"岗课赛证"育人

本教材依据教育部最新修订的《职业教育专业简介》中幼儿保育专业的课程标准，紧密对接《保育师国家职业技能标准》，并融入保育师和育婴师职业资格考试、幼儿照护职业技能等级考试以及全国职业院校婴幼儿保育技能大赛的内容。教材注重培养学生的职业素养，旨在培养具备高素质的幼儿保育专业技术技能人才。

3.采用项目化编写方式

本教材以提升职业能力为核心，采用项目式教学法，设计了5个相互衔接的项目，包含19个任务，由浅入深地涵盖幼儿早期学习支持的理论知识和实践操作的各个层面。通过介绍"早期学习支持基础知识"与"早期学习支持理论"，扎实构筑理论基础，而后聚焦于环境支持、五大领域学习活动支持实践及家园合作策略，提供细致的操作流程与实战模拟，确保知识和技能的循序渐进，帮助学生系统掌握职业技能。教材通过任务驱动的方式，将理论知识与实践操作紧密结合，利用真实案例和小组互动学习模式，鼓励学生在实践中掌握知识、锻炼技能，充分体现了"做中学"的现代保育教育教学理念。

4.配套丰富的教学资源

本教材融入"互联网+"理念，引入广州市增城区荔城街第二幼儿园、重庆市江津区几江幼儿园等托幼机构在学习支持实践中的大量案例资料，配套了丰富的数字化教学资源，包含教学设计、课件、微课教学视频、任务实训视频、知识链接等内容，通过二维码链接，实现了线上线下相结合的混合式学习体验，增强了教材的灵活性、互动性与丰富性，有效推动了教学方式的变迁。

5.组建多元的编写团队

本教材拥有多元的编写团队，包括重庆市教育科学研究院研究员、职业学校教师、拥有丰富实践经验的幼儿园园长、专家以及专业的保育师。主编团队由王达会、韦秋萍、邹红三位核心成员组成，负责整体策划与方向把控；申倩琳、李远祥、钟运红、陶佳、赵鸿颜、李方珍担任副主编，协助主编进行细节管理与内容审核。胡国桢、黄小兰、唐友芳、唐亚平、张婉月、文瑜、谢增伦、何涵昭、朱梦华、周洪霞、邹洪霞、革梦园、张敬、周灵、邱文丰、陈秋甫等多位专业人士共同参与编写工作，各自发挥专长，将深厚的理论基础与一线实践经验紧密结合，打造出既具有理论深度又贴近实际操作的教材。

为了确保教材内容紧跟幼儿保育教学的最新动态，保证知识的准确性与实用性，我们特别邀请了重庆市教育科学研究院的周劼老师担任主审，她对教材进行了全面而细致的审查与指导。此外，园长赵鸿颜和钟运红、保育师何涵昭和朱梦华从独特的学习支持视角出发，为教材提供了丰富的配图与案例素材资源。数字技术人员谢增伦凭借其高超的艺术创造力，负责视频制作，将复杂枯燥的文字叙述以直观、生动的方式呈现，极大地提升了教材的吸引力和趣味性，使学习过程变得更加丰富多彩。

主编王达会老师负责全书的统稿工作，确保各个项目任务之间的连贯性和整体风格的统一性。整个编写团队成员在"中高职衔接""产教融合""园校合作"原则的指导下，各司其职，协同合作，共同完成了本教材的编写工作，为幼儿保育教学与研究提供了宝贵的资源。

由于作者水平有限，书中难免有不足之处，热切期望得到专家和读者的批评指正。

编　者

2025年1月

目录

项目一 幼儿早期学习支持与发展规律认知

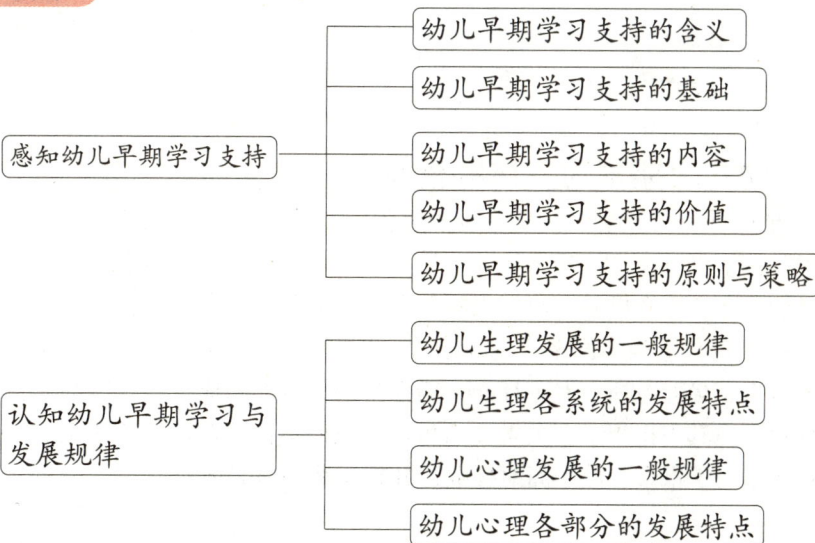

↓项目导读

在国家大力推崇教育事业之际，幼儿早期教育承载着重大社会使命和价值追求。0～6岁的婴幼儿时期，是塑造人生观、价值观的黄金阶段，我国坚持科学育儿和全面发展原则，将社会主义核心价值观融入保育工作，以引导幼儿健康成长。

作为幼儿教育的前线执行者，保育师肩扛传承中华文化、培育新时代接班人的重任。保育师需遵照《3～6岁儿童学习与发展指南》和《幼儿园保育教育质量评估指南》的专业指引，尊重幼儿天性，激发潜能，借由幼儿旺盛的好奇心和求知欲，给予适时的精神引导与物质保障，助力幼儿在身体、情感、认知、社交、语言等多维度均衡发展，以期启迪智慧、磨砺品格、养成良好习惯。

《国家职业技能标准》提出保育师的职业功能包括环境创设、生活照料、安全与健康管理、早期学习支持、合作共育、培训与指导。保育师巧妙利用环境支持机制，设立多元活动区，制作蕴含学习支持意义的墙面装饰等，以潜移默化的方式引导幼儿行为和思维方式，有力驱动早期学习进程，致力于实现高质量、高水准的早期保育目标。

项目导图

```
                                    ┌─ 幼儿早期学习支持的含义
                                    ├─ 幼儿早期学习支持的基础
                    感知幼儿早期学习支持 ─┼─ 幼儿早期学习支持的内容
                                    ├─ 幼儿早期学习支持的价值
幼儿早期学习支持                       └─ 幼儿早期学习支持的原则与策略
与发展规律认知
                                    ┌─ 幼儿生理发展的一般规律
                    认知幼儿早期学习与    ├─ 幼儿生理各系统的发展特点
                    发展规律          ├─ 幼儿心理发展的一般规律
                                    └─ 幼儿心理各部分的发展特点
```

任务一 感知幼儿早期学习支持

任务目标

▶ **知识目标**：理解幼儿早期学习（0～6岁）的内涵与需求，掌握早期学习支持内容，明确早期学习对儿童终身发展的价值。

▶ **能力目标**：遵循幼儿早期学习支持的原则，制订并执行个性化的早期学习支持方法。

▶ **素质目标**：树立尊重儿童权益的保教观，坚定早期保教信念，培养敬业精神。

任务准备

（1）预习本任务内容。

（2）阅读案例，完成案例下面的思考题。

［案例］王女士在40岁时迎来了她的宝贝儿子小琦，作为中年得子的母亲，她对小琦倾注了极大的关爱和期望。深知幼儿早期学习对其一生发展的重要性，在小琦刚满百天之际，王女士就已经开始实地考察周边的幼儿园。她首先锁定了几家在当地享有良好口碑的幼儿园，如"智慧树儿童之家"和"阳光未来幼儿园"。她详细比较了这些幼儿园的教学理念、师资力量、课程设置以及安全保障措施。

在参观过程中，王女士尤其注重幼儿园是否有科学的早期学习支持体系，是否能兼顾孩子的身心健康和智力开发。

［思考］什么是幼儿早期学习支持？

任务支撑

※ **活动一** ※

请结合"幼儿早期学习支持的含义"和"幼儿早期学习支持的基础与内容"，举例说明保育师如何以多种角色行为支持幼儿的早期学习。

一、幼儿早期学习支持的含义

幼儿早期学习是一个全面且多元的过程，通常是指从出生到上小学之前这一阶段的学习过程，包括身体发育、情感培养、认知发展、社交互动及语言习得等方面。在这个阶段，孩子们要学会感知世界、建立人际关系、理解并表达个人情感，还要逐渐掌握各种基础技能。这个过程既是多彩多姿的，也充满了挑战与机遇。早期学习对于幼儿在适应环境、激发潜力、培养习惯、促进社交、增强自信等方面的成长与发展都具有深远的意义和价值。保育师在其中担当了至关重要的角色，他们不仅要在传授新知识上发挥作用，更需要鼓励孩子们勇于探索、敢于面对挫败，并在实践中体验成长。

幼儿早期学习支持，从广义而言，是指成年人充分调动物质环境、精神环境及心理环境的积极因素，结合幼儿发展的多元领域，适时适切地引导幼儿与周围环境互动，实现学习支持的辅助实施过程。这不仅是保教理念，更是保教行动，旨在为幼儿提供丰富的学习环境，包含物质环境、精神环境和心理环境。物质环境中，包含各种教具、玩具和学习资料，它们让幼儿在游戏中学习，在玩耍中成长。精神环境和心理环境则包含家庭、社区、幼儿园的互动联系，以及充满安全感、支持和鼓励的成长气氛。另外，幼儿早期学习支持尤为看重家长和保教工作者的协作，共同为幼儿的成长提供有力的支持和恰当的引导。

对于保育师来说，理解和实践幼儿早期学习支持的方法是一个既多元又复杂的过程，需要关注幼儿的兴趣和需求，鼓励其自由探索，同时也要给予幼儿必要的指导和援助。对待幼儿，保育师需要耐心与理解，因为每个人的发展速度和方式都是独一无二的。同时，保育师还需要拥有广泛的学识和技巧，以便应对幼儿提出的种种问题，帮助幼儿解决问题，从而在解决问题的过程中获得学习和成长。

从狭义角度看，幼儿早期学习支持，特指保育师有目标、有计划地对幼儿在健康、语言、科学、社会和艺术五大领域，以及幼儿日常生活中开展互动式学习辅导。

幼儿早期学习支持就如同一场无限延伸的旅途，幼儿在这一旅途中扮演主角，他们通过亲身体验和不懈探索，挑战自我，最终成长为独立、自信、好奇、开放且富有创造力的人。保育师则是幼儿身边的陪伴者、支持者与协作者，他们在理解与合作中搭建起一个安全、丰富且趣味盎然的学习环境，让幼儿的潜能得以最大程度地绽放。如此一来，每个孩子都能在生命的初始阶段找到属于自己的韵律与步调，尽情地在探索和学习中品味成长的乐趣与真谛。

二、幼儿早期学习支持的基础

保育师在构建幼儿早期学习支持体系时，应充分利用幼儿脑科学及幼儿发展心理学的专业理论指导实践，精通适宜的环境创设策略，以营造符合幼儿身心发展规律的学习生活环境，深刻认识到游戏在幼儿学习过程中的基础性地位，并具备高效调动和整合家庭与社区学习支持资源的能力，构建起紧密的学习支持联盟，形成强大的学习支持合力，为幼儿提供涵盖多元领域、多个层次的学习支持服务，切实促进幼儿全面和谐发展。

微课

幼儿早期学习支持的基础

（一）幼儿早期学习的基础

孩子每个年龄段的大脑发育都有侧重点，如图1-1-1所示。

孩子的大脑发育状态深受外部刺激影响。

有研究表明：0~3岁是大脑发育的黄金时期，大脑内部各区域并不是毫无秩序地生长，而是有着明显的发育顺序，这一现象被称为大脑错峰发育现象。当幼儿早期学习支持能够顺应大脑发育的顺序，将帮助幼儿的大脑发展得更好。

1.突触猛长期

0~3岁的孩子处于突触形成的高峰期，成人应该充分刺激孩子的五感（视觉、听觉、嗅觉、味觉、触觉），多和孩子愉快、有感情地交流，及时回应孩子。

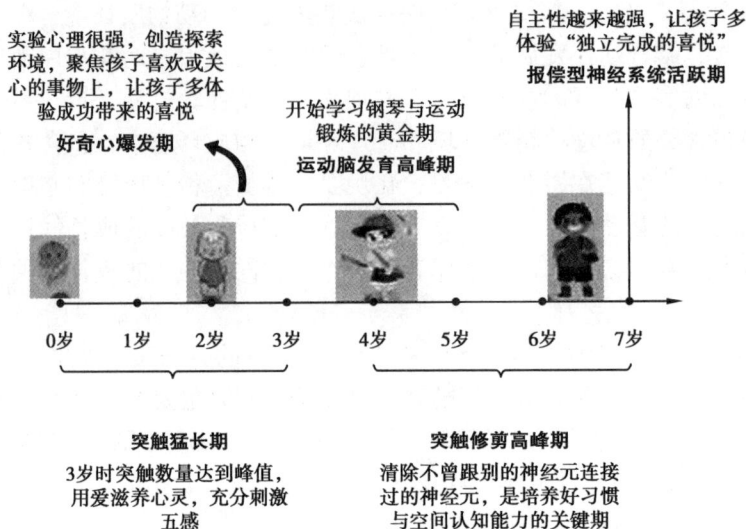

图1-1-1　大脑错峰发育的现象

2.好奇心爆发期

2~3岁的孩子好奇心井喷式地爆发，实验心理很强，为了更深入地了解这个世界，或者验证内心的想法，什么都要去做一做、试一试。这时成人应该多观察孩子喜欢什么、关心什么，并且创造丰富的探索环境，及时恰当地支持鼓励孩子。这样才能启动脑中的奖赏系统，获得强大的内驱力和学习热情。

3.运动脑发育高峰期

3~5岁的孩子处于运动脑"顶叶"的发育高峰期。这个运动脑区控制着指尖的精细动作，成人应该多锻炼孩子的精细动作和空间认知能力，如玩积木、拼图、弹钢琴等。这一阶段是孩子运动发展的黄金期。

4.突触修剪高峰期

4~7岁的孩子处于大脑突触修剪的高峰期。突触修剪，就是把一些不曾跟别的神经元连接过的神经元清除掉，精简大脑信息网，塑造一个更好用、更高效的大脑。在这个阶段，成人应重视孩子的能力和好习惯的培养，获得的效果会更好。

（二）保育师支持幼儿早期学习的基础

保育师在支持幼儿早期学习的过程中扮演着至关重要的角色，其专业素养和工作实践是保证幼儿全面发展的重要基础。

1.储备专业知识

保育师应深入学习幼儿脑科学与幼儿发展心理学等相关学科，了解幼儿生理、心理发展的基本规律与特征，以便于科学地引导和支持幼儿在语言、认知、情感、社交等多个领域的早期学习。保育师需要不断更新保教理念，采用恰当的学习支持方法，因材施教，尊重并激发每个幼儿的潜能。

2.精通环境创设与营造

保育师应熟练掌握环境创设的艺术与科学，创造出既安全舒适又充满挑战性的学习环境，刺激幼儿感官发展，鼓励幼儿积极探索、自由表达，促进幼儿全面发展。例如，设置丰富的学习角落、主题区角等，以适应幼儿多元化、个性化的发展需求。

3.倡导游戏化学习

保育师应深刻认识到游戏在幼儿学习过程中的基石作用，将游戏融入幼儿早期学习支持的各个环节，协助设计和组织丰富多样的游戏活动，让幼儿在游戏中自然习得知识技能，体验成功与挫折，培养解决问题的能力和积极的情感态度。

4.整合学习支持资源

保育师应该具备调动和整合家庭与社区学习支持资源的能力，建立有效的家园共育机制，协助开展亲子活动、家长课堂等活动，引导家长参与幼儿学习支持，共享学习支持资源。同时，链接社区资源，联合幼儿园周边的图书馆、公园、文化场馆等场所，拓宽幼儿的学习空间，形成学习支持合力，共同为幼儿提供全方位、多层次、立体化的早期学习支持。

三、幼儿早期学习支持的内容

幼儿早期学习支持是一个整合性的、系统性的学习支持过程，旨在通过多种途径和手段，最大化地开发幼儿潜能，为其后续的学习和成长打下坚实的基础。

（一）个性化学习支持

保育师根据幼儿不同的年龄阶段、兴趣和能力差异，提供个性化的学习材料、活动和学习支持方式，确保每一个幼儿都能得到最适合其发展阶段的支持，如图1-1-2所示。

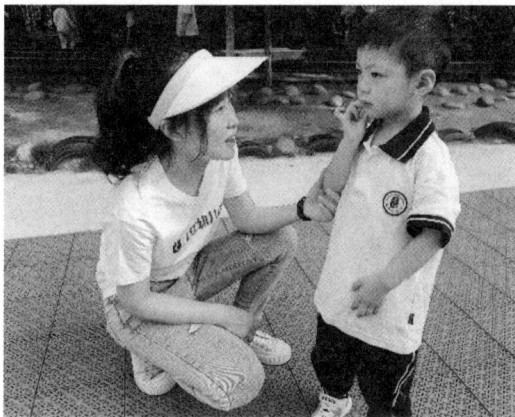

图1-1-2　个性化学习支持

1.年龄阶段差异化支持

1）1岁左右幼儿

保育师可以准备易于抓握的大块积木和布书，这类玩具既安全又能够锻炼幼儿的手眼协调和精细动作能力。而对于刚刚开始学步的孩子，设计一些简单的障碍穿越游戏，如绕过椅子、爬过垫子等，促进其大运动技能的发展。

2）2岁幼儿

考虑到这个年龄段幼儿的语言快速发展，保育师可以提供一系列主题卡片和故事绘本，并结合日常生活情景教授词汇和短句。例如，通过模拟超市购物的游戏，教授水果、蔬菜等实物名词及其相关词语。

3）3岁幼儿

对于即将入园或已经入园的孩子，保育师可以引入更复杂的拼图、配对游戏，以提升孩子的逻辑思维和问题解决能力。同时，可以根据每个孩子的兴趣点定制小项目，如喜欢动物的孩子可以参与制作动物模型，或举办小型动物知识分享会。

4）小班幼儿（约3~4岁）

（1）学习材料：保育师针对小班幼儿精细动作发育的特点，准备易于抓握的大块拼图、布质或木质的穿线玩具、填充物较软的手工制作材料，如大颗珠子用于串珠游戏，促进手眼协调能力和初步问题解决能力的发展。

（2）活动设计：保育师可组织简单的角色扮演游戏，如"过家家"，提供仿真厨房用具、娃娃和衣物等，让幼儿通过模仿照顾娃娃来练习生活自理能力，同时关注每个幼儿对于不同角色的兴趣点。

（3）实施方式：保育师可采用音乐律动、儿歌、故事讲述等形式的学习支持，因材施教，对于喜欢听故事的幼儿，提供更多绘声绘色的故事时间；对于活泼好动的幼儿，设计更多有趣的体操和舞蹈活动。

5）中班幼儿（约4~5岁）

（1）学习材料：保育师可以增加更为复杂的拼图、积木和益智玩具，如迷宫、简单数学逻辑游戏等，以满足幼儿日益增长的认知需求。此外，提供多元艺术创作材料，如颜料、彩纸、剪刀等，鼓励幼儿发挥创意。

（2）活动设计：保育师可以开展小组合作的游戏活动，如团队搭建、集体画画等，培养幼儿的社交技能和合作精神，同时注意观察幼儿在团队中的表现和兴趣所在，提供相应支持。

（3）实施方式：保育师可以开始引入基本的识字和算术启蒙，但强调趣味性和生活化，如利用实物进行数数、分类和比较，对于已展现较强语言表达能力的幼儿，可以提前引入简单的故事创作和口头表达训练。

6）大班幼儿（约5~6岁）

（1）学习材料：保育师可以提供更多具有挑战性的STEM（科学、技术、工程和数学）类玩具，如电路拼接套件、科学实验套装，让幼儿有机会探索更为抽象的概念。同时，提供丰富的阅读材料，涵盖科普读物、童话故事、诗词等，满足不同阅读水平和兴趣的需求。

（2）活动设计：保育师可以策划项目式学习活动，如小小科学家计划，让幼儿自行提出问题、设计实验并记录结果，提高探究能力和独立思考能力。

（3）实施方式：保育师可以结合幼儿的兴趣和特长，进行有针对性的个别辅导，如对表现出艺术天赋的幼儿给予更深入的艺术指导；对逻辑思维能力强的幼儿进行更多的数学思维训练。同时，加强幼小衔接的内容，如课堂常规、自我管理能力等方面的培养。

2.兴趣导向活动

1）音乐爱好者

如果保育师发现某个幼儿特别喜欢音乐，可以提供节奏乐器，播放不同风格的儿歌，或者组织音乐律动游戏，进一步激发幼儿的音乐天赋。

（1）提供音乐器材与道具：保育师可以为该幼儿提供儿童友好型的节奏乐器，如木质敲击乐器（木琴、鼓、铃鼓、沙锤）、简易键盘或者口琴等，让幼儿在操作和演奏中感知音乐节奏和音调的变化。

（2）多元化音乐体验：保育师播放多种风格的儿歌，包括古典音乐、民族音乐以及现代儿童流行歌曲，引导幼儿欣赏并分辨不同音乐类型的特点，从而拓宽其音乐视野。例如，可以让幼儿参与选择每日的"音乐时光"曲目，根据幼儿的喜好播放相应的音乐。

（3）音乐律动游戏（图1-1-3）：第一，跟随节拍做动作：保育师可以设计一些简单的动作组合，让幼儿跟着音乐节奏跳跃、旋转、拍手，培养节奏感；第二，音乐故事剧场：保育师可以配合特定的音乐片段，组织幼儿编排简单的音乐剧或舞蹈，通过故事情境表演，让幼儿在创造性的活动中加深对音乐的理解和情感表达；第三，即兴创作：保育师可以鼓励幼儿尝试自己创作简短的旋律，或者使用打击乐器随心所欲地敲击出自己喜欢的节奏模式，甚至可以组织一场小型的"幼儿音乐会"，让有音乐兴趣的幼儿展示自己的才艺。

图1-1-3 音乐律动游戏

2）美术创作倾向

对于喜欢画画或做手工的幼儿，保育师可以提供丰富的颜料、纸张、黏土等创意材料，鼓励幼儿自由创作，同时可以引导幼儿完成特定主题的艺术作品，培养审美能力和表达技巧。

（1）创意材料库：保育师可以设立一个艺术角，提供各种各样的艺术创作材料，如水彩笔、蜡笔、马克笔、丙烯颜料、彩色粉笔、素描本、卡纸、折纸、彩色皱纹纸、贴纸、各类形状的剪刀、胶水、橡皮泥、轻黏土、废旧物品（用于回收利用创作）等。确保幼儿可以根据自己的想法自由选择和使用这些材料。

（2）自由创作时间：保育师可以设定固定的"自由绘画"时段，不限制幼儿创作的主题和方式，让幼儿尽情挥洒创意，绘制心中的世界。这样既能锻炼动手能力，又能培养独立思考和自我表达的能力。

（3）主题美术项目。第一，季节性主题画作：例如，春天来临之际，引导幼儿画出自己心目中的春天景象，可能是盛开的花朵、飞舞的蝴蝶或是绿意盎然的树木；第二，故事画：选取幼儿熟悉的故事，让幼儿根据故事内容创作插画，增强对故事的理解和记忆，同时也练习了叙事表达能力；第三，立体手工制作：例如，制作春节的立体贺卡、中秋节的灯笼等，既锻炼精细动作技能，又了解和体验了传统文化。

（4）集体创作与分享：保育师可以组织幼儿共同完成一幅大型拼贴画或壁画，每个幼儿负责一部分，最后汇总成整体作品，借此提升团队合作意识，并通过分享彼此的作品，学习欣赏他人观点，提高审美水平。

（5）美术家工作坊：保育师可以模仿真实美术家的工作室场景，邀请幼儿模拟著名画家的创作风格创作作品，或尝试不同的美术流派和技术，如印象派、抽象表现主义等。

3.能力差异支持

1）针对较早掌握字母识别的幼儿

除常规的识字卡片外，保育师还可以提供初级的单词拼写板和简单的句子填空游戏，让幼儿在已有的基础上继续扩展词汇量和阅读理解能力。

（1）单词拼写板（图1-1-4）：保育师可以准备一套磁性字母拼写玩具，其中包含全部英文字母的小磁铁块，给出一些简单的单词，如"cat""dog""sun"等，让幼儿从众多字母中挑选并排列出正确的顺序，形成单词。这种实物操作的方式有助于加深幼儿对单词构成的记忆。

图1-1-4　单词拼写板

（2）互动式电子拼写应用：保育师可以利用教育类应用程序或在线资源，设计适合幼儿的单词拼写游戏，例如，拖拽字母至正确位置拼出单词，或者在屏幕上点击字母按顺序书写单词，完成后会有动画奖励或者声音反馈，增加学习的趣味性和互动性。

（3）初级句子填空游戏：第一，准备一些有图画提示且留有空白的句子卡片，例如，"The _____ is in the _____."（猫在篮子里），幼儿需要根据图片提示填入相应的单词（cat和basket）；第二，设计故事填空活动，提供简单的故事开头，每句话中间留下一两个关键词供孩子填写，例如，"Once upon a time, there was a little _____ who lived in a _____ house."幼儿要根据上下文和认知去猜测并填写适当的词汇（如 mouse 和 red）。

（4）简易读物：保育师可以提供给幼儿初级阅读书籍，这些书籍通常会配有大量插图和重复句型，每个页面只有一两个新词，让幼儿在阅读过程中逐渐学会新的词汇并理解其在句子中的含义。

家庭式认读实践：保育师可以在日常生活环境中加入文字标签，例如，在家庭式的家具、物品上贴上对应的单词标签，让幼儿在实际生活中接触并认读单词，从而拓展词汇量。

2）对于动作协调稍显落后的幼儿

保育师可以设计有针对性的大运动训练计划，例如，在安全环境下，进行更多平衡类游戏和体育活动，以增强幼儿的肌肉力量、平衡感和协调性。

（1）平衡木游戏：保育师可以在室内或室外设立一块平坦、宽大且稳定的平衡木或者类似器材，幼儿可以沿着它行走、跳跃或单脚站立，这能有效锻炼幼儿的平衡能力及腿部力量。

（2）瑜伽与太极体验：保育师可以融合儿童瑜伽或简化版太极动作，引导幼儿模仿并完成一些基础的平衡姿势，如树姿、金鸡独立等，这些静态的动作能够让幼儿在静止状态下维持平衡，增强核心肌群的力量。

（3）球类活动：球类运动如踢足球、打篮球时接传球、拍皮球等，保育师可以要求幼儿预测球的轨迹并做出快速反应，这样既能锻炼手眼协调，也能提升身体整体的协调性。

（4）接力赛跑和障碍挑战：保育师可以设计一系列包含爬行、跳跃、跨栏、钻洞等动作的接力赛或障碍赛道，鼓励幼儿团队合作，并在完成任务的过程中练习各种复杂动作的协调配合。

（5）舞蹈与韵律操：保育师可以组织简单的舞蹈课程，选择节奏明快且动作有序的儿歌舞蹈，让幼儿跟随音乐节奏做出相应动作，既能培养节奏感，又能提高肢体协调性。

（6）攀爬架与滑梯活动：安全的户外游乐设施如攀爬架、滑梯等，都是很好的锻炼场所，幼儿在攀爬过程中不断调整重心和抓握力度，这对提高身体协调性和空间感知能力有很大帮助。

🔔知识链接

《幼儿园保育教育质量评估指南》（节选）

《幼儿园保育教育质量评估指南》指出：环境创设，包括空间设施、玩具材料等2项关键指标，旨在促进幼儿园积极创设丰富适宜、富有童趣、有利于支持幼儿学习探索的教育环境，配备数量充足、种类多样的玩教具和图画书，有效支持保育教育工作科学实施。

（二）环境创设

保育师创设一个安全、有趣、富于挑战性的学习环境，包括室内室外活动空间的布局设计，以及教育性玩具、图书、墙饰等，以激发幼儿的好奇心和探索欲望。

1.室内活动空间设计

1）科学探索角（图1-1-5）

保育师设置一个配备放大镜、简易显微镜、磁铁、透明容器、沙水台等材料的科学探索区域，幼儿可以在这里观察、实验，培养探究精神。墙壁上挂有各种生物或自然现象的海报，便于幼儿随时学习。

2）建构区

保育师提供多样化的积木、拼插玩具和大型建构材料（如软体积木），让幼儿根据自己的想象搭建城市、城堡、桥梁等，有助于发展空间感知与解决问题的能力。

3）阅读角落

保育师布置温馨舒适的阅读环境，摆放适合各年龄段幼儿阅读的图书，包括触摸书、立体书、故事绘本等，并配以柔软的坐垫和靠枕，鼓励幼儿自主选择阅读材料，培养阅读兴趣。

2.室外活动空间规划

1）自然生态园

保育师种植各类植物，设置小池塘、沙坑，供幼儿观察动植物生活习性，参与浇水、种植等实践活动，增进对生态环境的认知和爱护。

2）户外运动设施

幼儿园设立滑梯、攀爬架、平衡木、秋千等多种运动器械，保育师在确保安全的前提下，提供多种体能挑战的机会，发展幼儿的大运动技能和团队协作意识。

3.教育性装饰与互动墙饰

1）可交互墙贴（图1-1-6）

幼儿园安装磁性白板或黑板墙，幼儿可以用无尘粉笔或磁性字母拼写出自己的名字、画出心中的想法；或者设置可移动的形状拼图墙饰，幼儿可以动手组合，锻炼认知和动手能力。

图1-1-5　科学探索角　　　　　　　　图1-1-6　可交互墙贴

2）情境体验墙

幼儿园模拟现实生活场景，如模拟超市、医院、邮局等，墙面附带相应的角色扮演道具，幼儿可以通过模仿实际操作，学习社会交往规则和生活常识。

（三）生活技能培养

保育师教授日常生活自理技能，如吃饭、穿衣、洗手等，以及安全意识、卫生习惯等，帮助幼儿建立起独立生活的初步能力，如图1-1-7所示。

1.吃饭技能

保育师教幼儿正确使用餐具，如怎样握住勺子或筷子，如何将食物舀起并送入口中，同时引导幼儿不挑食，明白营养均衡的重要性，以及饭前洗手、饭后擦嘴等卫生习惯。例如，在实际操作环节，保育师示范如何用勺子从碗中舀取饭菜，然后让幼儿模仿，并在过程中提醒幼儿慢慢咀嚼，避免噎到。

2.穿衣技能

保育师指导幼儿识别衣服的前后、正反面，教会幼儿如何穿脱衣物（如套头衫先抓领口，裤子先区分前后再把脚伸进去），系鞋带或者拉上拉链等。例如，保育师首先展示如何把T恤的头部套过头顶，然后再把手伸进袖子里，最后整理好衣服，让幼儿跟着一步步学习实践。

3.洗手技能

保育师详细演示正确的洗手步骤，包括打开水龙头湿润双手、抹适量肥皂搓揉（七步洗手法）至少20秒（可以唱一首儿歌来计时）、清洗干净泡沫、关闭水龙头后再用手帕或纸巾擦干双手等。这样不仅能让幼儿掌握保持个人卫生的基本技能，还能有效预防疾病传播。

4.安全意识

保育师在日常生活中不断强调和模拟演练安全规则，如不随意触碰热源以防烫伤，过马路时牵着大人的手，知道火警、地震等紧急情况下的基本应对措施等。例如，通过角色扮演的方式，让幼儿理解并记住在遇到陌生人时，不能轻易跟随，提升幼儿的自我保护意识。

（四）情绪情感支持

保育师关注幼儿的情绪情感体验，促进建立积极的亲子关系和同伴关系，培养幼儿良好的社会情感能力，如图1-1-8所示。

图1-1-7 生活技能培养

图1-1-8 情感支持

1.关注情绪情感体验

当幼儿出现情绪波动时，如伤心、生气或害怕，保育师应及时察觉并作出相应的情感回应。例如，当孩子因为与小伙伴争抢玩具而哭闹时，保育师不是简单地制止哭泣，而是先安抚幼儿的情绪，让幼儿明白感到难过或生气是正常的，然后引导幼儿学习如何表达情绪和解决问题。保育师还要通过共情的方式，对幼儿说："我知道你现在很难过，因为你很喜欢那个玩具，但是我们可以一起找一个解决办法。"

2.促进亲子关系建立

保育师定期与家长沟通交流，了解幼儿在家中的表现，同时也向家长反馈孩子在幼儿园的情况，共同促进幼儿情感发展。例如，保育师可以在接送幼儿时，向家长分享孩子今天在园内的一些积极行为，或者针对孩子存在的问题，提供专业建议，增进家园共育，使幼儿感受到来自家庭和幼儿园的双重关爱。

3.促进同伴关系建立

保育师可以设计一些团队合作的游戏活动，鼓励幼儿互相帮助、共享玩具，从而建立和谐的同伴关系。例如，在做手工活动中，保育师让幼儿两两一组，共同完成一件作品，通过合作的过程，学会尊重他人、理解和接纳不同的观点和做法，提高社会交往能力。

4.培养社会情感能力

保育师可以借助故事、绘本等方式，教导幼儿认识不同的情绪，以及如何调整自己的情绪状态，有效提升幼儿在人际交往中的共情意识与沟通技巧，从而全面发展其社会情感能力。例如，在讲述有关"生气的小熊"故事后，引导幼儿讨论小熊是如何从生气转为平静的，借此传授给幼儿一些实用的情绪调控技巧，如深呼吸、数数、转移注意力等，从而培养幼儿良好的情感调控能力。

（五）认知启蒙

保育师通过游戏、故事、歌曲等多种方式进行认知学习支持，促进幼儿逻辑思维、想象力、创造力的发展。

1.游戏活动

保育师可以设计有趣且富有挑战性的游戏活动（图1-1-9）来启发幼儿的逻辑思维能力。例如，设置一个简单的迷宫游戏，让幼儿尝试找出从起点到终点的最佳路径，这不仅能锻炼幼儿的空间感知能力，也能培养幼儿分析问题和解决问题的能力。又如，玩"分类游戏"，让幼儿按照颜色、形状或物品属性（水果、动物等）进行分类，有助于幼儿理解事物之间的联系和差异。

2.故事教学

通过生动有趣的故事，保育师能够激发幼儿的想象力和创造力。例如，在讲述《三只小猪》的故事时，除照本宣科外，还可以邀请幼儿设想如果自己是小猪，会如何运用智慧来对抗大灰狼，引导幼儿创造新的故事情节，这样既能增强幼儿对故事的理解，也能锻炼幼儿的创新思维。

3.歌曲与律动

利用歌曲和舞蹈形式教授幼儿基础知识，如通过数字歌、字母歌，可以轻松愉快地帮助幼儿掌握基础的认知概念。同时，保育师也可以创作或选择包含逻辑元素的歌曲，如通过歌词描述一系列事件发生的顺序，促使幼儿在跟随旋律的同时理解时间先后关系及因果逻辑。

4.手工艺术与探索活动

制作手工艺品时，保育师可以指导幼儿按照一定的步骤和顺序进行，如折纸飞机，从折叠过程讲解几何形状的转换，促进逻辑思维；或者在自然探索课上，让幼儿观察植物生长变化，动手播种小种子，通过观察记录，培养幼儿对时间和生命的认知，以及探究事物本质的好奇心和创造力。

（六）语言和社交技能培养

保育师鼓励幼儿通过互动交流、集体活动等形式提高语言表达能力和社交技巧。

1.互动交流

在日常活动中，保育师可以与幼儿进行一对一或多对一的对话练习，例如，在午餐时询问幼儿关于食物的看法，让幼儿用完整的句子表述"我喜欢吃苹果，因为它很甜"，这种日常生活情境下的对话训练，有助于幼儿学习使用恰当的词汇和语法结构来表达自己的想法和感受。

组织小组讨论，如围绕一个主题图画书进行故事复述或角色扮演，每个幼儿都可以扮演书中的角色，轮流发言，讲述自己的部分，这样不仅能锻炼幼儿的语言组织能力，还能促进倾听他人、轮流说话等社交规则的遵守。

开展趣玩游戏，保育师可以让幼儿坐成一圈，一个孩子低声传一句话给下一个幼儿，到最后一个幼儿大声说出听到的内容，以此来锻炼幼儿的听力、记忆力和清晰表达能力。

开展"新闻播报"或"天气预报"等活动，让幼儿轮流扮演小小播报员，介绍当天的班级新闻或预测明日天气，这样能增强幼儿的信心，提高幼儿在公共场合的语言表达水平。

在角色扮演区或戏剧表演（图1-1-10）中，保育师可以鼓励幼儿编写简单的剧本，分配角色并进行表演，这个过程中幼儿需要协调意见、协商角色分配，同时还需要清晰流利地背诵台词，充分展现语言表达和社会交往能力。

图1-1-9　游戏活动

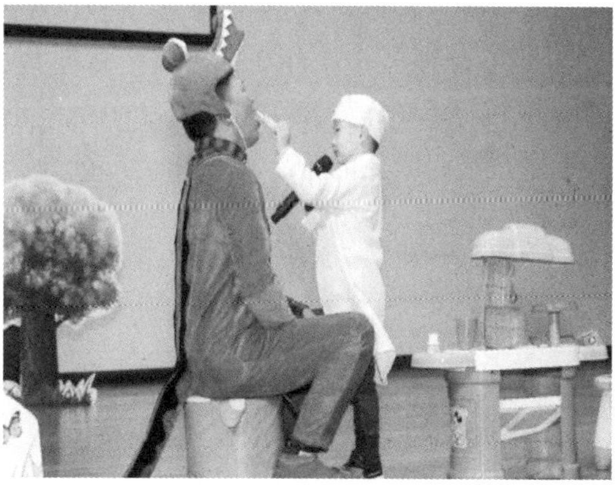

图1-1-10　戏剧表演

2.分享与合作

在阅读角落设立"图书推荐"环节，幼儿可以挑选自己喜欢的书籍，向其他幼儿介绍书的内容和喜欢的理由，这样既能锻炼口头表达能力，又能培养分享与交流的习惯。

设立"友谊日"，让幼儿互赠自制的卡片或礼物，并解释为什么选择这份礼物送给朋友，这样可以锻炼幼儿在特定情境下运用语言表达情感和友情，同时也能加强同伴间的友好互动。

（七）保育师的角色行为支持

保育师不仅是幼儿学习活动的组织者和引导者，更是幼儿学习的支持者和合作者，需要具备专业的保教理念和方法，通过观察、评估和反馈，不断调整和优化学习支持策略，以促进幼儿全面发展。

1.组织者和引导者

在组织游戏活动时，保育师可以设计一场"超市购物"的角色扮演游戏，提前准备好道具如假货币、商品标签等，并设定场景规则，引导幼儿模拟真实的购物过程。在这个过程中，保育师不仅教会幼儿认识物品价值、掌握基本的数学概念，还培养其社会角色认知与沟通协作能力。

2.支持者

当幼儿在拼图游戏中遇到困难时，保育师不是直接替幼儿完成任务，而是采用启发式提问："这块拼图的形状像什么？你注意到它的颜色和其他块有什么不同吗？"这样的方式引导幼儿自己解决问题，从而支持幼儿的独立思考和问题解决能力的发展。

3.合作者

在美术创作活动中，保育师可以与幼儿一起构思一幅集体画作，鼓励每个幼儿贡献自己的创意元素，然后共同完成作品。在此过程中，保育师既是参与者又是协调者，与幼儿建立平等合作关系，培养团队精神和创造力。

4.观察与评估者

在自由玩耍时段，保育师密切关注幼儿的行为表现，例如，记录某个幼儿与其他幼儿互动时的情绪变化、语言表达和行为反应，通过对这些行为的观察，评估幼儿的社会性发展水平和情绪智力发育状况。

5.反馈与调整策略

假设发现幼儿在分享玩具时出现争执，保育师可以在事后及时给予反馈，引导幼儿理解共享的重要性，并在后续活动中引入更多的公平竞争和轮流游戏机制，以优化学习支持策略，培养幼儿的分享意识和公正行为。

※ **活动二** ※

请结合"幼儿早期学习支持的价值"，讨论幼儿早期学习支持对促进幼儿认知发展有什么重要意义。

四、幼儿早期学习支持的价值

幼儿早期学习支持不仅满足幼儿身心发展需求，还在很大程度上影响其个人成长质量和未来的成就，对整个人生轨迹有着长远而深刻的影响。

古希腊哲学家亚里士多德把学前教育分为三个阶段：出生前的胎儿期教育、出生后至5岁的婴幼儿期教育、5～7岁的学前期教育。柏拉图率先关注优生优育，并提倡儿童自出生起就应接受公共教育，主张通过寓教于乐的形式，如游戏、体育、音乐和故事讲述，全面提升儿童的身体素质、智力、道德品质和审美修养。

捷克教育家夸美纽斯进一步强调了学前教育应顺应儿童天性，营造积极、自由且愉悦的学习氛围，认为感官教育是学前教育的基础，倡导以儿童为中心的教育理念。而诺贝尔经济学奖得主詹姆斯·赫克曼的研究成果——赫克曼曲线，揭示了0~6岁早期教育投资的高回报率，有力证明了早期教育的关键作用。其中，0~3岁的大脑发育黄金阶段对于语言、数字、社会交往及情绪管理等核心能力的形成至关重要，同时也是构建安全型依恋关系、为日后健康的同伴关系和亲密关系奠基的重要时期。早期教育的重要性如图1-1-11—图1-1-14所示。

早期教育的重要性

0~6岁是教育投资回报率最高的阶段

01 赫克曼曲线

赫克曼曲线是诺贝尔经济奖获得者詹姆斯·赫克曼提出的：0~3岁早期教育的投资回报率为1:18；3~4岁下降为1:7；小学又下降约50%，为1:3；大学直接跌落至1:1。年龄越大，教育投资回报率越低。

从他的理论和图线，可以看出和得出一个结论，那就是，0~6岁是一个人成长阶段的关键期。从经济学角度而言，也是性价比最高的阶段。

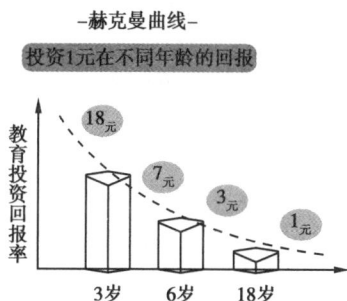

图1-1-11 赫克曼曲线

0~6岁是教育投资回报率最高的阶段

02 黄金阶段

0~3岁是大脑发育的黄金阶段，第一阶段是从怀孕到出生的阶段，胎儿神经系统也会不断发育，宝宝出生后脑细胞已经接近成年人。

第二阶段是出生后到1岁的时候。此时脑细胞会进一步生长发育，变成具有正常功能的神经细胞，也是宝宝大脑发育最快速的阶段。

第三阶段是宝宝2~3岁时，此时宝宝的小脑基本发育成熟，神经细胞也基本发育完成，孩子可以和家长正常进行沟通交流，有独立的思考能力。

大脑发育的关键阶段	
阶段划分	大脑发育完成率
第一阶段：胎儿3个月~产后6个月	约50%~60%
第二阶段：产后6个月~3岁	约80%~90%
第三阶段：3~6岁	基本达到成人水平

图1-1-12 大脑发育的关键阶段

03 敏感期

语言、数字、社会交往和情绪控制敏感期

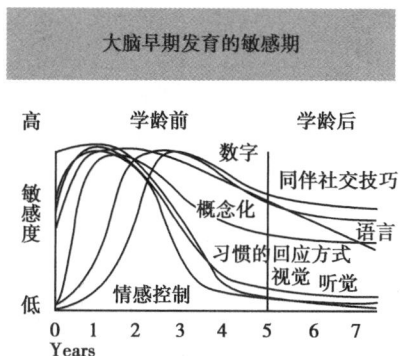

图1-1-13 大脑早期发育的敏感期

04 安全型依恋

安全型依恋关系是健康的同伴关系和亲密关系的基础

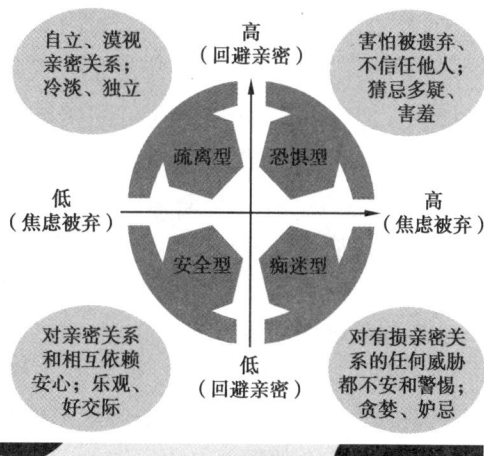

图1-1-14 安全型依恋关系

在当前托幼一体化的趋势下，越来越多的幼儿园开始为3岁以下幼儿提供保教服务。作为保育师，应深刻理解并有效实施幼儿早期学习支持的价值极其重要。具体来说，幼儿早期学习支持的价值主要体现在以下五个方面。

（一）认知发展促进

幼儿早期是大脑发育最为迅速的阶段，特别是在0～3岁时，大脑神经元连接快速发展，形成复杂的神经网络。此时提供适当的学习环境和丰富的刺激活动，如探索性游戏、故事阅读、数字和形状的认知等，有助于促进幼儿的认知发展，包括记忆、注意力、思维逻辑、问题解决能力等基础认知能力的培养。

（二）社交技能培养

通过集体活动、角色扮演、合作游戏等方式，保育师可以帮助幼儿建立有效的沟通技巧、合作意识和处理人际关系的能力，这对幼儿形成积极的同伴关系和未来社会交往能力至关重要。

（三）情绪情感发展与心理健康

保育师在幼儿早期学习支持中，注重引导幼儿认识和表达自身情绪情感，理解他人情绪情感，培养同理心，有助于幼儿形成良好的情绪管理能力，建立安全感和自尊心，这是心理健康和社会适应能力的基础。

（四）生活技能和习惯养成

幼儿在早期学习阶段通过实践活动，如自我照顾（吃饭、穿衣、洗手等）、秩序感建立（收拾玩具、排队等待）、规则意识培养等，能够逐步养成良好的生活习惯和自我管理能力，为进入小学以及以后的生活阶段做好准备。

（五）长远的人生影响

研究表明，0～6岁的高质量早期保教投入往往具有较高的投资回报率，能够在学业成就、身心健康、职业成功甚至犯罪率降低等方面产生长期积极的影响。

※ 活动三 ※ ··

请根据"幼儿早期学习支持的原则与方法"，以小组形式展开讨论，说一说在幼儿早期学习支持的工作中应该遵循哪些原则和需要运用哪些方法。

··

五、幼儿早期学习支持的原则与策略

（一）幼儿早期学习支持的原则

保育师在支持幼儿早期学习过程中，要以幼儿为中心，注重个体差异，营造安全、愉快、充满挑战的成长环境，同时积极协同家庭和其他学习支持者的力量，共同促进幼儿全面、和谐地发展。保育师在幼儿早期学习支持中应遵循以下原则。

1.尊重与响应个体差异

每个幼儿都有其独特的个性和发展节奏，保育师需充分尊重幼儿的个体差异，根据幼儿的兴趣、能力、性格特点等因素，提供个别化的学习支持。例如，针对不同幼儿的情绪表达方式，保育师需要采用不同的安抚策略，对于内向的幼儿给予安静、温和的情感回应，而对于活泼好动的幼儿则鼓励他们通过肢体活动释放能量。

2.全面发展

保育师不仅要关注幼儿的认知发展，还要兼顾幼儿的身体、情感、社会性、艺术审美等方面的全面发展，通过综合性的学习支持活动促进幼儿在智、德、体、美、劳诸方面协同发展。

（1）身体发展：在"小小运动会"环节中，保育师设计一系列适合幼儿年龄阶段的身体锻炼项目，如平衡木行走比赛、接力赛跑、亲子瑜伽等，旨在提高孩子们的身体协调性和运动技能，增强体质，同时也增进家长与孩子间的互动与合作。

（2）认知发展：运动会的每个游戏都包含简单的规则理解和策略运用，如接力赛跑时需要幼儿记住传递顺序和方法，这有助于提升幼儿的逻辑思维和判断能力。

（3）情绪情感和社会性发展：在团队比赛中，保育师强调友谊第一，比赛第二的原则，让幼儿学会尊重对手、公平竞争以及明白团队协作的重要性，从而培养幼儿良好的情绪情感素质和社会交往能力。

（4）艺术审美发展："艺术节"部分则包括绘画展览、手工制作和歌舞表演等内容。如幼儿可以亲手制作属于自己的运动会吉祥物，并用画笔描绘心目中的运动会场景；此外，还可以集体排练一场有关体育精神的舞蹈或短剧，通过艺术表现形式来提升幼儿的审美能力和创造力。

3.生活化与游戏化

幼儿的学习是在日常生活中进行的，保育师要充分利用生活中的各个环节，以游戏为主要手段，让幼儿在轻松愉快的环境中学习和成长。例如，在餐点时间教授幼儿正确的餐桌礼仪和自己吃饭的能力，或者在洗手环节教授卫生习惯。

游戏是幼儿学习的主要途径，保育师要运用游戏活动来促进幼儿在认知、语言、社交、情感和身体各方面的发展。通过扮演游戏，如开设"娃娃家"，让幼儿在游戏中模拟现实生活情境，培养社会交往能力和生活自理能力。

4.直观性与启发性

保育师要采用直观易懂的学习支持方式，引导幼儿通过直接感知、实际操作和亲身体验获取知识，同时启发幼儿主动探索，培养幼儿的创造性思维和问题解决能力。

（1）直观支持：如保育师准备一套水彩颜料和调色盘，邀请小莉和其他幼儿一起参与。首先，保育师拿出三种基本颜色（红、黄、蓝），直观地展示给幼儿看，并告诉幼儿这是所有颜色的基础。接着，保育师指导小莉分别将红色和黄色颜料混合在一起，让小莉亲眼看到两种颜色交融后变成了橙色，然后示范蓝色和黄色混合变为绿色，蓝色和红色混合变为紫色的过程。小莉和其他幼儿亲手操作，亲身感知颜色的变化。

（2）启发探索：如在掌握了基本的颜色混合原理后，保育师启发小莉思考："如果我们把更多颜色混合在一起，会产生什么效果呢？"并鼓励她自行尝试调配出更多的颜色，如浅紫、深绿等，培养她的独立思考和创新探索精神。最后，保育师带领大家一起总结颜色混合的规律，鼓励孩子们用自己调配的新颜色画一幅画，将所学知识转化为实际创作，进一步巩固理解。

5.循序渐进

保育师根据幼儿身心发展的规律和阶段性特征，设置由浅入深、由简到繁、由具体到抽象的学习内容和活动，遵循"量力而行、逐步提高"的原则。如针对幼儿精细动作发展的阶段，保育师可引导幼儿进行简单的手工制作或使用餐具，锻炼手眼协调能力。在学习数字概念时，先从实物计数开始，然后逐步引入对抽象数字的认知。

6.保教结合

保育师在提供学习支持的同时，重视保育工作，关注幼儿的生活照顾和健康管理，确保幼儿在生理和心理上都处于适宜的学习状态。如针对幼儿挑食的问题，保育师首先深入了解幼儿的饮食喜好和可能的原因，然后精心规划每日餐点，增加幼儿偏爱的食物与其较少接触但营养丰富的食物相结合，通过有趣的故事或角色扮演的方式引导幼儿接受各种食物。同时，保育师要在用餐时营造轻松愉快的氛围，鼓励幼儿尝试并享受进餐过程，逐步改善其挑食习惯。

7.积极情绪情感引导

保育师营造温馨、安全、充满爱的环境，帮助幼儿建立安全型依恋关系，鼓励幼儿表达和理解情绪，培养良好的情绪情感调控能力。如当幼儿出现哭泣等情绪反应时，保育师不是急于制止，而是教给幼儿一些简单的自我舒缓技巧，如深呼吸、抱抱自己喜欢的玩具等，逐渐引导幼儿学会自我调节情绪。

8.家园共育

保育师要与家庭密切合作，尊重和吸纳家长的保教观念，共同参与幼儿的早期学习支持，形成家庭和幼儿园学习支持的一致性和连续性。如定期与家长交流幼儿在园表现，共同探讨如何在家里延续幼儿园的学习支持，形成良好的家园共育氛围。

（二）幼儿早期学习支持的策略

幼儿早期的学习过程本质上是一种自我驱动的过程，在这个阶段，幼儿凭借与生俱来的好奇心和探索欲望积极构建知识体系。然而，这种内部动力的有效转化与发展，很大程度上依赖于外部环境，尤其是保教工作者的适时引导和支持。保育师在此扮演着至关重要的角色，精心策划并实施一系列策略，以助力幼儿的兴趣点燃、问题解决能力培养、思维方式扩展以及实践经验的迁移应用，从而促进幼儿自主学习的深度发展。保育师在幼儿早期学习支持方面应采取如下策略。

1.营造启发式学习氛围

保育师要创设富于激励性和探索性的环境，确保幼儿能在其中自由选择并专注于自己感兴趣的主题或活动。如阅读区摆放各类绘本，激发幼儿阅读兴趣；艺术区提供绘画工具和材料，鼓励幼儿自由涂鸦和创作；科学探索区放置磁铁、放大镜等简单工具，供幼儿进行初步的科学实验。这样的环境能让幼儿在日常生活中自发地进行学习。

2.激活并追踪幼儿兴趣点

当幼儿展现出对某一主题或现象的关注时，保育师应敏锐捕捉并加以深化，如组织相关的实践活动或故事讲述，以进一步激发幼儿的好奇心和求知欲，幼儿对昆虫感兴趣，保育师可以组织户外观察活动，引导幼儿寻找、观察不同种类的昆虫，同时讲解昆虫的特点和习性，让幼儿在实际接触中增长知识。

3.指导探究式学习

面对幼儿提出的问题，保育师不仅应解答，更应注重引导幼儿通过观察、试验等方式主动寻求答案，培养其发现问题、分析问题和解决问题的能力。如在数学启蒙阶段，保育师应提供实物卡片、积木等，让幼儿通过触摸、排列、组合等活动感知数量和形状的概念，通过比较不同大小的积木块，幼儿可以直观地理解大小、多少的区别；当幼儿在拼图游戏中遇到困难时，保育师不是直接代劳，而是引导幼儿观察拼图的特征，提示可以按边缘或图案配对，逐步培养幼儿独立解决问题的能力。

4.启迪创新思维与跨界思考

保育师应鼓励幼儿从多个角度思考问题，采用开放性问题和创造性游戏挑战幼儿的既有认知边界，帮助幼儿学会灵活运用所学知识解决新的情境问题。如在艺术创作活动中，保育师可以设计一个"环保材料创意拼贴画"的游戏，让幼儿利用回收的废旧物品（如报纸、瓶盖、吸管等）制作一幅描绘自然景象的图画，在这个过程中，幼儿不仅要发挥艺术想象力，还要学会用旧物替代传统绘画材料，打破固有的思维定势，跨界思考如何用非传统材料表现特定主题。

5.搭建经验迁移桥梁

通过日常生活活动和跨领域学习支持，保育师应协助幼儿将已有的学习经验和技能迁移到新的情景中，增强其知识的应用能力和适应性。如在科学探索环节，保育师让幼儿利用剪出的图形拼接成简单的实物图案，如用圆形和三角形拼出太阳、花朵等，以此引出自然界中物体的基本构成元素，培养幼儿观察生活、抽象思维和创新的能力。

6.及时反馈与正面激励

对于幼儿每一次有意义的尝试和进步，成功完成一项任务，如自行穿衣或独立完成一幅画作时，保育师应及时给予积极的肯定和赞美，强化幼儿的自信与自尊，使幼儿体验到自主学习的乐趣和成就感。如当一名幼儿在午睡起床后，首次尝试独立穿上外套并系好扣子时，尽管动作可能还不熟练，但明显表现出专注和努力。保育师在此过程中注意到了他的努力，并在幼儿成功完成后，立即给予表扬，如"哇！小琦，我看到你刚刚自己穿好了外套，每一个扣子都扣得整整齐齐的！你的手真巧，做事很有耐心，这是很大的进步呢！你自己做到了，一定感觉很棒吧？我为你感到非常骄傲，继续保持这种独立自主的精神哦"。

总之，保育师在幼儿早期学习过程中扮演着催化剂的角色，通过设计富有挑战性和趣味性的活动，创造支持幼儿主动探索和学习的氛围，从而有效支持幼儿早期学习的深入开展。

任务实训

感知幼儿早期学习支持

实训目的

（1）了解幼儿早期学习支持的含义和价值。

（2）掌握幼儿早期学习支持的内容。

实训视频

"感知幼儿
早期学习支
持"实训节
选

（3）遵循幼儿早期学习支持的原则，运用幼儿早期学习支持的方法。

实训内容

将全体学生科学合理地划分为多组，每组8～10人，确保每个小组内部成员既能充分交流，又能保持高效合作。在实训室内，组织一场以"你述我猜——探索幼儿早期学习支持"为主题的小组互动知识竞赛。

实训步骤

（1）每组选出一名同学描述具体的幼儿早期学习支持的概念、内容、价值、原则和方法，其余组员则根据描述进行猜测（描述者需避免直接说出关键词，而是通过比喻、举例等方式引导队友理解，考验同学们对知识的实际掌握和运用能力）。

（2）设定多个题目轮次，涵盖幼儿早期学习支持的概念、内容、价值、原则和方法的具体要点（每个题目限定时间，在规定时间内猜中答案的小组得分，累计积分最高的小组将获得优胜）。

（3）对于表现出色的小组和个人给予适当奖励，激励大家深入理解和积极传播幼儿早期学习支持的相关知识。

实训材料

计时器、纸、笔、奖品。

实训评价

学生与教师共同组成评审团，按照表1-1-1的内容进行考核、打分。

表1-1-1　实训考核表

知识链接

评分标准

序号	考核维度	考核内容	配分/分	学生自评	学生互评	教师检评	得分/分
1	时间要求	在规定时间内完成实训	10				
2	质量要求	了解幼儿早期学习支持的含义	10				
		理解幼儿早期学习支持的内容	20				
		掌握幼儿早期学习支持的价值	10				
		熟悉幼儿早期学习支持的原则	10				
		运用幼儿早期学习支持的策略	10				
3	准备要求	做好实训的知识、技能、工具准备	15				
4	沟通要求	在与组长、组员、评委、指导老师等相关人员进行沟通时注重沟通技巧	15				
总分							

注：①实际得分=学生自评×10%+学生互评×20%+教师检评×70%。

②考核满分为100分，0～59分为不及格，60～69分为及格，70～84分为良好，85～100分为优秀。

任务拓展

一、单选题

1.幼儿早期学习支持，从广义而言，是指成年人充分调动物质环境、精神环境及（　　）的积极因素，结合幼儿发展的多元领域，适时适切地引导幼儿与周围环境互动，实现学习支持的辅助实施过程。

　　A.心理环境　　　　　　B.自然环境　　　　　　C.社会环境　　　　　　D.人际环境

2.幼儿早期学习支持，从狭义角度看，特指保育师有目标、有计划地对幼儿在健康、语言、科学、社会和艺术五大领域，以及幼儿日常生活中开展（　　）学习辅导。

　　A.讨论式　　　　　　B.指导式　　　　　　C.互动式　　　　　　D.模仿式

3.脑科学解读大脑发育重点指出孩子大脑发育每个阶段都有不同的任务：3～5岁是孩子运动脑"顶叶"的发育高峰期，这个运动脑区控制着指尖的（　　）。

　　A.分解动作　　　　　　B.整体动作　　　　　　C.粗大动作　　　　　　D.精细动作

4.有研究表明：0～3岁是大脑发育的黄金时期，大脑内部各区域并不是毫无秩序地生长，而是有着明显的发育顺序，这一现象被称为（　　）。

　　A.黄金时期现象　　　　　　　　　　　　B.大脑错峰发育现象

　　C.发育顺序现象　　　　　　　　　　　　D.大脑快速发育现象

5.柏拉图率先关注（　　），并提倡儿童自出生起就应接受公共教育，主张通过寓教于乐的形式，如游戏、体育、音乐和故事讲述，全面提升儿童的身体素质、智力、道德品质和审美修养。

　　A.幼儿教育　　　　　　B.早期保育　　　　　　C.学习支持　　　　　　D.优生优育

二、多选题

1.幼儿早期学习支持的内容包括个性化学习支持、（　　）、语言和社交技能培养、保育师的角色行为支持等多个方面。

　　A 生活技能培养　　　　B.情绪情感支持　　　　C.环境创设　　　　D.认知启蒙

2.保育师在幼儿早期学习支持中应遵循的原则有（　　）。

　　A.家园共育　　　　　　B.保教结合　　　　　　C.循序渐进　　　　D.生活化与游戏化

三、判断题

1.幼儿早期学习是一个全面且多元的过程，包括但不限于身体发育、情感培养、认知发展、社交互动及语言习得等方面。　　　　　　　　　　　　　　　　　　（　　）

2.1～2岁是语言、精细动作发育高峰。如果这期间语言、阅读、手眼协调训练不够，孩子会出现语迟、阅读理解差、写字难看等问题。　　　　　　　　　　　　（　　）

3.2～3岁是情绪、逻辑区域发育高峰，也是安全感建立的关键期。　　　　（　　）

4.幼儿早期学习是他们一生中认知发展的关键时期。保教工作者需要提供丰富多彩的学习环境和活动，激发幼儿的好奇心，培养幼儿的思考能力和解决问题的能力。（　　）

5.詹姆斯·赫克曼提出的0～3岁早期教育的投资回报率曲线图足以证明早期教育的重要性。　　　　　　　　　　　　　　　　　　　　　　　　　　　　　（　　）

任务二 认知幼儿早期学习与发展规律

任务目标

▶ **知识目标**：掌握幼儿身心发展的一般规律和特点。
▶ **能力目标**：能运用有关知识，分析幼儿早期学习支持过程中的实际现象，并指导学习支持活动。
▶ **素质目标**：以平和的态度对待幼儿早期学习支持过程中的现象，树立对儿童和保教工作的热爱之情。

任务准备

（1）预习本任务内容。
（2）阅读案例，完成案例下面的思考题。

> ［案例］幼儿园里，老师发现孩子们的差异非常大，除高矮胖瘦外，有些孩子在大运动中上蹿下跳，动作特别敏捷；有些孩子怎么也跟不上韵律操的节奏；有些孩子讲故事很有条理，有些孩子非常腼腆……
>
> ［思考］这种现象体现了幼儿生理发展的什么特点？

任务支撑

※ **活动一** ※ ......

请结合"幼儿生理发展的一般规律"和"幼儿生理各系统的发展特点"，谈谈在生活情景中，幼儿生理发展的一般规律和特点的具体体现。

一、幼儿生理发展的一般规律

0～6岁儿童的生理发展是一系列相互关联、有序发生的过程，涵盖了五大核心规律的综合发展。在这个阶段，营养充足、适宜的环境刺激和良好的照顾对幼儿的健康成长至关重要。

（一）幼儿生理发展具有连续性和阶段性

幼儿的成长是一个连续而有序的过程，前后阶段之间存在着紧密的因果联系。例如，在孩子学会独立行走之前，必然要经历一系列连续且不可或缺的发育步骤，包括抬头、翻身、坐稳和站立等。前一阶段的良好发育为后续阶段奠定基石，任何早期阶段的滞后或障碍都可能对后续发展阶段造成负面影响。同时，先前阶段的发展成果并不会消失，而是作为新阶段更高层次发育的基础得以整合和保留。幼儿生理发展在各个阶段展现出独有的特征和主要矛盾，各系统发展的敏感期就是在积累的量变基础上，进入新的质变和发展阶段。

（二）幼儿生理发展具有明确的方向性和顺序性

在正常的生理发育过程中，幼儿的各项能力遵循特定的发展顺序，不可随意跳跃或逆转。如儿童的动作发展遵循"头尾律""远近律"和"大小律"，人体各大系统成熟的先后顺序是神经系统、运动系统，再到生殖系统；大脑各区域的发展则依次为枕叶、颞叶、顶叶、额叶。这种方向性和不可逆性反映了基因在环境影响下有序表达的过程。

（三）幼儿生理各系统发育的不平衡性

幼儿生理发育的不平衡性显著体现在不同系统或同一系统在不同年龄段内的发育速度差异上。具体体现在以下两个维度。

一方面，同一生理机能的发展在不同年龄段会展现出不同的速度。例如，肌肉系统、骨骼系统、呼吸系统及消化系统在幼儿期通常会经历两个明显的快速增长期，其间穿插着一个相对平缓的发展阶段。具体来说，这些系统在3岁前会经历第一个快速增长期，随后进入一个相对稳定的成长阶段，直至5~6岁或稍晚些时候，它们可能会再次迎来一个较为明显的增长加速期。

另一方面，在相同年龄段内，不同生理系统的发育速度也会有所不同。例如，在幼儿期，神经系统和淋巴系统的发育速度相对较快，而生殖系统则在这一阶段保持相对缓慢的发育速度，直至进入青春期才开始迅速发育。

这种生理发育的不平衡性揭示了发展关键期的存在，即某一器官组织或特定技能在特定时间段内具有更高的发育潜力和敏感性。在这一关键期内，给予幼儿适宜的环境刺激和经验对于其正常发育至关重要，否则可能会导致发育滞后、缺陷或技能掌握不足。

（四）幼儿生理发展具有显著的个体差异性

幼儿的身心发展速度、优势领域以及最终达到的发展水平在个体间均存在差异。即使性别相同、年龄相近的幼儿，他们在发育速度、发育水平上也可能千差万别。如某个幼儿可能在绘画上表现出色，而在数学能力上暂时未达平均水平，但未来仍有可能在青少年阶段实现数学能力的突破。值得注意的是，尽管个体间存在差异，但大多数情况下，幼儿发育水平在正常范围内有一定的波动幅度，若明显偏离同龄人群体，则可能存在发育异常问题，需要及时寻求医疗咨询和干预。

（五）幼儿生理发展具有互补性

幼儿生理发展中还体现了互补性特点，即各系统之间存在相互补充和代偿的现象。当个体身体某一方面机能受损甚至丧失时，其他方面可能通过超常发展来部分弥补损失。如视力受损的个体，听觉、触觉、嗅觉等其他感官功能可能更加敏锐。此外，生理机能与心理机能之间也有互补现象，坚强的精神意志、积极的情绪状态可以调节整个机体，帮助个体克服生理上的病痛或残障，生动诠释了"身残志坚"的生活哲学。

二、幼儿生理各系统的发展特点

幼儿期是个体生理发展的重要阶段，各系统呈现出特定的发育特点。

（一）运动系统发展

幼儿的运动系统主要由骨骼、骨连接和骨骼肌构成。在成长过程中，幼儿骨骼处于快速增长阶段，骨骼柔软且富有弹性，但由于骨质相对疏松，易于发生形态变化。幼儿脊柱的生理弯曲伴随着动作技能的发展逐步定型，直至成熟。幼儿的肌肉纤维较细，肌肉组织的强度和耐力有限，故力量较小，动作协调性有待提高，易疲劳和受伤。大肌肉群发育先于小肌肉群，因此在精细动作方面表现出一定的滞后性。此外，幼儿关节囊和韧带较为松弛，关节活动灵活，但也降低了稳定性，过度活动可能导致关节受损，如"牵拉肘"等问题；足部支撑结构尚未牢固，运动缺乏或过度都可能促成"扁平足"。

（二）循环系统发育

幼儿的循环系统包含心血管系统和淋巴系统。3～6岁幼儿的心率通常较快，随年龄增长逐渐降低。心脏肌肉耐力较弱，适宜的体育活动有助于提升心肌收缩力和血液循环效率。幼儿血液与淋巴循环活跃，但免疫力相对较低，对疾病的防护能力较弱，尤其需要注意预防感染的发生。

（三）呼吸系统发育

幼儿的呼吸系统由呼吸道和肺组成。由于胸廓相对狭小，肺活量小，但新陈代谢旺盛，故呼吸频率较高，且年龄越小呼吸速度越快。幼儿的声带较为娇嫩，不宜长时间高声喊叫，以免损害。此外，幼儿的咽鼓管较宽短，擤鼻涕用力易使细菌侵入中耳，诱发中耳炎。

（四）消化系统发育

幼儿大约在6岁时口腔内会长出第一组恒磨牙（六龄齿），此时牙齿的釉质薄，易患龋齿。食管长度较成人短窄，黏膜娇嫩易损。胃容量随年龄递增，3岁时约为600毫升，6岁时增至900毫升，但胃蠕动和消化酶分泌功能相对较弱，对食物的消化能力不强。肠黏膜毛细血管和毛细淋巴管丰富，肠道吸收能力强。直肠固定性不佳，腹部受寒、饮食变化或慢性腹泻等因素可能导致肠道运动失调，甚至出现肠套叠等状况。幼儿肝脏相对体积大，新陈代谢旺盛，具备较强再生能力，但肝糖原储备较少，在饥饿状态下易引发低血糖。

（五）泌尿系统发育

幼儿的肾脏功能尚不完善，易导致有用物质丢失和脱水、水肿等情况。随着膀胱功能以及中枢神经系统发育的成熟，3岁后多数幼儿能自主控制排尿。幼儿尿道较短，且与外界相通，更易发生上行性尿路感染。

（六）神经系统发育

神经系统是人体的主要调控中心，调节着各器官系统间的协调运作。神经系统结构如图1-2-1所示。幼儿的大脑是心理发展的物质基础，其结构包括脑组织、大脑皮层等部分。脑结构如图1-2-2所示，大脑皮层结构及功能如图1-2-3所示。

在幼儿阶段，脑的发育异常迅猛，从出生到7岁间脑重增长约4倍，至7岁时已接近成人的水平。大脑皮层在8岁左右达到与成人相似的发育程度，为构建各种条件反射提供了生理基础。中枢神经系统发育存在不平衡性，脊髓和脑干在出生时已经成熟，而小脑的发育相对较晚，1岁左右快速发育，3～6岁逐渐成熟。这种特性使幼儿在学习行走初期步伐不稳，随着年龄增长动作逐渐协调稳定。幼儿大脑皮质易兴奋，不易抑制，但兴奋持续时间也不长，且容易泛化，加之神经髓鞘化尚不完善，神经信号传递不易定向，导致对事物保持注意的时间不长，易受外物干扰而转移，情绪容易激动，自我控制能力较差等。幼儿脑细胞对氧气的需求量高于成人，对缺氧环境十分敏感，且对直观具体的信息更为敏锐，学习支持方法宜采用实物、形象化的学习支持手段。

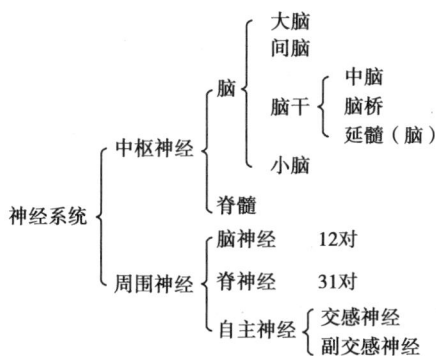

图1-2-1 神经系统结构

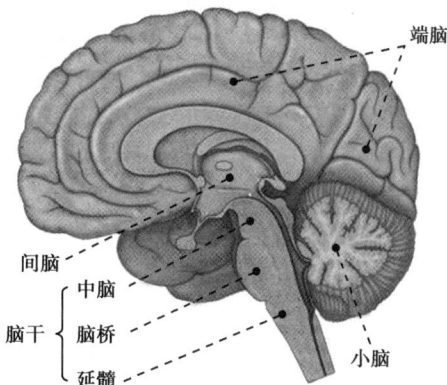

图1-2-2 脑结构

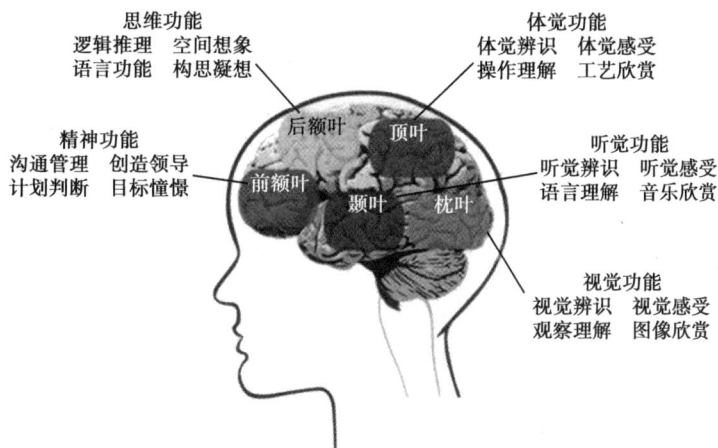

图1-2-3 大脑皮层结构及功能

（七）生殖系统发育

幼儿时期的生殖系统发育较为缓慢，主要的快速发育阶段是在青春期之后。在幼儿期应注意男孩是否存在包皮过长或包茎问题。

（八）内分泌系统发育

内分泌系统通过激素调节人体的生长发育和物质代谢。对幼儿影响较大的内分泌腺包括甲状腺、垂体和胸腺等。甲状腺激素对新陈代谢、神经系统活动、骨骼发育及能量消耗的调节起到关键作用。垂体分泌的生长激素在2岁前和青春期分泌最为旺盛，夜间分泌更多，因此保证儿童充足的夜间睡眠有利于生长激素的分泌，另外，适当运动也可促进生长激素分泌。胸腺作为淋巴器官和内分泌器官，其分泌的胸腺素与免疫功能紧密相关。

（九）部分感觉器官发育

幼儿的外部感觉器官主要有眼、耳、鼻、舌和皮肤。幼儿视觉发育处于敏感期，5岁前普遍存在生理性远视，随着年龄增长会逐渐矫正。幼儿近距离视力较强，若养成不良的用眼习惯，可能诱导假性近视。幼儿耳蜗内的听觉感受器敏感度高于成人，耳郭组织脆弱，易发生冻疮，外耳道黏膜娇嫩易感染，耳部结构的特点使幼儿易患中耳炎。幼儿皮肤薄嫩，渗透性强，易受感染和物理伤害，对温度变化反应敏感，易生冻疮或中暑，此外，幼儿皮肤的感觉灵敏度低于成人，对刺激反应较钝，更需注重日常保护。

※ 活动二 ※

请根据"幼儿心理发展的一般规律"和"幼儿心理各部分的发展特点"，以小组形式展开讨论，举例说明幼儿心理各部分的发展特点。

三、幼儿心理发展的一般规律

生理发展为心理发展提供了物质基础和可能性，因此幼儿心理发展也表现出与生理发展相似的规律，但同时心理发展也有自己独特的特点。

（一）从简单到复杂

新生儿的心理活动主要基于简单的生理反射，随着年龄的增长，逐渐演化为复杂的情绪表达和认知过程。例如，从最初单纯的喜怒两种情绪，逐渐分化出多种细腻深刻的情绪体验，如嫉妒、厌烦、喜爱等。

（二）从具体到抽象

幼儿的认知发展从对具体实物的感知、知觉起步，随着大脑的发育，逐渐发展出对抽象概念的理解与思考。

（三）从无意识到有意识

幼儿的心理活动最初以自发、无目的的形式出现，随着成长，开始出现自我意识，能够自觉地设定目标，并有意识地控制和调整自己的心理活动。例如，从最初只能被动地受外界刺激吸引注意力，到能够主动集中注意力完成特定任务，如为了得到小红花的奖励而努力专注地完成手工制作。

（四）从混沌到分化

儿童早期的心理反应往往是笼统而不细分的，但随着时间推移，逐渐形成了对不同情境的精确反应和细腻情感的区分。如初始阶段可能对接触到嘴唇的所有东西都会尝试吸吮，随着成长，仅对食物产生吸吮反应。

（五）从凌乱到体系化

儿童早期的心理活动零散且易受外界干扰，随着年龄增长，心理活动开始具有组织性、条理性，形成内在的联系和规律，逐步构建起一个有序的心理活动体系，幼儿的个性随之逐渐显现。

微课

幼儿认知过程和情感过程的发展特点

四、幼儿心理各部分的发展特点

幼儿心理发展主要表现在心理过程和个性心理，社会化被视为个性形成和发展的过程。心理的结构如图1-2-4所示。

（一）认识过程

认知过程主要包括感知觉、记忆、想象、思维等方面。

1.感知觉

幼儿的感知觉是感觉（如视觉、听觉、嗅觉、味觉、触觉、动觉和平衡觉等）和知觉的合称。视觉发展在幼儿期尤为显著，5岁左右是视觉敏锐度大幅提升的关键节点，幼儿对基础颜色（黄、红、绿）的识别准确率较高，但对于混合色辨别尚存困难，且对颜色深浅的区分能力较弱。而听觉系统在3岁前基本发育成熟。

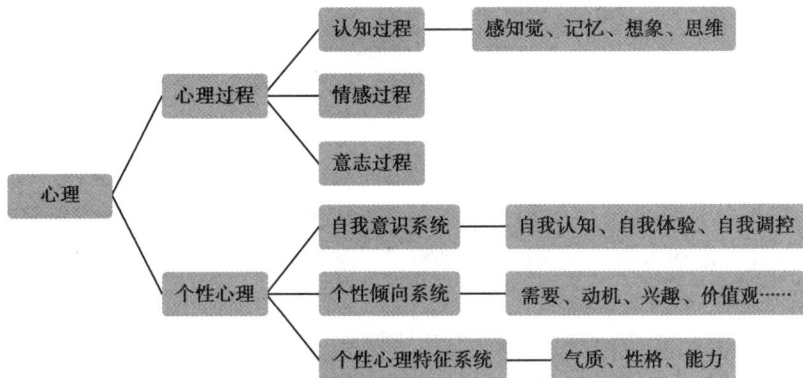

图1-2-4 心理的结构

幼儿的空间知觉随着年龄增长逐渐发展，从辨别上下、前后到以自身为中心分辨左右，再到7岁后，幼儿能以外部参照物来准确定位左右方向。幼儿的时间知觉在幼儿期以生活经验和自然现象为依托，4岁后，幼儿能根据日夜交替和四季变化来感知时间的流逝，6岁后，幼儿开始尝试估算时间长短，但准确性仍待提高。

2.记忆

幼儿在积极的活动中容易发生无意识记，有意识地控制自己的识记却难以做到；记忆的理解与组织程度日益提高；形象记忆占优势，语词记忆逐渐发展；记忆的意识性和记忆方法逐渐发展。

3.想象

在幼儿期，无意想象占据重要地位，想象主题多变，易受情绪和兴趣影响。再造想象占主要地位，创造想象逐渐萌发，表现为想象在很大程度上具有复制性和模仿性，想象的内容基本上重现一些生活中的经验或作品中所描述的情节；幼儿的想象具有夸张性，夸大事物的某个部分或某种特征，且容易混淆假想与真实。

4.思维

幼儿初期思维以直觉行动思维为主，4岁左右开始转向具体形象性思维，即借助具体事物的形象和表象进行思考。随着语言能力的增强和经验的累积，5岁左右开始能够初步进行抽象逻辑思维，即在一定的经验范围内初步理解和处理抽象概念和逻辑关系。

（二）情感过程

幼儿情感的发展特点可从情绪表达、指向对象和调控能力三个方面来叙述。

1.情绪表达

（1）情绪不稳定性。

幼儿的情绪转换快速，能够在短时间内从一种情绪状态切换至另一种，例如，瞬间从悲伤变为喜悦，如"破涕为笑"。

（2）情绪外显性。

幼儿的情绪表达直接且鲜明，他们通常会以直观的方式表达心情，如开心时会笑，难过时会哭。

（3）情绪冲动性。

幼儿面对需求未被满足时，往往表现出强烈的情绪反应，如得不到心仪玩具时，可能会哭闹不止，甚至出现冲动行为。

2.指向对象

（1）对象多元化。

随着年龄增长，幼儿所体验和表达的情感种类越来越多，情感的区分和理解更加细致精准，情感世界日渐丰富。

（2）理解深刻化。

伴随言语与认知能力的进步，幼儿开始理解并体验到更多的社会性情感，如道德感、理智感和美感等，他们对情感指向的事物理解逐渐深刻，情感内涵随之丰富。

3.调控能力

在情绪调控的手段上也有进步，如可使用回避策略来改变情绪的进一步恶化。

（1）情绪表达更理性。

2岁的幼儿开始有能力调控自己的情绪，随着语言和表征能力的发展，5岁后幼儿的情绪调控能力已大大发展，情绪的冲动性逐渐减弱，可适当控制情绪的外在表现，稳定性逐渐增强。

（2）策略使用更灵活。

5岁后的幼儿在情绪管理上逐渐学会了更为有效的策略，如遇到负面情境会选择回避或转移注意力，以避免情绪进一步恶化。

（三）意志过程

幼儿的意志发展虽然整体水平尚处初级阶段，但仍然展示出目的性、计划性和持久性逐级提升的趋势。

1.目的性逐步明晰

3~4岁的幼儿在行动时，其目的通常是具体且直接的，主要关注与自身相关的活动目标，对集体目标的认识和追求较弱。随着年龄增长，幼儿逐渐学会设定个人目标，同时也能够理解并提出共同的目标，甚至能够把个人目标与集体目标相结合，表现出更高的目标一致性。

2.计划性逐渐增强

3岁前，幼儿在行动计划方面的能力较弱，往往只能对接下来的一两个动作进行简单预想，并且容易受到外界环境的影响而改变行动方案。随着年龄增长，幼儿逐渐学会为自己设定的活动目标制订计划，能够将行动与目标相联结，设计出一系列有效的步骤，尤其在参与集体活动时，其计划性和组织性更为明显。

3.持久性逐渐提升

幼儿在面对活动时的持久性起初较弱，易受情境干扰，可能在遭遇困难或遇到不相关事物时偏离原有目的。随着年龄增长，幼儿在面临挑战时能够展现出更强的毅力和坚持性，即便对某些不感兴趣或难度较高的活动，也能逐渐学会坚持不懈，抵抗外界干扰的能力明显增强。

（四）注意

在幼儿阶段，儿童的注意力发展以无意注意为主导，这意味着年龄越小的幼儿越容易被新颖、鲜明、活动的事物吸引，而非刻意为之。

整个幼儿期内，虽然有意注意（即有目的、有意识地将注意力集中在某一事物上）开始逐步发展，但由于幼儿期的神经系统仍在发育之中，功能尚不完善，幼儿的注意力表现出很明显的特点：稳定性较低，难以长时间集中于同一事物；注意的广度有限，即同时能注意到的事物数量不多；注意分配能力亦相对较弱，很难在同一时间内兼顾多项任务。

总体而言，幼儿期的注意力发展正处于从无意识向有意识过渡的初级阶段，需要通过恰当的学习支持来逐步提高其注意的稳定性和控制力。

（五）语言

幼儿期是语言发展的关键阶段，个体在胎儿期就能感知语言，并在出生后通过观察与模仿快速步入发音阶段。幼儿期，幼儿的语言能力在语音、词汇、语法及言语应用等方面均有显著发展。

1.语音

在1岁左右，幼儿开始建立起语音与具体事物的联系，至3岁左右基本完成从感知到表达的过渡，发音准确性稳步提升。4岁以上的幼儿普遍能够掌握母语的所有语音元素。

2.词汇

幼儿阶段是词汇量快速扩充的时期，3岁时，幼儿通常掌握约1 000个词，至6岁时，幼儿的词汇量能达到约3 000个。词汇类型上，幼儿先熟练掌握实词，尤其是名词居多，其次是动词，之后逐渐学习并运用虚词。

3.语法

幼儿在语言表达中逐渐展现出对词汇的精确运用能力，语句结构趋于完整，在整个幼儿期，幼儿主要使用简单句，但复合句的使用率逐渐提高。

4.言语

幼儿能根据不同的交际对象和场景选择合适的表达方式，具备连贯叙述故事的能力，并开始学会运用语言进行自我调控和与他人互动，这是言语交际能力逐渐完善的体现。

（六）人际关系

随着认知与语言能力的不断提升，幼儿在人际交往中逐渐摆脱自我中心，开始学会换位思考，理解他人的感受与需求。这一阶段的幼儿开始主动寻找自己喜欢的交往对象，并积极参与自己感兴趣的团体活动。在同伴间的互动中，幼儿展现出更多的包容、体谅与合作精神，如在游戏中懂得分享、互助与轮流参与，从而形成稳定的游戏伙伴关系，同时也可能出现性别角色意识的初步显现，表现为性别之间的适度分离。

（七）社会行为

在幼儿的社会化进程中，其行为表现主要涵盖亲社会行为与攻击性行为两个维度。亲社会行为如合作、互助等在2岁左右开始显现，3～6岁快速成长，特别是在合作行为方面发展尤为突出，且表现出明显的个体差异。这一时期幼儿的亲社会行为通常更多地指向同龄及同性别的伙伴。

与此同时，幼儿期的攻击性行为较为常见，主要表现为争夺玩具或物品。整体趋势显示，年龄越小的幼儿，攻击性行为的发生率越高。随着年龄增长，幼儿的攻击性行为模式发生变化，表现为工具性（即为了达成某种目的）的侵犯行为逐渐减少，而带有敌意和报复性质的侵犯行为有所增多。在攻击形式上，幼儿逐渐减少身体攻击，转而更多地采用言语攻击的方式来解决问题。

（八）道德

幼儿道德的发展具有以下特点。

1.具体性导向

幼儿道德认知建立在具体事件和情境之上，他们依据行为的直观表现、结果和外部特征来判断好坏，尚未深入理解道德行为背后的深层意义。

2.他律道德主导

幼儿阶段的道德判断主要依赖于成人的教导和规定，道德规范被视为不可违抗的外在权威，道德行为遵从成人设定的标准。但在幼儿晚期，个体开始萌发出自律道德的苗头。

3.情绪驱动显著

幼儿道德判断和行为深受情绪状态影响，道德判断取决于个体情绪是否得到满足，情绪满足时倾向于做出正面评价，反之则可能产生消极评判或抵触情绪。

4.模仿学习凸显

社会环境中成人及影视作品的道德行为示范对幼儿道德发展至关重要，幼儿通过模仿榜样人物的行为，习得符合社会期待的良好道德行为，也可能模仿不良行为。

（九）自我意识系统

幼儿自我意识的发展表现在自我评价、自我体验和自我调控能力三个方面。幼儿自我意识的发展是一个从依赖外部评价和指导，向内在认知、情感深度和社会适应性不断提升的过程。

1.自我评价

（1）从依从到独立。

3岁左右的幼儿在小班时期，自我评价主要基于成人评价，随着年龄增长，逐渐开始出现独立性评价，他们会质疑和反驳成人的评价。

（2）从单一到多维。

从仅关注个别行为到多方面综合评价，例如，从"听话"这样的单一自我评价，发展到能从多个维度进行自我评价，如品行、行为习惯等。

（3）从外在到内在。

早期幼儿主要评价外在表现，如"我长得高"，逐渐过渡到对内心品质的反思，如关注行为背后的态度和品德。

（4）从情绪驱动到初步客观。

3岁左右幼儿的自我评价受情绪影响较大，随着年龄增长，逐渐学会用一定行为准则来客观评价自己和他人的行为。

2.自我体验

（1）体验深刻化。

随着年龄增长，幼儿表达内心感受的程度更准确、用词更生动，如使用修饰词语（很、太等）来强调情绪强度。

（2）体验独立化。

幼儿的自我体验起初易受成人暗示影响，逐渐过渡到独立体验情绪，年龄越大，独立体验能力越强。

（3）体验社会化。

从单纯生理感受（如愉快、愤怒）发展到更复杂的社交情感体验，如自尊、自豪、委屈等。

3.自我调控

3~4岁幼儿的自我控制能力较弱，主要依赖成人的指导和约束，到5~6岁时，幼儿开始具备初步自我调控能力，并能运用一定策略应对诱惑，如在延迟满足实验中，大班幼儿能通过转移注意力等方式抵制即时满足的欲望。

（十）心理倾向系统

幼儿心理倾向系统的发展特点体现在需要、动机和兴趣三个方面。

1.需要

随年龄发展，幼儿的生理需要逐渐减弱，社会需要逐渐增强；开始形成多层次、多维度的整体结构，既包括生理与安全的需要，也包括交往、游戏、尊重、学习等社会性需要的形式；优势需要有所发展，从5岁开始，幼儿的社会性需要迅速发展，求知的需要、劳动和求成的需要开始出现，6岁时，幼儿尊重需要强烈，对友情的需要开始发生。

2.动机

幼儿活动动机发展出现从动机互不相干到形成动机之间的主从关系，如为了完成作品而忍着不出去玩。在动机驱动力方面，幼儿开始从重视眼前直接的利益转变为对长远目标的关注，间接和远景动机逐渐取代直接和近景动机成为主导。同时，幼儿的动机来源也经历从主要依赖外部激励（如成人表扬、奖励）到逐渐形成内在动力（如自我成就感、求知欲望）的转变。

3.兴趣

幼儿对周围世界充满好奇，兴趣广泛，但游戏中枢的地位在幼儿期尤为突出。他们对事物因果关系的理解与兴趣快速提升，提问从物体名称和用途拓展到探究原因，如从问"这是什么？""它有什么用？"到询问"为什么会这样？"这一过程表明幼儿的认知兴趣正朝着更加深入和复杂的层面发展。

（十一）个性心理特征系统

幼儿个性心理特征系统的发展特点体现在气质、能力和性格三个方面。

1.气质

气质是人类个体与生俱来的神经系统特质，具有较强的遗传稳定性。尽管如此，在幼儿期，随着神经系统逐渐发育和完善，气质表现也会有所变化和发展，显现出一定的可塑性。

2.能力

在幼儿阶段，各项能力如语言、模仿、认知和创造性能力等快速发展，并表现出显著的个体差异，部分幼儿还会展现出特殊的才能。在智力结构的演变过程中，主导能力逐渐崭露头角，反映在不同领域的特长和优势上。

3.性格

（1）活泼好动。

幼儿期的孩子天性活泼，无论性格内向与否，他们都表现出强烈的好动性和探索欲，乐于通过活动与游戏释放天性。

（2）喜欢交往。

幼儿热衷于与同龄或相近年龄的伙伴交往，尤其钟爱参与合作性的游戏活动。即使是那些被拒绝和被忽略的幼儿也会因没有小伙伴一起玩耍而感到孤独。

（3）好奇好问。

幼儿具备强烈的好奇心和求知欲，对新奇事物充满兴趣，频繁提出"是什么"和"为什么"的问题，体现出对世界积极探索的精神。

（4）模仿性强。

模仿是幼儿期显著的心理特征，他们不仅模仿成人，更大量模仿同伴，模仿内容广泛，涉及社会行为和知识学习，既有即时模仿，也有延时模仿。

（5）易冲动。

幼儿情绪调控能力较弱，行为受情绪驱动明显，表现出情绪波动大、反应易冲动的特点。

实训视频

"记录幼儿户外大运动活动表现"实训节选

任务实训

记录幼儿户外大运动活动表现

实训目的

（1）深入了解并记录幼儿在户外大运动活动中的表现。

（2）根据幼儿运动发展特点，设计和实施有针对性的户外活动方案，促进幼儿运动潜能的充分开发和健康成长。

（3）提升在实际工作中运用理论知识分析问题、解决问题的能力，对幼儿个体差异的敏锐捕捉和及时反馈能力。

实训内容

现场观察幼儿在户外大运动活动中的表现，包括动作技能、协调性、参与积极性、安全意识等；使用测试工具，对所负责的幼儿进行运动能力的量化评估；设计适合幼儿年龄阶段和发展水平的户外大运动项目，指导幼儿参与并观察其在活动中的表现；对收集的数据和观察记录进行分析讨论，总结幼儿运动发展的特点和规律。

实训步骤

（1）了解幼儿户外大运动的相关理论知识，准备观察记录表、评估工具及安全保障措施。

（2）在幼儿园的户外活动时段，详细观察并记录每位幼儿的运动表现，包括动作技能、体能素质、行为习惯等。

（3）汇总记录数据，分析幼儿在户外大运动中的发展水平及存在的问题。

（4）针对观察结果，设计并实施个性化户外活动方案，观察改进效果，并再次记录对比。

（5）对实训过程进行反思，撰写实训报告，包括幼儿户外大运动发展状况、干预措施及其成效评价。

◎ 实训材料

观察记录表（表1-2-1）与评估工具（幼儿运动发展评估量表、录像设备等）、安全防护装备与户外运动器材、幼儿个人信息卡片与家长同意书、实训手册与参考书籍。

表1-2-1　幼儿户外大运动活动表现记录表

活动情景				
幼儿表现				
归案整理	类别	幼儿特点	保育师处理	保育师处理评价
	动作技能			
	协调性			
	参与积极性			
	安全意识			
	动作效率			
	团队协作与互动			

注：根据活动表现归纳整理，如活动中没有表现出的内容可不用填写。

◎ 实训评价

学生与教师共同组成评审团，按照表1-2-2的内容进行考核、打分。

表1-2-2　实训考核表

序号	考核维度	考核内容	配分/分	学生自评	学生互评	教师检评	得分/分
1	时间要求	在规定时间内完成实训	10				
2	质量要求	观察记录详尽、准确，活动设计与实施科学合理，有效调动幼儿参与的积极性	15				
		从提交的实训报告来准确评价保育师对幼儿户外大运动活动表现的评估，提出的个性化学习支持建议有针对性和可行性	15				

知识链接

评分标准

续表

序号	考核维度	考核内容	配分/分	学生自评	学生互评	教师检评	得分/分
2	质量要求	在小组合作，与幼儿、教师及家长协作时有较强的协作能力	15				
		对待幼儿有爱心、耐心，以及在保障幼儿安全方面有较强的责任意识	15				
3	准备要求	做好实训的知识、技能、工具准备	15				
4	沟通要求	在与组长、组员、幼儿、家长、其他保教人员等进行沟通时注重沟通技巧	15				
总分							

注：①实际得分＝学生自评×10%＋学生互评×20%＋教师检评×70%。

②考核满分为100分，0～59分为不及格，60～69分为及格，70～84分为良好，85～100分为优秀。

任务拓展

一、单选题

1.人体各大系统中，最先发育的是（　　　）。

A.淋巴系统 　　　　B.生殖系统 　　　　C.呼吸系统 　　　　D.神经系统

2.在相同的年龄阶段，幼儿各生理系统的发展速度不同，体现出生理发展具有（　　　）。

A.连续性与阶段性 　　　　　　　　B.个体差异性

C.方向性与顺序性 　　　　　　　　D.不平衡性

3.幼儿的成长是一个连续而有序的过程，前后阶段之间存在着紧密的因果联系。前一阶段的良好发育为后续阶段奠定了基础，任何早期阶段的滞后或障碍都可能对后续发展阶段造成负面影响。这体现出生理发展具有（　　　）。

A.连续性与阶段性 　　　　　　　　B.个体差异性

C.方向性与顺序性 　　　　　　　　D.不平衡性

4.格塞尔为我们揭示了发展的规律：由上而下，由中心向边缘，由粗大动作向精细动作发展。这体现出生理发展具有（　　　）。

A.连续性与阶段性 　　　　　　　　B.个体差异性

C.方向性与顺序性 　　　　　　　　D.不平衡性

5.心理的物质基础是（　　　）。

A.心脏 　　　　B.大脑 　　　　C.脑 　　　　D.内脏

6.幼儿从最初本能的心理活动发展到有目的、可自我控制的心理活动，这体现出幼儿心理发展有（　　　）的规律。

A.从简单到复杂　　　　　　　　　　B.从具体到抽象

C.从无意识到有意识　　　　　　　　D.从凌乱到体系化

7.初生幼儿的心理活动主要基于简单的生理反射，随着年龄的增长，逐渐演化为复杂的情绪表达和认知过程。这体现出幼儿心理发展有（　　　）的规律。

A.从简单到复杂　　　　　　　　　　B.从具体到抽象

C.从无意识到有意识　　　　　　　　D.从凌乱到体系化

8.幼儿的心理活动最初是零散杂乱的，逐步变为有组织、有条理的，这体现出幼儿心理发展有（　　　）的规律。

A.从简单到复杂　　　　　　　　　　B.从具体到抽象

C.从无意识到有意识　　　　　　　　D.从凌乱到体系化

二、多选题

1.下列属于幼儿生理发展一般规律的是（　　　）。

A.连续性与阶段性　　B.个体差异性　　C.方向性与顺序性　　D.不平衡性

E.互补性

2.下列属于幼儿心理发展一般规律的是（　　　）。

A.从简单到复杂　　B.从具体到抽象　　C.从无意识到有意识　D.从混沌到分化

E.从凌乱到体系化

3.幼儿的情绪表达具有的特点有（　　　）。

A.不稳定性　　　　B.外显性　　　　C.持久性　　　　D.冲动性

E.深刻性

4.幼儿道德发展的特点有（　　　）。

A.具体性导向　　　B.他律道德主导　　C.自律道德主导　　D.情绪驱动显著

E.模仿学习凸显

5.下列属于幼儿性格发展特点的是（　　　）。

A.活泼好动　　　　B.喜欢交往　　　　C.好奇好问　　　　D.模仿性强

E.易冲动

三、判断题

1.幼儿使用筷子的能力比较弱，家长应在上幼儿园之前加强训练。（　　）

2.一般情况下，幼儿年龄越小，心率越高。（　　）

3.幼儿擤鼻涕太用力易引起中耳炎。（　　）

4.幼儿对事物保持注意的时间不长，常随兴趣的改变而转移。（　　）

5.神经系统包括中枢神经系统和周围神经系统。（　　）

6.面向幼儿的学习支持应以直观具象为主。（　　）

7.保证幼儿夜晚睡眠时长和质量，可促进幼儿生长。（　　）

8.幼儿的视力很强。（　　）

9.小班幼儿情绪控制能力差，情绪明显表露于外。（　　）

10.一般在大班期间，幼儿出现抽象思维，并以之为主。（　　）

项目二 幼儿早期学习理论支持

⬇项目导读

　　基于以人为本和公平公正的学习支持原则，深度融合马克思哲学思想，研究者们深入探究了幼儿全面发展过程中的内在规律性，构建了一套既能体现时代政治经济背景影响，又能敏锐反映社会变迁对教育诉求的教育与发展理论体系。在此架构中，精心平衡了个体成长发育的自然规律和社会公平的原则，为每一个幼儿量身打造适宜其健康成长的环境。

　　在社会主义核心价值观的引导下，我们在幼儿早期学习支持的研究领域积极倡导并推动理论创新，吸纳有助于缩小学习支持差距、全力促进幼儿全面发展、充分尊重个体差异的崭新理念。面对传统理论的局限以及时代带来的挑战，我们敢于突破旧有桎梏，适时更新和完善相关理论，以确保我们的研究成果紧随社会进步的步伐，有力地支撑我国幼儿保育事业在追求公平与高质量发展中稳步前行。

　　这一理论与实践互动磨砺、持续进化的历程，生动而深刻地展现了我们始终坚守真理、秉持求真务实态度以及与时俱进精神的科学追求与人文关怀。

项目导图

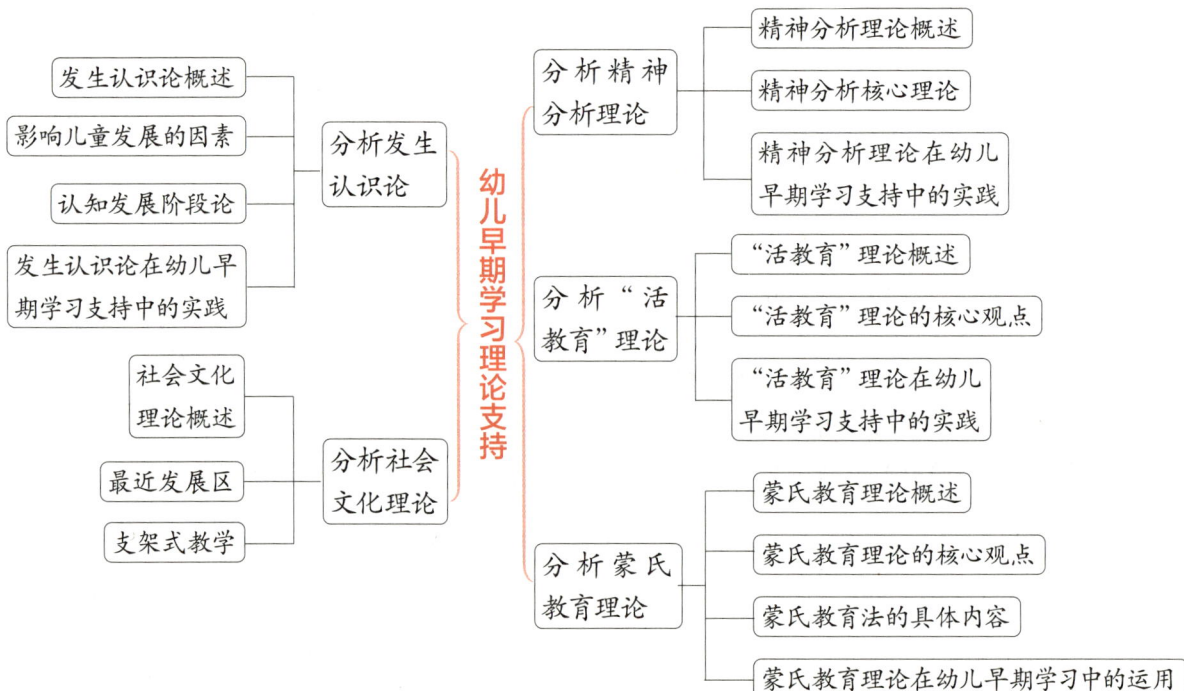

任务一　分析发生认识论

任务目标

▶ 知识目标：了解发生认识论，包括代表人物的思想及相关实验，明确其在幼儿早期学习支持活动中的具体应用场景。

▶ 能力目标：运用发生认识论剖析幼儿早期学习行为，通过精准判断，制订和执行符合幼儿认知发展规律的早期学习支持策略。

▶ 素质目标：将发生认识论内化为行动力，通过实战模拟、案例研讨和实践活动，切实实现理论到实践的高效转化。

任务准备

（1）预习本任务内容。

（2）阅读案例，完成案例下面的思考题。

［案例］媛媛今年3岁，是个漂亮的小女孩。可当妈妈教她4+3=7之后，问3+4等于多少，她说不知道。妈妈摇摇头，觉得自己的女儿有些笨。

［思考］针对媛媛这样的幼儿，我们应该如何支持他们的早期学习？

任务支撑

※ 活动一 ※

请结合"发生认识论"和"影响儿童发展的因素"，说说经验与社会环境分别对儿童发展有什么影响。

一、发生认识论概述

发生认识论是由瑞士心理学家让·皮亚杰（图2-1-1）提出的，这一理论框架深入探讨了知识是如何通过个体与环境的交互作用，在儿童和青少年中逐步发展起来的。发生认识论的核心观点：认知发展不是一个被动接受外部知识的过程，而是一个主动建构的过程，这个过程伴随着个体与周围环境的适应性互动。

皮亚杰认为，儿童的认知结构（他称为"图式"）随着年龄的增长，通过两种基本的心理运作过程不断发展和演化（同化和顺应）：同化是指个体将新的信息纳入已有的认知结构中；顺应则是指个体为了适应新的环境信息而改变原有的认知结构。

（一）图式和组织

图式是无法观察到的心理系统，是智力的基础，一个图式就是一种思维或者活动的模式，常常被看作是儿童用于理解周围世界的一些基础知识。因此，皮亚杰认为认知发展就是图式或者结构的发展，而所有的图式都是通过两种天生的智力加工过程得到的，即组织和适应。

组织是一种加工过程，儿童通过组织已有图式，合成新的更为复杂的图式。儿童不断地将自己已有的各种图式转化为更为复杂和更具适应性的结构。组织的目的是促进有机体的适应，即通过调整以适应环境需求。皮亚杰认为，适应是通过两个互补的活动实现的，即同化和顺应。

（二）同化和顺应

同化是主体将新鲜的知识或刺激纳入已有图式中的过程，通过同化，个体原有的图式会得到扩充和丰富。例如，儿童认为有翅膀、会飞的动物是鸟，于是当看到自己从未见过的有翅膀的喜鹊、鸽子，儿童都可以归入已有经验，将它们定义为鸟。已有的认知结构是鸟是有羽毛、有喙、会飞的动物，会把喜鹊、鸽子整合到已有的认知结构之中，原有认知结构不发生变化。但是，单靠同化是不足以解释所有新鲜事物的，还需要顺应。

顺应是指主体改变已有的图式来吸收和理解新经验的过程。例如，有一天去动物园接触到了鸵鸟，动物园管理员告诉儿童它也是鸟，这时就需要把原有认知结构中的会飞去掉，所以改变了原有的认知结构。当儿童看到鸵鸟，鸵鸟有翅膀但是不会飞，却还是鸟，这时候儿童就需要改变原有的图式，将原有的图式变成新的图式，即鸟类有翅膀和羽毛，但是不一定会飞。同化是图式数量上的变化，而顺应是图式质量上的变化。认知结构关系如图2-1-2所示。

图2-1-1　让·皮亚杰

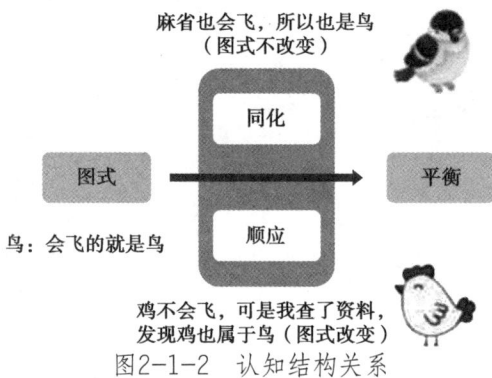

图2-1-2　认知结构关系

皮亚杰的发生认识论强调，认知发展是一个主动建构的过程。儿童常常寻求且同化着新的经验，并调整原有的图式去顺应新的经验，将原有的图式建构成新的、更为复杂的图式。

微课

影响儿童发展的因素

二、影响儿童发展的因素

根据发生认识论，特别是皮亚杰的理论，影响儿童发展的主要因素可以归纳为四个方面，分别是成熟、经验、社会环境和平衡化。这四个方面互相作用，共同促进儿童认知、情感和社会性的发展。

（一）成熟

成熟是指儿童的身体，尤其是神经系统和内分泌系统的成长。这是儿童心理发展的必要条件，没有成熟就没有心理的发展。但是仅仅有成熟，还不足以推动心理的发展，还需要其他因素的作用。

（二）经验

经验是通过与外部环境相互作用而获得的知识，包括婴幼儿通过动作的练习获得的经验；儿童操作物体时获得的对物体的认识；儿童在操作物体时从自己的动作中概括出的经验。

皮亚杰十分重视这类经验，称它为数理逻辑经验。一个儿童通过玩石子的排列认识到：物体排列的方式与物体的总数无关，也就是说无论什么排列方式，都不会影响物体的总数。这个结论是一项知识，而这项知识是儿童在操作石子的认识过程中获得的，这就是数理逻辑经验。

（三）社会环境

社会环境的影响主要指语言和教育的影响。语言是由社会约定俗成的交往工具，又是个人思维和表达使用的工具。语言也是文化的载体，负载着文化的观念和价值。教育则是人类文化世代传承的途径。语言和教育对儿童心理的发展起着重要作用，但这种作用只有被儿童认知结构接受时才起作用。

（四）平衡化

平衡化是认知结构的固有功能，是儿童心理发展的决定性因素，不同发展水平的儿童具有相应水平的认知结构。认知结构不是天生就有的，也不是通过教育外加进去的。认知结构是在先天动作的基础上发展起来的。由于动作发展越来越复杂，并不断内化，在头脑里组成日益抽象和灵活的动作系统，也就是认知结构。认知结构随着活动的演变而演变，变得越来越完备。

认知结构能接纳与自己有联系的新知识，也能适度地调节自己去接受不熟悉的新知识。如果新知识完全超出认知结构调整的范围，就无法接受，表现为学不会、弄不懂。这就需要降低难度，从认知结构容易接受的地方重新开始。

无论是认知结构的演变，还是认知结构的调整，都是不断追求平衡化的自动调节过程。自动调节是生命有机体固有的特性。平衡化的结果是使人更好地适应环境。

※ 活动二 ※

请结合"认知发展阶段论"，判断幼儿园阶段的幼儿处于怎样的认知发展阶段。讨论幼儿阶段的孩子有怎样的认知特点。

三、认知发展阶段论

皮亚杰通过对儿童在游戏、规则制订以及涉及物理法则等实践活动中的自然表现进行观察，建构了发生认识论和认知发展阶段论。根据认知结构的不断演变，皮亚杰把认知发展划分为四个阶段：感知运动阶段（0～2岁）、前运算阶段（2～7岁）、具体运算阶段（7～11岁）和形式运算阶段（11岁以后）。每一个阶段都标志着儿童在认知能力上的质的飞跃，即所有的儿童都严格按照同样的顺序发展，每一个阶段都建立在前一阶段发展完成的基础上，是不可能逾越的。实际上，虽然四个发展阶段不可逾越，但不同儿童个体之间也有很大的差异，儿童所处的文化及其他环境因素的影响会促进或延缓儿童认知的发展速度。

（一）感知运动阶段（0~2岁）

在感知运动阶段，由于语言和表象尚未产生，儿童主要靠感知和动作来接触、适应外界环境。儿童通过不断地与外界交往，动作慢慢地协调起来，并逐渐知道自己的动作及动作对外物所引起的结果之间的关系，开始有意识地做某种动作。这一阶段是儿童思维的萌芽阶段。

感知运动阶段的标志是客体永久性地出现。这个阶段的儿童发展主要有以下三个特点。

1.逐渐形成客体永久性意识

当一个物体呈现在儿童面前时，他知道这个物体是存在的；而当这个物体不呈现在眼前时，他能意识到这个物体仍然是存在的。皮亚杰通过这一实验来说明客体永久性，如图2-1-3所示。

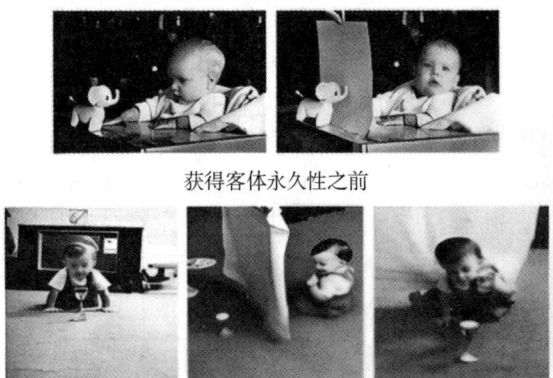

获得客体永久性之前

图2-1-3　客体永久性实验

2.空间—时间组织达到一定水平

儿童在建立客体永久性寻找物体时，必须通过空间上的定位来找到它，又由于这种定位总是遵循一定的顺序发生，因此儿童还会同时建构时间的连续性。

3.出现因果性认识的萌芽

这与儿童客体永久性意识的建立及空间—时间组织达到一定的水平密不可分。儿童最初的因果性认识产生于自己的动作与动作结果的分化，然后扩及客体之间的运动关系。当儿童能运用一系列协调的动作实现自己的目的时，就意味着因果性认识已经产生了。

（二）前运算阶段（2~7岁）

前运算阶段的标志是符号功能的出现，即儿童已经能使用语言及符号等表征外在事物，他们开始从有很强的好奇心、凡事都要动手操作的婴幼儿，转变为使用符号且有思维能力的儿童。在这一阶段，他们获得了语言，能用语言来描述周围的环境和事物，用语言与他人交往。

2~3岁的儿童能够使用词汇和表象表征经验，所以他们完全能够重建过去的经验，并对不在眼前的事物进行思考甚至比较。

皮亚杰把符号的使用视为儿童思维的一个非常重要的新优势，但他对前运算阶段智力的描述还主要集中在儿童思维的局限上。实际上，皮亚杰之所以把这一阶段称为"前运算"，是因为他认为学前儿童还没有获得能够进行逻辑思维的运算图式。前运算阶段是指儿童处于运算之前并为运算做准备的阶段。同时需要注意的是，皮亚杰所说的运算，并不是我们日常生活中所说的加减乘除四则运算，而是一个特定的概念，是指内化的、可逆的动作，即外部动作在头脑内部进行的一种具有可逆性的心理操作。此阶段的儿童思维不具可逆性，是以自我为中心的表征活动阶段。

皮亚杰把前运算阶段儿童的思维称为自我中心思维。自我中心思维是指儿童只能从自己的角度看问题，而意识不到他人的观点。皮亚杰通过著名的三山实验（图2-1-4）说明了这一点。

处于前运算阶段的儿童最典型的思维特点是不守恒，当外部物体的形态、空间位置发生变化后，儿童就会认为物体的数量发生了变化。皮亚杰经过一系列守恒实验（图2-1-5），发现学前儿童不具备守恒概念，这表明他们的思维受到知觉形象的束缚，思维具有表象性和具体性。

图2-1-4 三山实验

图2-1-5 守恒实验

（三）具体运算阶段（7~11岁）

具体运算阶段的儿童形成了初步的运算结构，运算获得了可逆性。这一阶段的儿童自我中心能力得到发展。在同一时间内，儿童已不再局限于集中注意情境或问题的一个方面，而能注意到几个方面，并且也不只注意事物的静止状态，还能注意到动态的转变。正是由于可逆性的出现和去自我中心的发展，儿童出现了守恒的概念。守恒概念是运算结构是否形成的重要指标。一般说来，6~7岁的儿童能掌握连续量守恒（把一个容器内的液体倒入另一个形状不同的容器之中，其量不变）和物质守恒（物质的量不因分割而变化）。9~10岁的儿童能掌握重量守恒（如将泥球捣烂，浸在液体里，所占体积与泥球一样）、长度守恒和面积守恒等。

随着去自我中心能力的发展，儿童开始能站在别人的视角上看问题了，能利用别人的观点来纠正自己的观点，并检查自己解决问题的方法是否正确。然而，虽然儿童去自我中心化的能力得到发展，他们也能将自己的看法和他人的看法调和起来，但并不是都完全客观化了。事实上，有些成人的思维方式仍是自我中心化的。

（四）形式运算阶段（11岁以后）

形式运算阶段的标志是儿童能够进行假设演绎推理。这一阶段的儿童开始从具体事务中解放出来，能在头脑中将形式与内容区分开来，不需要考虑特定的事物，甚至不需要真实物体的名称，而能运用词语或其他符号进行抽象逻辑思维，能根据假设或命题进行逻辑演绎推理。这标志着儿童头脑中的认知结构已经完整地建立起来了，他们的智慧发展趋于成熟。

这一阶段儿童的思维与具体运算阶段相比具有更大的灵活性和可逆性。儿童能自由地支配整个系统进行复杂而完备的推理，而且能根据某些或所有可能的组合去推论一个问题。儿童能对一个问题提出各种可能的假设，并详尽而系统地交换有关因素，逐个论证所提的假设，从而得出一个恰当的结论。这样，他们开始能评价自己和别人的运算，而且能将不同的运算整合成更大范围问题的高一级运算。

在学习支持实践中，皮亚杰的发生认识论带来了革命性的视角，它启示保育师要尊重儿童认知发展的自然规律，根据不同阶段儿童的认知特点设计适合的学习支持活动和环境，避免揠苗助长或低估儿童的能力。这一理论也强调了学习支持的互动性和建构性，提倡通过活动、探索和问题解决的方式来促进儿童认知结构的有效建构和发展。

※ 活动三 ※

请根据"发生认识在幼儿早期学习支持中的实践"，以小组形式展开讨论，举例说一说运用发展理论如何指导幼儿早期科学地学习。

四、发生认识论在幼儿早期学习支持中的实践

发生认识论在幼儿早期学习支持中的指导与应用，强调以儿童为中心，尊重其认知发展阶段，鼓励主动探索与问题解决，注重社会交往与合作学习，实施适应性学习支持与评估，并创造有利于认知发展的环境与资源条件。

（一）尊重与适应幼儿的认知发展阶段

皮亚杰的发生认识论强调幼儿的认知发展遵循一定的阶段顺序，每个阶段有其独特的认知能力和思维特点。在学习支持中，保育师和家长应了解并尊重幼儿所处的发展阶段，提供与其认知能力相匹配的学习材料和活动。例如，对于处于感知运动阶段的幼儿，应提供丰富的感官刺激和实物操作机会；对于进入前运算阶段的幼儿，则可以引入象征性游戏、简单的分类任务和初步的语言逻辑训练。

（二）促进主动探索与问题解决

发生认识论倡导幼儿是知识的主动建构者，而非被动接受者。在早期学习环境中，应鼓励幼儿自主探索、动手操作和尝试解决问题。设置开放性、探究性的学习任务，如科学实验、角色扮演、搭建活动等，可以激发幼儿的好奇心，促进幼儿通过直接经验构建和调整认知结构。

（三）引导同化与顺应过程

保育师应创设丰富多样的情境，提供新的信息和挑战，促使幼儿在面对新经验时进行同化（将新经验整合到现有认知结构中）与顺应（调整原有认知结构以适应新经验）。例如，通过讲述故事、展示实物模型或进行实地考察，引导幼儿在原有知识基础上理解新概念；在幼儿遇到认知冲突时，提供必要的支持和引导，帮助幼儿调整原有观念，形成更复杂、更适应环境的认知结构。

（四）重视社会交往与合作学习

虽然皮亚杰的原始理论更侧重于个体认知发展，但后续研究者指出社会互动在认知发展中同样重要。在早期学习支持中，应提供合作游戏、小组讨论和同伴互动的机会，重视幼儿同伴交往，如图2-1-6所示，让幼儿通过交流、模仿和协作来共享知识、检验假设、解决冲突，从而促进幼儿社会认知和元认知能力的发展。

图2-1-6　幼儿同伴交往

（五）实施适应性学习支持与评估

保育师应根据幼儿的认知发展状况进行适应性学习支持，灵活调整学习支持策略、进度和难度，采用形成性评估方法，持续观察幼儿在活动中的表现，识别幼儿的认知发展水平和需求，及时提供反馈和支持。同时，避免过早引入超出幼儿认知发展阶段的内容，以免造成认知负担和挫败感。

（六）环境创设与资源利用

基于发生认识论，幼儿学习环境应提供充足的实物材料、自然元素和适宜的技术工具，以支持幼儿通过直接感知和操作来建构知识。此外，家庭和幼儿园应共同营造一个充满关爱、支持探索和鼓励表达意见的氛围，以利于幼儿在安全、积极的环境中进行有效地学习。

（七）保育师角色转变

保育师不再是传统意义上的知识灌输者，而是幼儿学习过程的引导者、观察者和支持者。保育师要创设富有启发性的问题情境，引发幼儿的思考与探索；耐心倾听幼儿的想法，尊重其独特的认知路径；适时提供辅助，帮助幼儿克服困难，实现认知飞跃。

发生认识论指导下的幼儿早期学习支持，有助于培养幼儿的创新思维、批判性思考能力和自主学习习惯，为其终身学习奠定坚实的基础。

任务实训

发生认识论认知实训

实训目的

（1）深入理解皮亚杰的发生认识论。

实训视频

"发生认识论认知实训"实训节选

（2）掌握儿童发展的影响因素及认知发展阶段理论。

（3）结合皮亚杰发展理论，实践应用幼儿早期学习支持的原则和方法。

实训内容

将全体学生科学合理地划分为多组，每组8～10人，确保每个小组内部成员既能充分交流，又能保持高效合作。在实训室内，组织一场以"发生认识论知多少"为主题的小组互动知识竞赛。

实训步骤

（1）每组选出一名同学描述发展理论的相关人物、理论内容，其余组员则根据描述进行猜测（描述者需避免直接说出关键词，而是通过比喻、举例等方式引导队友理解，考验同学们对知识的实际掌握和运用能力）。

（2）设定多个题目轮次，涵盖发展理论的代表人物、认识发生论、影响儿童发展的因素、认知发展阶段论等（每个题目限定时间，在规定时间内猜中答案的小组得分，累计积分最高的小组将获得优胜）。

（3）对于表现出色的小组和个人给予适当奖励，激励大家深入理解和积极传播幼儿早期学习支持的相关知识。

实训材料

计时器、纸、笔、奖品。

实训评价

学生与教师共同组成评审团，按照表2-1-1的内容进行考核、打分。

表2-1-1 实训考核表

知识链接

评分标准

序号	考核维度	考核内容	配分/分	学生自评	学生互评	教师检评	得分/分
1	时间要求	在规定时间内完成实训	10				
2	质量要求	了解认知发展理论的代表人物	15				
		理解发生认识论的相关概念	15				
		掌握影响儿童发展的因素	15				
		熟悉认知发展阶段论及其每个阶段的特点	15				
3	准备要求	做好实训的知识、技能、工具准备	15				
4	沟通要求	在与组长、组员、评委、指导老师等相关人员进行沟通时注重沟通技巧	15				
总分							

注：①实际得分=学生自评×10%+学生互评×20%+教师检评×70%。

②考核满分为100分，0～59分为不及格，60～69分为及格，70～84分为良好，85～100分为优秀。

任务拓展

一、单选题

1.两小无猜的时代，一根竹子、一张长凳就可以是一匹骏马，这是个体认知发展到（　　）能做到的事情。

A.感知运动阶段　　　B.前运算阶段　　　C.具体运算阶段　　　D.形式运算阶段

2.皮亚杰的认知发展阶段理论认为（　　）的儿童是属于形式运算阶段。

A.0 ~ 2岁　　　　　B.2 ~ 7岁　　　　　C.7 ~ 11岁　　　　　D.11 ~ 15岁

3.下列属于前运算阶段儿童思维特点的是（　　）。

A.以自我为中心　　B.概念守恒　　　　C.抽象思维　　　　D.运算思维

4.皮亚杰认为，主要通过视听触等感觉与手的动作吸收外界知识的幼儿处于（　　）阶段。

A.感知运动　　　　　B.前运算　　　　　C.具体运算　　　　D.形式运算

5.影响儿童发展的因素不包括（　　）。

A.成熟　　　　　　　B.经验　　　　　　C.社会环境和平衡化　D.内心体验

6.认知发展阶段论是由（　　）提出的。

A.皮亚杰　　　　　　B.华生　　　　　　C.布鲁纳　　　　　D.维果斯基

二、多选题

1.前运算阶段的思维特征主要有（　　）。

A.以为外界的一切都是有生命的　　　　　B.一切以自我为中心

C.认知活动具有相对具体性　　　　　　　D.思维具有不可逆性

2.处于具体运算阶段的儿童（　　）。

A.获得了守恒概念　　　　　　　　　　　B.凭借演绎推理等形式解决抽象问题

C.可进行逻辑运算　　　　　　　　　　　D.思维具有可逆性

3.根据皮亚杰认知发展阶段论，下列属于具体运算阶段的认知特点的是（　　）。

A.可逆性　　　　B.假设推理　　　　　C.去自我中心　　　D.客体永久性

4.处于形式运算阶段的儿童具有（　　）的特征。

A.获得了守恒概念　　　　　　　　　　　B.不能针对问题提出假设

C.凭借演绎推理等形式解决抽象问题　　　D.其认知活动达到抽象逻辑思维水平

三、判断题

1.皮亚杰认为儿童的认知发展是分阶段进行的。　　　　　　　　　　　（　　）

2.皮亚杰认为儿童在所有领域的认知发展都是同步的。　　　　　　　　（　　）

3.在前运算阶段，儿童还不能理解守恒原则。　　　　　　　　　　　　（　　）

4.皮亚杰认为儿童是主动的学习者，通过与环境的互动来构建知识。　　（　　）

5.具体运算阶段的儿童能够进行逻辑推理，但仅限于具体情境。　　（　　）

6.皮亚杰的理论主要关注儿童时期的认知发展，与成人无关。　　（　　）

7.在感知运动阶段，儿童主要通过感觉和动作来探索世界。　　（　　）

任务二　分析社会文化理论

任务目标

▶ **知识目标**：理解社会文化理论及该理论代表人物的思想，明确其在幼儿早期学习支持活动中的具体应用场景。

▶ **能力目标**：运用社会文化理论剖析幼儿早期学习行为，通过精准判断，制订和执行符合幼儿身心发展规律的早期学习支持策略。

▶ **素质目标**：将社会文化理论内化为行动力，通过实战模拟、案例研讨和实践活动，切实实现理论到实践的高效转化。

任务准备

（1）预习本任务内容。

（2）阅读案例，完成案例下面的思考题。

　　［案例］小班宝宝拖着一条长长的鼻涕在区角里玩得不亦乐乎，亮晶晶的鼻涕晃呀晃（图2-2-1），让人看了既好笑又无奈。每逢此时，保育师都会选择帮宝宝把鼻涕擦掉，而后宝宝又接着开开心心地玩耍。

　　［思考］作为保育师的你是选择帮小班宝宝擦干净鼻涕，还是教会幼儿自己擦鼻涕？如果你要教会幼儿自己擦鼻涕，你会怎么教呢？

图2-2-1　幼儿流鼻涕

任务支撑

※ **活动一** ※

　　请结合"社会文化理论概述"，梳理维果斯基的心理发展观。

一、社会文化理论概述

社会文化理论是一种以社会和文化环境对个体心理发展起决定性作用为核心思想的理论框架，其由苏联心理学家列夫·维果斯基（图2-2-2）提出，并在后世学者的研究中得到进一步发展和完善，其基本理念如下。

图2-2-2 列夫·维果斯基

（一）社会文化环境的核心地位

社会文化理论强调人类的认知发展并非仅仅是个体内部生物成熟的结果，而是个体与所处社会文化环境相互作用的产物。这种环境包括共享的文化工具（如语言、符号系统、技术、习俗等），为个体提供了思维和行动的框架，通过日常的社会交往与实践活动得以传递和发展。

（二）中介与调节作用

维果斯基特别提出"中介"的概念，指出人类心理机能的发展依赖于各种文化工具的中介作用。语言是最主要的中介工具，它不仅作为沟通手段，更作为思维的工具，帮助个体进行抽象思考、解决问题和规划未来行动。此外，其他物质工具（如计算器、书籍、计算机等）和心理工具（如规则、概念、策略等）同样起到中介作用。这些工具通过调节个体与环境的交互，促进认知能力的进步。

（三）内化过程

社会文化理论强调个体心理过程从外部向内部的转化，即"内化"。最初，个体在与他人的社会交往中，通过模仿、指导、合作等方式习得社会文化工具的使用。随着经验的积累，这些原本在外部环境中发生的认知活动逐渐被个体内化为自己的心理过程，成为独立思考和解决问题的能力。

（四）高级心理机能的发展

维果斯基认为，许多复杂的认知技能，如逻辑推理、规划、自我调控等，是在社会互动和文化参与中逐步构建起来的，而非先天具备。这些"高级心理机能"超越了直接的生物反应，是人类独有的，在特定的历史文化背景下得到发展和创新。

（五）"最近发展区"概念

社会文化理论引入了"最近发展区"的概念，是指个体在独立解决问题时的实际水平与其在成人或更有能力的同伴协助下能够达到的潜在水平之间的差距。最近发展区是教学和学习的重要参考，表明有效的学习支持应引导学生在他们现有的能力边界之外进行学习，通过适当的支架式支持，帮助学生掌握更复杂的知识和技能。

※ **活动二** ※ ....

请结合"最近发展区"理论，想一想作为保育师，要想教会小班宝宝自己擦鼻涕，设立的第一个最近发展区是什么？

....

二、最近发展区

维果斯基认为，最近发展区（图2-2-3）是儿童学习和发展的关键区域，因为它揭示了个体在社会互动和文化参与中可能达到的认知进步空间。

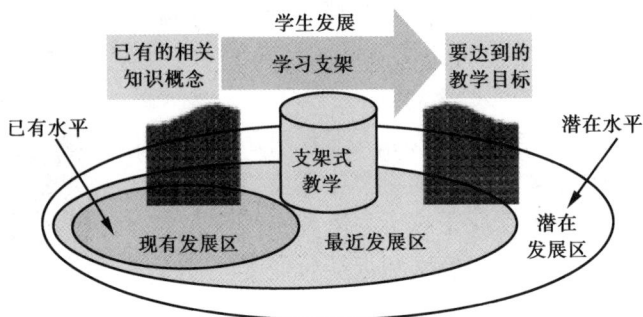

图2-2-3 最近发展区

（一）最近发展区概念蕴含的要点

1.教学与发展的关系

维果斯基反对当时流行的将教学视为跟随儿童自然发展步伐的观念，认为教学应当超越儿童现有的发展水平，瞄准儿童的最近发展区，以引导和支持儿童在现有能力基础上取得更大的进步。他提出了著名的论断："良好的教学应走在发展前面。"

2.社会互动的重要性

最近发展区概念强调了社会互动在儿童认知发展中的关键作用。儿童在与他人（尤其是更有经验的成人或同伴）的合作过程中，通过模仿、示范、解释、讨论等社会交往形式，能够接触到并学习到超出自己独立状态下所能掌握的知识和技能。

3.成人或同伴的角色

在最近发展区内，成人或更有能力的同伴扮演着"更多知识的人"的角色。他们提供必要的支持、指导、反馈和解释，帮助儿童解决在独立状态下无法解决的问题，从而推动儿童的认知发展跨越这一区域。

4.动态性和可变性

最近发展区不是固定不变的，它随着儿童能力的增长和学习经验的积累而发生变化。当儿童在某一领域的现有能力提高，或者在成人或同伴的支持下成功解决了更复杂的问题，其最近发展区也会相应地向前移动，指向新的、更高层次的学习挑战。

（二）最近发展区理论在幼儿早期学习支持中的实践

维果斯基的最近发展区理论强调了学习支持应走在发展的前面，通过搭建学习支架，激励幼儿在挑战中突破自我，实现从现有水平到更高发展水平的跨越。同时，提醒保育师要关注幼儿的个体差异，及时发现和调整学习支持的内容与方式，最大限度地挖掘和促进幼儿的发展潜力。

1.充分了解幼儿

保育师应通过细致入微地观察、分析和记录，深入了解幼儿的认知、情感、兴趣和学习特点，以便有针对性地设计和实施学习支持活动。

微课

最近发展区理论在幼儿早期学习支持中的实践

2.发掘幼儿潜在的发展水平

保育师需要识别幼儿在成人引导下能够达到但目前尚不能独立完成的任务，以此来确定幼儿的最近发展区。例如，在学习交通规则时，先确保幼儿理解红绿灯的基本含义，再引导幼儿将这种理解运用到日常生活中的遵守规则行为上。

3.设计适宜的学习支持活动，引领幼儿达到最近发展区

以体育游戏"小熊过桥"为例，通过逐步提升游戏难度，如从地面梯子到桌子上的梯子再到斜梯，促使幼儿在克服挑战中发展平衡能力和胆量，增进同伴间的互助情感。

4.反思与调整，不断发现新的最近发展区

每一轮学习支持活动结束后，幼儿已达成的最近发展区将成为他们新的现有水平，保育师需要及时反思活动效果，发现幼儿新的发展潜力，设定新的学习目标和挑战，以保持幼儿持续不断地进步和发展。

※ **活动三** ※

请根据"支架式教学"理论，以小组形式展开讨论，说一说如何通过支架式教学来教会小班宝宝自己擦鼻涕。

三、支架式教学

支架式教学源自建构主义理念，从维果斯基的思想出发，借鉴建筑行业中"脚手架"的作用，进行形象化比喻，旨在为幼儿提供临时性的支持，帮助幼儿逐步提升至新的学习水平，以达到维果斯基提出的最近发展区，真正地做到使教学走在发展的前面。

（一）支架式教学的概念与原理

1.支架式教学的定义

支架式教学是一种教学策略，其中教师或其他更有知识的人（如同伴、家长）提供临时性的、适应学生需要的支持，帮助学生完成在当前阶段难以独立完成的任务，这些支持随着学生能力的增长逐渐减少，直至学生能够自主完成任务。

2.支持的形式

支架可能包括提问引导、示范、提示、解释、合作学习、分解复杂任务为较小步骤、提供概念图、反馈等，主要是帮助学生进入他们的最近发展区，从而促进认知、技能或策略的发展。

3.支架的动态调整

支架式教学强调教师根据学生的实时反应和进步动态调整支持的程度和形式，随着学生逐渐掌握技能或理解概念，逐渐减少或撤除支架，让学生逐渐独立完成任务，实现从依赖外部支持到独立解决问题的过渡。

（二）支架式教学理论在幼儿早期学习支持中的实践

在幼儿早期学习中，支架式教学理论的具体运用表现如图2-2-4所示。

1.搭建学习"脚手架"

针对当前学习主题，如"搭建高速公路"（图2-2-5），按照幼儿智力的最近发展区构建学习支持框架，为其提供必要的指导和支持。

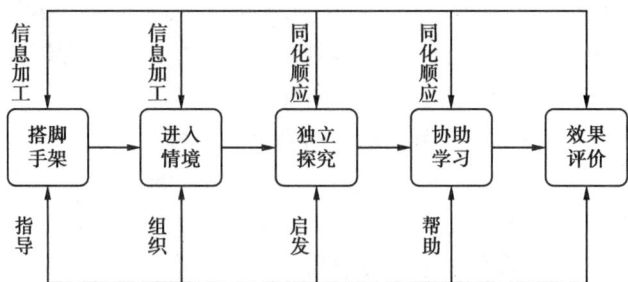

图2-2-4　支架式学习支持流程

2.创设情境引导

通过创设具体情境，如保育师模拟车辆行驶情境提问，引导幼儿进入问题情境，引发幼儿对游戏设定的深入思考。

3.独立探索与适时辅助

允许幼儿独立探索问题解决方案，如设计双向车道，保育师在过程中提供恰到好处的提示，随着幼儿能力的增长逐渐减少干预，最终让幼儿能在既有概念框架内自行解决问题。

4.协作学习与集体智慧

当幼儿遇到困难时，保育师鼓励幼儿进行团队协作，通过查找资料、互相讨论等方式寻求解决方案，如受启发建立立体双层公路收费站（图2-2-6），促进幼儿间的信息交流与合作能力提升。

5.学习效果评价

在学习支持活动结束后，通过幼儿自我评价和同伴评价相结合的方式，对幼儿在本次支架式学习过程中的认知发展、问题解决能力、协作精神等方面进行全面评估。

图2-2-5　搭建高速公路

图2-2-6　建立立体双层公路收费站

任务实训

社会文化理论认知实训

实训目的

（1）掌握社会文化理论中心理发展的本质。

（2）理解最近发展区理论的概念和支架式教学策略，并能用于分析幼儿早期学习现象。

（3）基于幼儿早期学习支持的原则和方法，结合社会文化理论进行实践分析。

实训内容

在教育界有句名言"跳一跳，摘桃子"。运用本次任务所学理论，谈一谈你是如何理解这句话的。如果你是保育师，想要教会小班宝宝自己擦干净鼻涕，结合最近发展区以及支架式教学理论，你会怎样进行呢？请小组讨论，完成分析。

实训步骤

1.案例引入

由指导老师简要介绍上述案例，明确讨论的主题和重点。

2.小组讨论

（1）第一轮讨论：根据维果斯基理论，分析"跳一跳，摘桃子"这句话。各小组轮流分享观点，记录员记录关键信息。

（2）第二轮讨论：参照支架式教学理论在幼儿早期学习支持中的实践流程，小组讨论如何利用最近发展区以及支架式教学理论引导小班幼儿自己擦干净鼻涕，小组讨论并明确每个步骤，用纸笔记录下来。

3.成果汇报

每组选派代表，向全班汇报讨论成果。汇报内容应包括对"跳一跳，摘桃子"的理解，以及运用相关理论引导小班幼儿擦干净鼻涕的具体步骤。

4.总结与反思

（1）指导老师总结各组的讨论要点，强调维果斯基理论在幼儿行为引导和塑造中的应用价值。

（2）同学们反思自己在实训过程中的表现，思考如何将所学理论应用于实际工作中，并提出进一步学习和实践的方向，鼓励持续探索和改进。

实训材料

计时器、纸、笔、奖品。

实训评价

学生与教师共同组成评审团，按照表2-2-1的内容进行考核、打分。

表2-2-1　实训考核表

序号	考核维度	考核内容	配分/分	学生自评	学生互评	教师检评	得分/分
1	时间要求	在规定时间内完成实训	10				
2	质量要求	准确理解维果斯基的"最近发展区"理论以及支架式教学理论的核心概念，结合理论解读"跳一跳，摘桃子"	20				
		讨论参与度高，为小组讨论提供有价值的见解，推动讨论向更深层次发展	10				
		利用最近发展区理论，设计出引导幼儿自己擦干净鼻涕的步骤，清晰、具体、可行，符号支架式教学理论的实践流程	10				
		汇报小组讨论成果全面、准确，语言表达流畅、逻辑清晰，能吸引听众的注意力	10				
		将所学理论应用于实际工作，提出可行性和创新性的学习和实践方向	10				
3	准备要求	做好实训的知识、技能、工具准备	15				
4	沟通要求	在与组长、组员、评委、指导老师等相关人员进行沟通时注重沟通技巧	15				
总分							

注：①实际得分=学生自评×10%+学生互评×20%+教师检评×70%。

②考核满分为100分，0～59分为不及格，60～69分为及格，70～84分为良好，85～100分为优秀。

任务拓展

一、单选题

1.学生现有的水平是6分钟能做7道计算题，在教师的帮助下6分钟能做10道题，这种学生现有水平和在成人帮助下水平的差异称为（　　　）。

A.内化学说　　　　B.最近发展区　　　　C.观察学习　　　　D.水平差异

2.主张把教育心理学当作一门独立学科的分支进行研究，并提出了"社会文化发展论"和"内化论"的学者是（　　　）。

A.乌申斯基　　　　B.桑代克　　　　C.巴甫洛夫　　　　D.维果斯基

3.苏联的著名学者维果斯基研究教学与发展之间的关系，以下说法正确的是（　　　）。

A.教学走在发展的前面　　　　　　　　B.教学走在发展的后面

C.发展走在教学的前边　　　　　　D.二者并行

4.对支架式教学模式有重要贡献的学习理论是（　　　）。

A.行为主义　　　　　B.认知主义　　　　　C.建构主义　　　　　D.人本主义

5.在教育与发展的关系上，下列不是维果斯基提出的是（　　　）。

A.最近发展区　　　　B.心理发展观　　　　C.认知发展观　　　　D.内化学说

6.提出最近发展区理论的是（　　　）。

A.皮亚杰　　　　　　B.维果斯基　　　　　C.布鲁纳　　　　　　D.哈维·卡尔

二、多选题

1.下列哪些观点与维果斯基的社会文化理论相一致？（　　　）

A.认知发展是个体孤立进行的　　　　B.社会互动对认知发展至关重要

C.认知发展完全由遗传决定　　　　　D.文化工具和符号对认知发展有重要影响

2.维果斯基的最近发展区理论强调了（　　　）。

A.儿童当前的知识水平　　　　　　　B.儿童在成人帮助下能达到的水平

C.儿童与同伴互动的重要性　　　　　D.教育应关注儿童的潜在发展

三、判断题

1.维果斯基认为，认知发展完全是由个体的生理成熟驱动的。　　　　（　　　）

2.维果斯基的社会文化理论忽视了遗传因素在认知发展中的作用。　　（　　　）

3.维果斯基认为，认知发展完全是由个体的生理成熟驱动的。　　　　（　　　）

4.维果斯基认为，语言是思维的主要工具，它促进了思维的抽象化和系统化。

（　　　）

任务三　分析精神分析理论

任务目标

▶知识目标：理解精神分析理论的起源，掌握潜意识、本我、自我、超我等核心概念，熟悉主要理论流派的发展，理解其在儿童心理发展、情绪调节、行为动机等方面所起到的关键作用。

▶能力目标：掌握如何运用精神分析理论识别幼儿在早期学习环境中展现的情绪与行为背后所隐含的心理需求，进而有针对性地设计并实施个性化的学习支持计划。

▶素质目标：深化对教育事业的热爱，坚定致力于幼儿早期学习支持工作，为幼儿营造一个全面支持其健康成长的良好环境。

任务准备

（1）预习本任务内容。

（2）阅读案例，完成案例下面的思考题。

[案例] 6岁的浩浩将自己的玩具带到了幼儿园，被保育师张老师发现后没收了；张老师将这件事告诉了浩浩妈妈，晚上，妈妈严厉地批评了浩浩，并没收了浩浩所有的玩具，惩罚浩浩三天之内不许玩玩具，让他在房间里练习写字。

[思考] 案例中浩浩妈妈的做法正确吗？如果你是张老师，你会如何处理这种情况？

任务支撑

※ 活动 ※

请结合"精神分析核心理论"，思考如何根据精神分析理论，鼓励幼儿表达自己的情感和感受，为幼儿提供一个安全、无威胁的环境。

一、精神分析理论概述

精神分析理论，作为现代西方心理学中占据重要地位的理论之一，是由奥地利心理学家西格蒙德·弗洛伊德于1900年创立的。该理论主要深入探索人的内在心理动力、欲望、冲突以及无意识过程，其理论体系犹如一座深邃的冰山，大部分隐藏在水面之下，难以直接察觉，而弗洛伊德正是通过其独特的视角揭示了这座"冰山"的秘密。由于其创立者的贡献，该理论也被称为"弗洛伊德主义"，并对该学派产生了深远的影响。1919年，国际精神分析学会的成立，标志着精神分析学派的正式形成。除弗洛伊德外，埃里克·埃里克森、荣格、阿德勒和霍妮等心理学家也在该领域做出了杰出的贡献。

微课

精神分析核心理论

二、精神分析核心理论

（一）人格层次理论

精神分析理论的焦点之一在于强调无意识过程在人类行为和思维中的核心地位。弗洛伊德将人的心灵比作一座冰山，提出了著名的"冰山结构论"（图2-3-1），形象地说明了意识与无意识之间的关系。在这座冰山中，露出水面的小部分代表意识，它是我们能够直接感知和控制的部分；而隐藏在水面下的巨大部分则是潜意识（弗洛伊德在后期也称为无意识），它蕴含着个体的原始欲望、深层情感和过往记忆，这些元素在很大程度上影响着人们的感知、判断和行为。

在学习支持的实践中，深入理解幼儿的无意识过程（图2-3-2）构成了提升保教质量的关键基石。精神分析理论的应用，通过梦境探索、自由联想及心理转移等手段，为保育师打开了一扇通往幼儿内心世界的窗，使之能够精准捕捉幼儿的真实需求、情感波动及行为动机，进而制订出更加个性化、科学化的保教策略。

首先，这些心理学方法促进了保育师对幼儿内心世界的深刻洞察，揭示了日常生活中幼儿隐藏的真实想法与感受，为理解幼儿行为动机提供了有力支撑，使保育师能够提供

更加精准、有效地支持和引导。

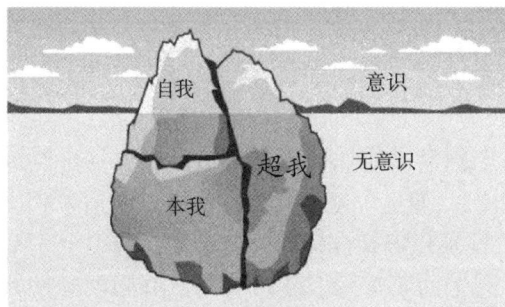

图2-3-1　冰山结构论

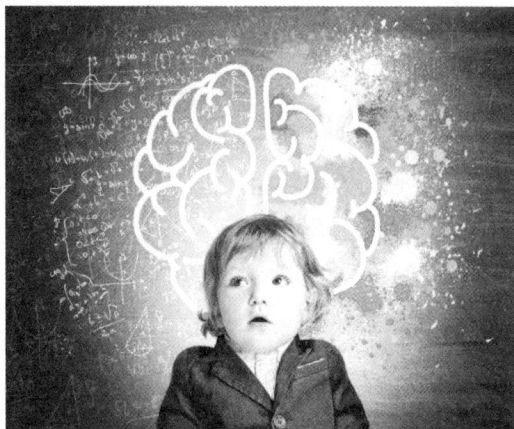

图2-3-2　幼儿的无意识过程

其次，幼儿在游戏与学习中的无意识经验被赋予了核心地位。认识到这些经验的重要性，保育师能更加敏锐地捕捉幼儿在活动中的自然反应与无意识表达，从而精准把握其学习与发展需求，营造出与幼儿内在需求高度契合的学习环境。

最终，激发幼儿的内在兴趣和好奇心成为学习支持的核心驱动力。保育师致力于满足幼儿的情感需求，通过提供富有趣味性、挑战性的学习材料，点燃幼儿的学习热情，促使其自发投入学习活动，实现学习效果与综合素质的双重提升。

（二）人格发展的阶段性理论

弗洛伊德还提出了人格发展的阶段性理论，认为人的心理发展经历了口唇期、肛门期、性器期、潜伏期和生殖期五个阶段。每个阶段都有其特定的发展任务和挑战，其中前三个阶段与幼儿早期的发展密切相关。在这些阶段中，婴幼儿通过与环境的互动和经验的积累，逐渐形成自己的个性特征和行为学习模式。

1.口唇期（出生～1岁半）

出生～1岁半的婴幼儿主要通过口腔活动来满足需求和探索学习。婴儿通过嘴来满足需求，感知世界，与母亲乳房是一切关系的起点。因此，婴儿的生理满足和安全感来自吃、吸和咀嚼。如果婴儿没有得到足够的母乳喂养或离开母亲的怀抱，会导致不安全感和焦虑情绪，这一阶段主要任务是建立信任。

2.肛门期（1岁半～3岁）

1岁半～3岁的幼儿开始学习控制自己的大小便和排泄。但是，如果父母过于强调干净和整洁，或者是过于宽容和放任，都会影响幼儿的控制感和权利感，从而也会影响幼儿学习的效果。例如，随地大小便、将粑粑这类词挂在嘴边等，因此需要父母或保育师对幼儿进行正确的引导。

3.性器期（3～6岁）

3～6岁的幼儿开始意识到性别差异和性别特征。弗洛伊德认为，这个时期的经历对后来的性格形成和性行为产生了深刻的影响。如果幼儿没有得到足够的关爱和支持，或者是受到性压抑和约束，都会导致后来的性格问题。这个时期的幼儿需要对其进行性别上的引导，认识男生与女生的差异，教导幼儿保护自己身体部位的隐私，可以使用绘画的方式指导幼儿，哪些部位不能碰等等。

4.潜伏期（6～12岁）

6～12岁的儿童进入学龄期，开始接受教育和社会文化的影响。儿童开始了解家庭、学校和社会的规范和价值观念，形成自己的道德和伦理观。这个阶段也是儿童形成自我认知和自尊心的关键时期。

5.生殖期（12～20岁）

12～20岁的青少年开始进入性成熟期，意识到自己的性取向和身份认同。这个阶段的经历对个体的性格和心理状态产生了深远的影响。如果个体没有得到足够的性启蒙和支持，或者是受到性压抑和歧视，都会导致后来的性别焦虑和性格障碍。

每个阶段都有其特定的发展任务和挑战，其中前三个阶段（口唇期、肛门期和性器期）与幼儿早期的发展密切相关。在这些阶段，婴幼儿通过与环境的互动和经验的积累，逐渐形成自己的个性特征和行为学习模式。例如，口唇期的婴幼儿主要通过口腔活动来满足需求和探索学习。家长和保育师需要了解这些阶段，以便更好地支持幼儿探索与学习。同时，这些阶段并不是绝对的，每个人的发展速度和方式可能会有所不同，在理解和应用弗洛伊德的理论时，需要保持灵活性和个体差异的尊重。

（三）人格结构理论

弗洛伊德在其晚期著作《自我与伊底》（1923年出版）中，对精神分析理论进行了重要修正，提出了著名的"三部人格结构"理论，该理论将人格划分为三个紧密相连且相互作用的组成部分：伊底（本我）、自我与超我。这一理论框架为理解人类行为动机、心理冲突及人格发展提供了深刻的视角。

1.三部人格结构

（1）本我：作为人格结构中最原始、最本能的部分，本我代表着个体的基本欲望与冲动，特别是那些与生存、繁殖及避免痛苦直接相关的需求。它遵循"快乐原则"，即追求即时的满足与快乐，而不受社会规范、道德约束或逻辑理性的限制。

（2）自我：自我是人格结构中的现实面向，负责协调本我与外部环境之间的关系。它基于现实原则运作，评估现实条件，平衡本我的欲望与超我的要求，以及考虑行为的长期后果。自我在面对挑战时，会运用理性判断与决策能力，以确保个体的生存与适应。

（3）超我：超我代表着个体的道德良知、理想追求与社会规范的内化。它遵循"道德原则"，鼓励个体追求高尚的品质、实现自我超越，并对违反道德标准的行为进行自我惩罚。超我的形成受家庭、社会及文化环境的影响，是个体心理发展的高级阶段。

2.人格结构理论在幼儿学习支持中的应用

在幼儿保育工作中，理解和平衡本我、自我与超我的需求至关重要，直接影响到幼儿健康人格的形成及学习状态的稳定。保育师需认识到，幼儿阶段是人格发展的关键期，这三个层次的需求往往以复杂的方式交织在一起。

（1）支持本我需求：通过提供安全、稳定的环境，以及满足幼儿基本生理与情感需求的方式，保育师可以帮助幼儿建立信任感与安全感，为学习与发展奠定良好基础。

（2）发展自我能力：通过鼓励幼儿参与适宜的活动，培养其问题解决能力、自我控制能力及社会交往技巧，保育师可以促进幼儿自我意识的觉醒与自我功能的完善，使其能够更好地适应外部环境。

（3）引导超我形成：通过树立正面榜样、讲述道德故事、参与集体活动等方式，保育师可以潜移默化地影响幼儿的价值观与道德观，引导其形成积极向上的超我意识，为未来的成长奠定坚实的道德基础。

保育师在幼儿学习支持中，应综合运用精神分析理论中的"三部人格结构"理论，平衡幼儿本我、自我与超我的需求，以促进其全面、健康地发展。

（四）埃里克森人格八阶段理论

埃里克森的心理学理论对幼儿学习支持有着重要的启示。这一理论认为，人的成长过程由一系列的阶段组成，每个阶段都有其特定的心理需求和发展任务。

1.基本信任与不信任（婴儿期，0～1岁）

婴儿期的主要冲突是信任与不信任。建立基本信任感是婴儿期的首要任务。婴儿需要感到周围的人是可靠的，会照顾婴儿的需要。保育师应当创造一个稳定、关爱和支持的环境，使婴儿感受到被关注和被爱护。这有助于婴儿建立对人和环境的信任感，为未来的学习和社交打下坚实的基础，如果需求得到满足，将形成希望这一品质，对未来的生活充满信心和期望。

2.自主与羞怯、疑虑（儿童早期，1～3岁）

儿童早期的主要冲突是自主与羞怯、疑虑。在自主感的发展阶段，幼儿开始探索世界并尝试自己解决问题。保育师应当鼓励儿童的独立探索行为，给予幼儿足够的自由和空间去发现和尝试。同时，也要在必要时提供指导和帮助，使幼儿在自主探索的过程中不断学习和成长。例如，在幼儿园中，保育师可以通过设置一些简单的任务，鼓励幼儿独立完成，并在完成后给予积极地反馈和赞扬，增强幼儿的自信心和自我效能感。如果父母和保育师能够适当鼓励和引导，将帮助幼儿形成意志这一品质，学会自我控制和决策。

3.主动性与内疚感（学前期，3～6岁）

学前期的主要冲突是主动性与内疚感。在主动感的发展阶段，幼儿开始主动参与活动并尝试创新。保育师应当提供丰富的活动和机会，让幼儿能够发挥自己的主动性和创造性。这有助于培养幼儿的想象力和创新能力，促进其全面发展。例如，保育师可以通过组织各种团队游戏或创意手工活动，激发幼儿的主动性和创造性，让幼儿在参与中学习和成长，如果父母和保育师过于严厉或限制，可能导致幼儿产生内疚感和挫败感。

4.勤奋感与自卑感（学龄期，6～12岁）

学龄期的主要冲突是勤奋感与自卑感。儿童开始进入学校学习，如果能够得到老师和家长的肯定和鼓励，将形成能力这一品质，对自己的能力充满信心。

5.角色认同与角色混乱（青少年期，12～18岁）

青少年期的主要冲突是角色认同与角色混乱。青少年开始思考自己的身份和未来，尝试找到自己的位置和方向。

6.亲密感与孤独感（成年早期，18～25岁）

成年早期的主要冲突是亲密感与孤独感。年轻人开始寻找与他人的亲密关系，建立稳定的人际关系和婚姻。如果能够得到健康的亲密关系，将形成爱这一品质，学会给予和接受爱。

7.创造力与自我停滞（成年中期，25～50岁）

成年中期的主要冲突是创造力与自我停滞。成年人开始追求事业上的成就和自我实现，通过创造力和创新来实现自己的价值。

8.完善感与悲观感（成年晚期，50岁以上）

成年晚期的主要冲突是完善感与悲观感。老年人开始回顾自己的一生，思考自己的价值和意义。

埃里克森人格八阶段理论阐述了人的一生中会经历的八个重要阶段，并指出了每个阶段所面临的主要冲突和挑战。该理论为幼儿学习支持提供了重要的理论指导。保育师在保育工作中，可以通过关注儿童在基本信任感、自主感和主动感方面的发展，为幼儿创造一个有益的学习环境，从而有效地促进幼儿健康成长。

三、精神分析理论在幼儿早期学习支持中的实践

在实际幼儿早期学习支持过程中，对于处在婴儿期到学前期的幼儿，保育师应当根据其年龄特点和发展阶段，提供相应的支持和引导措施。

（一）重视无意识经验，探索幼儿游戏与学习中的深层需求

为了更好地利用无意识经验，保育师可以通过观察幼儿在游戏中的表现，发现幼儿的兴趣所在和潜在能力。例如，当幼儿在游戏中表现出对某个事物的强烈兴趣时，保育师可以借此机会为幼儿提供更多相关的学习材料，以满足幼儿的好奇心和求知欲。同时，保育师还可以通过与幼儿的互动，了解幼儿在学习过程中的困难和挑战，进而调整学习支持策略，帮助幼儿攻克难关。

（二）情感与动机的激发，培养幼儿主动学习的内在动力

保育师可以采取多种策略，为幼儿创造一个自由、安全的学习环境，鼓励幼儿大胆尝试和表达自己的想法。保育师也通过与幼儿的互动，了解幼儿的兴趣点和特长，从而为幼儿量身定制合适的学习任务；保育师还可以利用游戏、故事等寓教于乐的方式，激发幼儿的学习兴趣和积极性。

激发幼儿的内在动机对幼儿的学习和发展具有积极推动作用，内在动机是指个体因为兴趣、好奇心等因素而自发产生的行为动力。保育师应通过创设有趣的学习环境、提供丰富的学习支持资源，激发幼儿的好奇心和求知欲。在此基础上，保育师还应尊重幼儿的主体地位，鼓励幼儿主动探索和发现问题。这样，幼儿在学习过程中就能保持积极的内在动机，从而促进幼儿的认知发展。

（三）关注幼儿的自我、本我与超我的需求

保育师要引导幼儿学会独立思考，培养幼儿的判断力和决策能力。同时，保育师还应关注幼儿的自我认知，帮助幼儿了解自己的优点和不足，从而激发幼儿的自信心，如运用自我介绍或者绘画等方式，引导幼儿认识自我。

在幼儿早期学习支持过程中，保育师要尊重幼儿的本能需求，为幼儿的学习提供物质与心理支持。同时，保育师还需引导幼儿正确对待欲望，教导幼儿如何在满足本我的同时，兼顾社会规则和制度。

保育师要通过道德教育、价值观引导等方式，培养幼儿的超我能力。例如，运用角色扮演"警察与小偷"游戏，引导幼儿学习社会道德与法律法规，分析过失行为可能引发的各种后果。

在具体实践中，保育师还可以通过多种方式来平衡幼儿的需求。例如，在游戏活动中，保育师可以设置既有趣味性又具有挑战性的任务，以满足幼儿自我实现的需求，如图2-3-3所示的趣味游戏；同时，通过制订游戏规则和奖惩机制，引导幼儿学会合作和分享，培养幼儿的社会责任感和集体荣誉感。这种平衡自我、本我和超我需求的学习方式可以为幼儿提供坚实的心理基础。

图2-3-3　趣味游戏

（四）提升幼儿基本信任感、自主感与主动感

在幼儿早期学习支持中，保育师应以关爱、支持和稳定的学习环境为基础，对于刚来到这个世界的婴儿来说，他们首先需要建立对周围环境的信任感。在婴儿进行语言、动作学习时，保育师通过温暖的拥抱、亲切的笑容和细心的引导，为婴儿提供一个安全和关爱的学习环境，可以建立起婴儿对保育师的信任。这种信任不仅有助于婴儿形成积极的情感反应，还为婴儿日后的人际交往和社会适应奠定坚实的基础。

保育师应鼓励幼儿独立尝试、自由探索，并在幼儿遇到困难时给予适时的指导和帮助。这样的学习支持方式不仅培养了幼儿的自主学习能力，还让幼儿学会了如何面对挑战和解决问题。

保育师应提供丰富的活动和机会，通过组织丰富多彩的活动和游戏，让幼儿在参与中感受到学习的乐趣和成就感。此外，保育师还应鼓励幼儿勇于尝试新事物和创新思维，即使失败了也要给予幼儿充分的支持和鼓励，为幼儿创造一个积极的学习心态。

（五）关注幼儿个体差异

每个孩子都是独一无二的个体，幼儿的成长速度和发展轨迹各不相同。因此，保育师需要关注每个幼儿的个体差异，并根据幼儿的发展需求提供有针对性地学习支持。对于发展较慢的幼儿，保育师应给予更多的关注和引导；对于发展较快的幼儿，则可以提供更多的挑战和机会。这样，每个幼儿都能在适合自己的环境中得到充分的发展和成长。

（六）家园合作

幼儿早期的学习支持离不开家庭和幼儿园的共同关注。保育师应与家长保持密切的沟通和合作，定期举办家长会，共同关注幼儿的心理变化和成长需求。家长也应积极参与孩子的学习支持过程，幼儿园家长会如图2-3-4所示，与保育师共同为孩子创造一个和谐、温馨的学习环境。

图2-3-4 幼儿园家长会

埃里克森的理论为幼儿早期学习支持提供了重要的理论指导，通过关注儿童的基本信任感、自主感和主动感的发展，保育师可为幼儿创造一个有益的学习环境，帮助幼儿健康成长。

实训视频

"精神分析理论认知实训"实训节选

任务实训

精神分析理论认知实训

实训目的

（1）掌握精神分析核心理论的基本概率。

（2）明确幼儿行为中可能包含的心理原因与特点。

（3）基于创设适合幼儿学习成长的环境，结合精神分析理论，进行实践分析。

实训内容

案例：小明是一个3岁的男孩，他是家中的独生子。他的父母非常关注他的早期学习，希望他能在一个良好的环境中成长。小明的父母发现小明性格有一些内向和害羞，不愿意与陌生人交流，总是非常依赖父母，与父母分开后容易出现焦虑的情绪。在幼儿园中，小明也表现出类似的行为，他不愿意参加集体活动，总是选择独自玩耍。当老师尝试与他交流时，他会回避眼神接触，不愿意与老师互动。小明的父母和老师都很担心他的发展，希望找到一种有效的方法来帮助他克服这些问题。

通过以下提示分析案例，小组合作讨论，各组成员轮流发表讨论成果。

（1）根据埃里克森人格发展理论，小明的内向和害羞行为可能与哪个阶段的心理发展有关？

（2）在这个阶段，小明的心理发展面临哪些主要的挑战和危机？

（3）家长和保育师应该如何支持和引导小明？

实训步骤

1.案例引入

由指导老师简要介绍小明的案例，明确讨论的主题和重点。

2.小组讨论

（1）第一轮讨论：根据埃里克森人格发展理论，分析小明内向和害羞行为可能关联的心理发展阶段。各小组轮流分享观点，记录员记录关键信息。

（2）第二轮讨论：探讨该阶段小明面临的主要心理发展挑战和危机。小组成员需结合理论，分析小明可能的心理状态和需求。

（3）第三轮讨论：基于前两轮的分析，讨论家长和保育师应如何支持和引导小明，提出具体、可行的策略和建议。

3.成果汇报

每组选派代表，向全班汇报讨论成果。汇报内容应包括对小明行为的理论分析、面临的挑战以及提出的支持策略，其他组成员可提问或补充，促进交流与碰撞。

4.总结与反思

（1）指导老师总结各组的讨论要点，强调精神分析理论在幼儿行为分析中的应用价值；归纳出家长和保育师在幼儿心理发展过程中的重要角色和有效支持方法。

（2）同学们反思自己在实训过程中的表现，思考如何将所学理论应用于实际工作中，并提出进一步学习和实践的方向，鼓励持续探索和改进。

◎ **实训材料**

白板、纸、笔、讨论记录表、计时器等。

◎ **实训评价**

学生与教师共同组成评审团，按照表2-3-1的内容进行考核、打分。

表2-3-1　实训考核表

知识链接

评分标准

序号	考核维度	考核内容	配分/分	学生自评	学生互评	教师检评	得分/分
1	时间要求	在规定时间内完成实训	10				
2	质量要求	掌握精神分析的核心概念	15				
		理解弗洛伊德和埃里克森的人格构造理论	15				
		关注幼儿当前所处的发展阶段，理解幼儿可能面临的挑战和危机	15				
		善用游戏疗法	15				
3	准备要求	做好实训的知识、技能、工具准备	15				
4	沟通要求	在与组长、组员、评委、指导老师等相关人员进行沟通时注重沟通技巧	15				
总分							

注：①实际得分=学生自评×10%+学生互评×20%+教师检评×70%。

②考核满分为100分，0～59分为不及格，60～69分为及格，70～84分为良好，85～100分为优秀。

任务拓展

一、单选题

1.精神分析学派创始人是（　　　）。

A.埃里克·埃里克森　　　　　　　　　B.荣格

C.西格蒙德·弗洛伊德　　　　　　　　D.华生

2.根据埃里克森人格阶段理论，3～6岁属于（　　　）。

A.儿童早期　　　　B.学龄期　　　　C.婴儿期　　　　D.学前期

3.以下不属于"三部人格结构说"的是（　　　）。

A.自我　　　　　B.心我　　　　　C.伊底　　　　　D.超我

4.小孩子看到糖产生想吃的愿望是（　　　）在起作用。为了得到糖，小孩子可以偷吃，也可以请求父母购买，这是（　　　）在起作用。然而，小孩子知道偷这种行为是不对的，不符合道德标准，这是（　　　）在起作用。

A.本我、自我、超我　　　　　　　　　B.自我、超我、本我

C.本我、超我、自我　　　　　　　　　D.自我、本我、超我

5.3～6岁的儿童的主要任务是培养儿童主动探究的精神，培养幼儿的（　　　），如果儿童的这种精神得到肯定，就会获得自信心和责任心以及创造力，反之则会削减追求有价值目标的动机和勇气。

A.自主感　　　　B.主动感　　　　C.信任感　　　　D.勤奋感

二、多选题

1.精神分析核心理论包括（　　　）。

A.人格层次理论　　　　　　　　　　　B.人格发展的阶段性理论

C.人格结构理论　　　　　　　　　　　D.埃里克森人格八阶段理论

2.幼儿保育工作者要（　　　）。

A.支持本我需求，无条件满足幼儿所有愿望

B.发展自我能力，促进幼儿自我意识的觉醒与自我功能的完善

C.引导超我形成，引导其形成积极向上的超我意识

D.平衡幼儿本我、自我与超我的需求，促进其全面、健康地发展

3.下列对于埃里克森人格八阶段理论的说法，错误的是（　　　）。

A.婴儿期，需要建立独立意识，减少对父母的依赖

B.儿童早期，应该鼓励幼儿儿童的独立探索行为，主动发现与尝试

C.3～6岁正处于学龄期，此时主要的内在冲突是主动性与内疚感

D.6～12岁，儿童开始思考自己的未来，自我同一性开始发展

4.弗洛伊德认为人的心理结构主要包括（　　　）。

A.意识　　　　　B.前意识　　　　C.潜意识　　　　D.记忆

5.精神分析理论对幼儿园课程的影响包括（　　　）。

A.强调儿童早期经验的重要性　　　　　B.倡导在幼儿园开展表现和表达活动

C.强调游戏在解决儿童心理冲突中的作用　D.主张教师应完全控制儿童的学习过程

三、判断题

1.保育师应帮助幼儿建立积极的自我形象，鼓励幼儿表达自己的观点和感受。
（　　）

2.保育师应帮助幼儿学会控制和调节自己的行为，同时尊重其合理的欲望和需求，培养其积极的自我认同和道德意识。
（　　）

3.儿童在上课时出现吵闹行为，需要马上阻止，严厉批评。（　　）

4.保育师对儿童进行无微不至地照顾，无论何时都不允许儿童离开教室玩耍。
（　　）

5.潜意识是人们可以意识和感觉到的。（　　）

知识链接

拓展任务：
分析机能主
义理论

任务四　分析"活教育"理论

任务目标

▶**知识目标**：解析"活教育"理论的核心要义、历史渊源及现代价值，掌握其倡导的"生活即教育""社会即学校""教学做合一"等核心理念，理解这些理念如何促进儿童全面发展与个性化成长。

▶**能力目标**：运用"活教育"理论指导幼儿早期学习环境的创设，在学习支持工作中实践"活教育"理念，加强与家长的沟通与合作，共同促进幼儿健康成长。

▶**素质目标**：激发对幼儿保教工作的热爱与使命感，树立以幼儿为中心的保教理念，培养高度的职业认同感和责任感。

任务准备

（1）预习本任务内容。

（2）阅读案例，完成案例下面的思考题。

[案例]一天，教师们决定组织一次以"春天"为主题的创意手工活动，要求孩子们利用提供的材料，如彩纸、剪刀、胶水等，创作自己心目中的春天景象。

4岁的小红对这次活动非常感兴趣，但她却遇到了困难：她不知道如何开始，面对一堆材料感到迷茫。保育师王老师注意到小红的困惑，不是直接告诉她该怎么做，而是鼓励她先观察其他小朋友是如何创作的，然后鼓励她尝试模仿或者找到自己的灵感开始动手做。

[思考]案例中王老师的做法正确吗？他是如何运用"活教育"理论支持幼儿学习的？

🕯️任务支撑

※ 活动 ※

　　请结合"'活教育'理论概述""'活教育'理论的核心观点""'活教育'理论在幼儿早期学习支持中的实践",思考如何在保教活动中提升幼儿的参与感与体验感。

一、"活教育"理论概述

图2-4-1　陈鹤琴

　　"活教育"理论是一种关注幼儿主体性、倡导主动学习和实践探索的教育理念,它是陈鹤琴(图2-4-1)在1940年于江西省立实验幼稚师范学校时提出的一个教育理论体系。这个理论经过7年的教学实践建立,包括目的论、课程论、方法论,以及17条教学原则和13条训育原则。它既是对陈鹤琴长期教育实践的概括和总结,又有着深厚的理论基础,是中西文化与教育思想融合的产物。它为幼儿早期学习提供了一种富有活力、创新性和实用性的教育模式,在培养幼儿的综合素质和终身学习的能力方面提供了帮助。

二、"活教育"理论的核心观点

　　"活教育"理论的基本理念是以人为本,注重实践和创新,强调教育与生活、社会的紧密联系。这种教育理念能够有效帮助培养学生的综合素质和能力,使幼儿能够更好地适应现代社会的需求和发展。

(一)"活教育"理论的基本理念

1.目的论

　　"活教育"的目的是"做人,做中国人,做现代中国人"。这一理念强调了教育的目标不仅仅是传授知识,更重要的是培养人的品格和能力,使其能够适应现代社会的需求。同时,这一理念也体现了对国家和民族文化的尊重和传承。

2.课程论

　　"活教育"的课程论主张"大自然、大社会都是活教材"。这一理念强调了教育应该与生活和社会实践紧密相连,在保教活动中,让幼儿从实际生活中学习和体验,通过接触大自然和社会,也可以更好地理解和应用所学知识,培养幼儿的观察力和实践能力,幼儿园植物角如图2-4-2所示。

3.方法论

　　"活教育"的教学论坚持"做中教,做中学,做中求进步"。这一理念强调了教育的实践性和互动性,保育师应该通过实践活动来引导幼儿学习,引导幼儿在实践中不断探索和进步,帮助幼儿更好地理解和掌握所学知识,同时也能培养幼儿的创新能力和解决问题的能力,种植体验活动如图2-4-3所示。

图2-4-2　幼儿园植物角

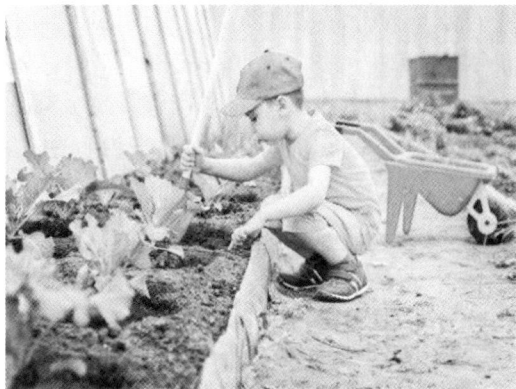

图2-4-3　种植体验活动

（二）"活教育"理论的基本原则

1.注重幼儿的主体性和参与性

"活教育"理论认为幼儿应该是保教活动的主体和参与者。主体性是指幼儿在教育活动中能够主动发起、选择、控制和评价自己的学习活动。参与性则是指幼儿能够积极投入到教育活动中，与他人合作、交流、分享，实现共同成长。在保教过程中，应该关注每个孩子的特点，激发幼儿对活动和学习的兴趣和积极性，引导幼儿主动参与各种活动，让幼儿在实践中学习。

微课

"活教育"
理论的基本
原则

2.强调实践性和体验性

"活教育"理论是一种注重实践和体验的教育方式，它强调幼儿应该通过亲身参与和实际操作来学习和掌握知识。相较于传统的理论学习，幼儿更能接受符合其认知特点和兴趣爱好的活动类游戏学习模式。实践活动能够帮助幼儿更好地理解和掌握学习内容。通过亲身参与和实际操作，幼儿可以更加直观地了解知识的实际应用。例如，在学习自然科学知识时，可以让幼儿通过观察和实验来探索自然规律，这样不仅能够加深幼儿对知识的理解，还能够激发幼儿的好奇心和探究欲望。同时，通过参与各种活动，幼儿还可以体验到不同的情绪和情感，从而更好地发展幼儿的情感素养。石子体积实验如图2-4-4所示。

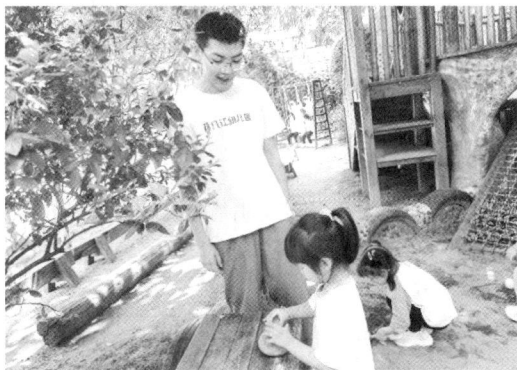

图2-4-4　石子体积实验

3.注重课程的整合性和生成性

"活教育"理论的课程论，作为一种教育理念，强调课程的整合性和生成性。这一理念认为，课堂活动不应仅仅局限于预定的教材和计划，而应灵活适应幼儿的兴趣和需求。

整合性意味着课程内容应该涵盖多个领域和内容，帮助幼儿在学习过程中获得全面、综合的发展。例如，在语言课程中，可以通过故事讲解、角色扮演等形式，融入数学、科学等其他领域的知识。这种整合不仅有利于培养幼儿的多元智能，还有助于激发幼儿对学习的兴趣和好奇心。

生成性则强调课程活动应根据幼儿的实际情况和活动反馈进行灵活调整和优化。这意味着保育师需要在活动过程中，敏锐地观察幼儿的表现和反应，及时发现并抓住教育契机。例如，当幼儿对某个话题表现出浓厚兴趣时，保育师可以顺势展开相关内容的学习，以满足幼儿的探究欲望。

为了更好地实施"活教育"的课程论，保育师需要具备较高的专业素养和灵活的教育策略。保育师应关注幼儿的兴趣点，了解幼儿的学习方式和节奏，以便为幼儿量身定制合适的学习方案。同时，保育师还应注重与幼儿的互动和沟通，鼓励幼儿积极参与课堂活动，培养幼儿的自主学习和合作学习能力。

三、"活教育"理论在幼儿早期学习支持中的实践

幼儿早期学习支持理论中的"活教育"理论，是一种充满生机与活力的教育理念。它强调保育教育应当与生活紧密相连，注重培养幼儿的主动性和创造性，引导幼儿在实践中学习和成长。幼儿早期学习支持下的"活教育"理论认知操作要求保育师在学习支持实践中注重幼儿的实际需求和特点，提供生活化、互动性强的学习内容和环境，鼓励幼儿动手实践和社交互动，通过不断地反思和改进，保育师可以为幼儿的全面发展提供有效的支持。

（一）创设富有活力的学习环境，引导幼儿观察与体验

根据"活教育"理论，保育师可以为幼儿创设一个充满趣味性和探索性的学习环境。通过摆放生动有趣的学习支持材料、设置多样化的活动区域、引入自然元素等方式，激发幼儿的好奇心和学习兴趣，同时，运用语言或动作引导幼儿，培养幼儿的观察力。这样的环境有助于培养幼儿的观察力、想象力和创造力。

（二）以游戏为媒介的学习活动，引导幼儿积极互动

游戏是幼儿最主要的学习方式之一。在"活教育"理论指导下，保育师可以设计各种富有创意的游戏活动，引导幼儿在游戏中探索、学习和成长。例如，通过角色扮演游戏培养幼儿的社交能力，通过拼图游戏锻炼幼儿的逻辑思维等，通过木质拼搭游戏（图2-4-5）培养幼儿的协调性。在选择游戏时，可以结合具体的学习内容，如数学、语言、科学等。这样可以让幼儿在游戏中学习到更多的知识和技能，提高学习效果。例如，在角色扮演游戏中，可以让幼儿学习基本的社交礼仪和沟通技巧；在团队竞技游戏中，可以让幼儿学习如何协作和分工等。

保育师在游戏过程中也要密切观察幼儿的互动情况，及时给予积极的反馈和指导。当幼儿出现合作困难时，保育师可以适当介入，引导幼儿找到解决问题的方法。同时，也要鼓励幼儿之间的互相帮助和支持，营造积极的合作氛围。

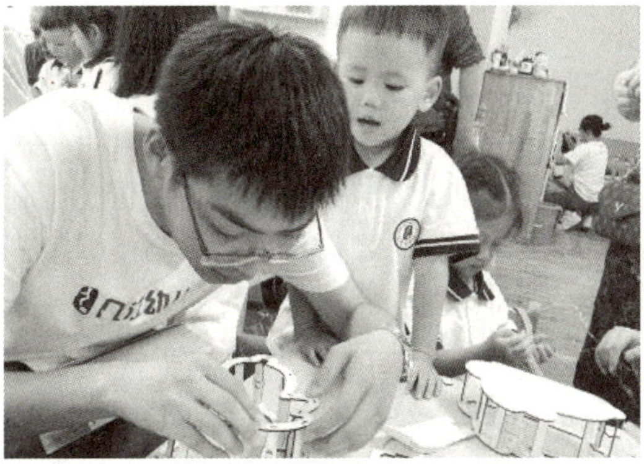

图2-4-5 木质拼搭游戏

（三）鼓励幼儿自主探索和发现，培养幼儿的问题解决能力

"活教育"理论强调幼儿的自主性和实践性。在幼儿学习支持中，保育师应该尊重幼儿的主体地位，鼓励幼儿自主探索和发现。在幼儿学习支持活动中，保育师可以设置开放式的问题鼓励幼儿探索、实验和发现新的观点，例如，"你觉得这个实验中会发生什么？"或"你认为这个故事的主角为什么要这样做？"，引导幼儿进行思考和探究，激发幼儿的求知欲和探索欲。

（四）家园共育，促进幼儿全面发展

幼儿的发展是一个多元化、综合性的过程，它不仅局限于幼儿园学习支持环境，更涉及家庭、社会等多个层面。为了确保幼儿的全面发展，需要家庭、幼儿园和社会共同构建一个支持性的环境，为幼儿的成长提供全方位的帮助。保育师应该与家长保持密切沟通，了解幼儿在家庭中的表现和需求，了解家长的期望和顾虑，从而为幼儿提供更为精准的学习支持指导。

为了增进家园之间的合作与互动，保育师可以积极举办家长会。在家长会上，保育师可以向家长介绍幼儿在园中的表现，分享保教理念和经验，同时也可以听取家长的意见和建议，共同探讨如何更好地促进幼儿的发展。此外，开展亲子活动也是增进家园互动的有效途径。通过亲子游戏、亲子阅读等活动，增进亲子关系，同时也为幼儿的全面发展提供了更多的可能性。

同时，社会也是幼儿成长的重要舞台。保育师应该鼓励幼儿走出幼儿园，参与到社会活动中去，让幼儿接触更多的人和事，拓宽幼儿的视野和经验。通过与社会的互动，幼儿可以更好地了解社会规范和价值观念，培养幼儿的社会责任感和公民意识。

任务实训

"小小园丁"植物种植与观察活动实训

实训视频

"'小小园丁'植物种植与观察活动"实训节选

实训目的

（1）理解并掌握在幼儿园组织幼儿进行种植活动的学习支持方法和策略。

（2）通过引导幼儿观察植物生长过程，培养耐心、细心以及对生命的尊重。

（3）设计综合性实践活动，促进幼儿全面发展。

实训内容

识别并选择适合幼儿园环境和幼儿照料的植物种子或幼苗；制订详细的种植活动方案，包括活动目标、支持流程、安全注意事项等；带领幼儿进行播种、移栽、浇水、施肥等活动，讲解相关植物知识；指导幼儿定期观察植物生长情况，制作观察日记或图表，记录植物变化；结合种植活动开展绘画、故事讲述、手工制作等相关延伸活动。

实训步骤

（1）收集所需种子、土壤、花盆等材料，了解植物特性及种植方法。

（2）编写活动设计，包含导入、操作示范、小组实践、分享交流等环节。

（3）按照活动设计进行现场指导，确保每个幼儿都能参与到种植过程中。

（4）持续指导幼儿进行植物护理，组织定期的观察和记录活动。

（5）根据幼儿参与程度和植物生长状况进行评估，反思并改进学习支持方法。

实训材料

各类适合幼儿种植的种子或幼苗、花盆或种植箱；土壤、肥料、种植工具（小铲子、水壶等）、观察记录表、画笔、纸张、安全防护用品（如手套、围裙）。

实训评价

学生与教师共同组成评审团，按照表2-4-1的内容进行考核，打分。

表2-4-1　实训考核表

知识链接

评分标准

序号	考核维度	考核内容	配分/分	学生自评	学生互评	教师检评	得分/分
1	时间要求	在规定时间内完成实训	10				
2	质量要求	在活动组织中，具备较强的沟通能力、指导技巧、安全意识，并且关注幼儿的个体差异	20				
		从观察日记、植物生长状态、实训参与度以及后期的汇报展示等方面综合评价实训效果	20				
		通过撰写实训报告，总结经验教训，分析自己在活动中的表现和进步空间	20				
3	准备要求	做好实训的知识、技能、工具准备	15				
4	沟通要求	在与组长、组员、幼儿、家长、其他保教人员等进行沟通时注重沟通技巧	15				
总分							

注：①实际得分=学生自评×10%+学生互评×20%+教师检评×70%。

②考核满分为100分，0～59分为不及格，60～69分为及格，70～84分为良好，85～100分为优秀。

💡 任务拓展

一、单选题

1.强调"教育应该与生活和社会实践紧密相连"的是"活教育"理论的（　　）。

A.课程论 　　　　　　B.目的论 　　　　　　C.方法论 　　　　　　D.趣味论

2.陈鹤琴提出的"活教育"理论的主要内容包括（　　）。

A.做人，做中国人，做现代中国人 　　　　B.读书，读好书，读有用的书

C.玩耍，尽情玩耍，无拘无束地玩耍 　　　D.学习，努力学习，为了未来的学习

3.在陈鹤琴的"活教育"理论中，课程论主张（　　）。

A.以课堂为中心，以保育师为中心，以教材为中心

B.大自然、大社会，都是活教材

C.以游戏为主要学习方式

D.以记忆为主要学习方式

4.陈鹤琴的"活教育"理论中的方法论强调（　　）。

A.被动接受学习 　　　B.主动探索学习 　　　C.机械重复学习 　　　D.模仿学习

5.在"活教育"理论指导下，保育师在幼儿早期学习中的角色是（　　）。

A.知识的传递者 　　　　　　　　　　B.幼儿的监督者

C.活动的组织者和引导者 　　　　　　D.学习的评价者

二、多选题

1."活教育"理论的基本原则包括（　　）。

A.主体性和参与性 　　B.实践性和体验性 　　C.稳定性和独特性 　　D.整合性和生成性

2.活教育理论在幼儿早期学习支持中的实践意义体现在（　　）。

A.强调保育教育应与幼儿的实际生活紧密相连

B.提倡利用自然环境和社会环境作为学习支持资源

C.鼓励幼儿在"做中学"，通过实践活动获得经验

D.注重幼儿认知能力的训练和提高

3.关于"活教育"理论，以下说法正确的是（　　）。

A.活教育理论不需要家园合作

B.可以设置开放式的问题鼓励幼儿探索、实验和发现新的观点

C.保育师可以为幼儿创设一个充满趣味性和探索性的学习环境

D.设计各种富有创意的游戏活动，引导幼儿在游戏中探索、学习和成长

4."活教育"理论在幼儿早期学习支持中如何看待教师的角色？（　　）

A.教师是知识的传授者 　　　　　　B.教师是学习的引导者

C.教师是环境的创造者 　　　　　　D.教师是幼儿的伙伴

三、判断题

1."活教育"理论主张幼儿走出教室，通过接触自然和社会，能够在实践中自主学习，发现生活中的知识和乐趣。　　　　　　　　　　　　　　　　　　　　　　（　　）

2.在"活教育"理论中，保育师的作用只是保证幼儿的安全。　　　（　　）

3.每个幼儿的发展水平和兴趣爱好都不同，因此在组织以游戏为媒介的学习活动时，要关注到每个幼儿的个体差异。　　　（　　）

4.在进行家园共育时，双方应加强沟通与合作，共同了解孩子的成长需求和问题，制订有针对性的学习支持方案。　　　（　　）

5.当幼儿在进行游戏活动时，保育师不能进行指导干预，应该让幼儿单独完成。　　　（　　）

知识链接

拓展任务：
分析反偏见
教育理论

任务五　分析蒙氏教育理论

任务目标

▶ **知识目标**：剖析蒙氏教育理论的核心思想，探索蒙氏教育理论与现代儿童发展心理学、教育学理论的融合点，理解其在当代学习支持环境中的应用价值与优势。

▶ **能力目标**：把握蒙氏教育法在幼儿日常学习、游戏及生活自理能力培养中的具体运用策略，能在实践中灵活运用蒙氏教育原则，解决保育工作中的实际问题。

▶ **素质目标**：激发对幼儿保育职业的热爱与尊重，树立以幼儿为中心、注重个体差异的保教理念，培养爱岗敬业、勇于创新的职业精神。

任务准备

（1）预习本任务内容。

（2）阅读案例，完成案例下面的思考题。

[案例]四岁的男孩琦琦在进入幼儿园之前，一直被父母照顾得很好，对于集体生活和学习环境不太适应。琦琦表现出对集体活动的不感兴趣，经常独自玩耍，不愿意与其他小朋友互动。保育师决定采取一定的措施来帮助琦琦适应集体生活并提高他的自我学习和自我发展能力。

[思考]假如你是琦琦的保育老师，你会如何帮助琦琦？

任务支撑

※ **活动** ※

请结合"蒙氏教育理论概述""蒙氏教育理论的核心观点""蒙氏教育法的具体内容"，思考蒙氏教育理论对于幼儿早期学习发展的重要性。

一、蒙氏教育理论概述

蒙氏教育理论的起源可以追溯到意大利女性教育家玛丽亚·蒙台梭利（图2-5-1）。蒙台梭利通过观察和实践，发现幼儿具有自我教育的潜力，并在此基础上创立了一套独特的教育方法。

蒙台梭利坚信，幼儿的发展需要自由、有序和纪律良好的环境，这样幼儿才能够充分发挥自己的潜能。她设计了一系列教具和活动，旨在帮助幼儿自我探索、自我学习、自我成长。这些教具和活动不仅让幼儿在游戏中学习，还能培养幼儿的观察力、思考力、创造力和纪律性。

蒙台梭利的教育方法（蒙氏教育法，图2-5-2）在全球范围内产生了广泛的影响。她的理念和方法被引入到许多国家，成为现代幼儿教育的重要流派之一。蒙氏教育注重幼儿的个性发展，尊重幼儿的天性和潜能，强调培养幼儿的自主性、独立性和创造力。这种教育理念对现代幼儿早期学习支持体系产生了深远的影响，为后来的幼儿早期学习支持改革和发展提供了重要的启示。

图2-5-1 玛丽亚·蒙台梭利与幼儿

图2-5-2 蒙氏教育法

二、蒙氏教育理论的核心观点

（一）蒙氏教育理论的基本概念

蒙氏教育理论的基本理念，强调以幼儿为中心、环境适应性、生命自然发展以及吸收性心智等核心价值，为幼儿提供一个有益的学习环境。通过遵循蒙氏教育理念，可以更好地理解和支持幼儿的全面发展，促进其健康、快乐地成长。

1.环境适应理论

蒙台梭利强调环境对幼儿的重要性，认为环境是影响幼儿学习与发展的最大关键，甚至比遗传因素更加重要。因此，在蒙氏教育中，环境设计不仅要适宜幼儿的生理特点，还要满足幼儿的心理需求。例如，桌椅板凳的高度与宽度需要适用于幼儿的一般状态，颜色设计也需让幼儿感到舒适与放松，这样有助于幼儿更好地适应环境，培养自主独立的生活和学习能力。幼儿卡通图书角如图2-5-3所示。

2.独立成长理论

蒙台梭利重视培养幼儿的独立性和自主性。她认为个体的自由始于独立，必须引导幼儿个体自由的最初积极表现，使幼儿能通过这种活动走向独立。蒙氏教育鼓励幼儿自主选择、自由探索，通过自我操作、自我发现来获取知识和技能，如幼儿探索游戏——手掌印画（图2-5-4）。这种方式有助于培养幼儿的自主学习和自我教育的能力，让孩子学会独立思考、解决问题，提高自我学习和自我发展的能力。

图2-5-3　幼儿卡通图书角

图2-5-4　幼儿探索游戏——手掌印画

3.生命自然发展论

蒙台梭利认为，幼儿的生命发展遵循着一种自然的规律。这种规律既非人为可改变，也非外力可干预。敏感期就是在这一自然规律下，幼儿在特定时期对某些事物表现出特别的兴趣和敏感性。这些敏感期并不是孤立存在的，而是与幼儿所处的外界环境紧密相连。

敏感期的出现，标志着幼儿在某一方面的发展进入了一个关键时期。在这一时期，幼儿对于特定事物的感知、认知、学习等能力都会得到极大的提升。因此，保育师需要敏锐地捕捉到这些敏感期，为幼儿创造一个自由、有序、纪律良好的环境，以促进幼儿的成长和发展。

4.吸收性心智理论

在幼儿的成长过程中，每一个阶段都充满了无限的可能性和学习的机会。特别是在幼儿的早期阶段，幼儿如同海绵一般，积极吸收着外界的一切信息。幼儿不仅仅是在模仿和学习，更是在构建自己的认知世界，将各种印象和文化模式内化为自己的思考方式和行为习惯。幼儿天生对新事物充满好奇，热衷于探索、尝试、发现和学习。幼儿通过感官体验、互动交流和观察模仿，不断积累知识和经验。这种自发学习的能力是幼儿未来学习和发展的基础，也是幼儿建立自我认知和社会适应能力的关键。幼儿舞蹈学习如图2-5-5所示。

此外，学习内容的选择和设计还需要注重幼儿的全面发展。除知识技能的传授外，还需要关注幼儿的情感、社交和身体发展。例如，通过音乐、艺术、体育等活动，培养幼儿的审美情感、合作精神和运动能力。这些方面的培养不仅有助于幼儿的全面发展，也有助于幼儿形成健全的人格和价值观。因此，这一理论强调幼儿学习的主动性和学习内容的重要性。

5.工作人性论

蒙台梭利认为，工作是生命的本能和人性的特征，幼儿通过工作可以发展自我，形成独立的人格。蒙台梭利所说的"工作"不仅仅是成年人所从事的职业活动，更是幼儿日常生活中的一种自我实现和成长的方式。这包括幼儿在日常生活中所进行的一切活动，如玩耍、学习、整理物品等。这些活动对于幼儿来说，都是幼儿与外部环境互动、探索世界的方式，同时也是幼儿发展自我、锻炼能力的机会。

蒙台梭利还强调幼儿在工作中的秩序感和纪律性。她认为，幼儿在工作中需要遵循一定的规则和秩序，这不仅可以培养幼儿的纪律性，还有助于幼儿形成良好的生活习惯和道德品质。通过工作，幼儿可以学会尊重他人、尊重规则，形成一种积极向上的生活态度。幼儿园劳动周如图2-5-6所示。

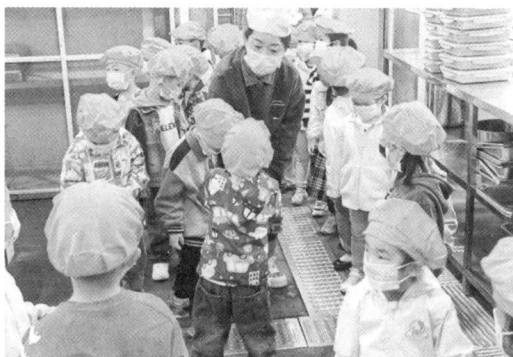

图2-5-5　幼儿舞蹈学习　　　　　图2-5-6　幼儿园劳动周

6.奖惩无用论

蒙台梭利认为，奖惩对于幼儿的学习发展并无实质性帮助，反而可能会阻碍幼儿的自我发展。蒙台梭利认为，奖惩制度往往基于成人的期望和标准，而非幼儿内在的需求和动力。在奖惩制度下，幼儿可能会因为外界的压力，而表现出符合期望的行为，但这并不意味着幼儿真正理解这些行为的意义和价值。相反，幼儿可能会逐渐依赖于外部的奖励和惩罚，失去自我探索和内在驱动的能力。她主张通过引导幼儿自我纠正与引导，形成自我制约和自我学习的能力。她提倡为幼儿创造一个自由、有序、纪律良好的环境，让幼儿在这个环境中自由地探索和学习。这种教育方法不仅有助于培养幼儿的自主性、自律性和自信心，还能逐渐培养出自我约制和自我发展的能力。

（二）蒙氏教育理论的基本原则

蒙氏教育理论基于蒙台梭利的理念，强调创造一个自由且有序、充满纪律的良好环境以激活幼儿内在潜能的关键作用。

1.环境的重要性

蒙台梭利认为，一个自由、有序、纪律良好的环境是激发幼儿学习潜能的重要条件。蒙台梭利所说的"自由"并不意味着放任自流，而是指孩子们在环境中拥有自主选择、自由活动的权利。在这样的环境中，幼儿可以根据自己的兴趣和需要，选择适合自己的活动材料，进行独立操作。这种自由的环境有助于培养孩子们的自主性和探索精神，让幼儿从活动中发现学习的乐趣，从而激发幼儿的学习动力。传统的蒙台梭利教室环境的布局主要有以下几个特点。

（1）五大区域划分明确

蒙台梭利教室通常包括日常生活区、感官区、数学区、语言区和文化区五大区域。

这些区域有明确的划分，使得幼儿可以在不同的区域中进行不同类型的学习和活动。

（2）教具摆放有序

在蒙台梭利教室中，教具的摆放也是非常有序的。教具通常按照顺时针方向摆放，从简单到复杂，从单一性到复杂性，这样可以帮助幼儿逐步掌握知识和技能。

（3）适应孩子年龄特点

蒙台梭利教室的布局还会根据幼儿的年龄特点进行设计和调整。例如，对于年龄较小的孩子，会提供更多的日常生活区的材料，而对于年龄稍大的幼儿，则会更加注重感官教具的使用。

（4）突出本土化特色

蒙台梭利教育虽然起源于国外，但在实际的应用中，可以结合本地的文化特点进行教室的布置和教具的选择，以更好地满足幼儿的学习需求。

（5）提供自由活动的空间

在蒙台梭利教室（图2-5-7）中，还会有一块适合幼儿独立活动、自由活动的区域。这样可以让幼儿按照自己的意愿进行活动，满足幼儿多方面的乐趣。

2.幼儿的自主性

蒙氏教育理论鼓励幼儿自主选择、自由探索，通过自我操作、自我发现来获取知识和技能，保育师应该尊重幼儿的自主性和意愿，不过度干涉幼儿的行为。蒙台梭利提倡让幼儿自由探索、自由操作，这种方式有助于培养幼儿的自主学习和自我教育的能力，让幼儿学会独立思考、解决问题，提高自我学习和自我发展的能力。

3.纪律的重要性

蒙氏教育理论强调秩序和纪律。蒙台梭利认为，幼儿需要有一定的纪律约束，才能保持良好的秩序和行为。她主张通过环境的创设和规则的制定，让幼儿在自由的环境中自觉遵守纪律，学会尊重他人、尊重规则，形成良好的社交习惯和行为规范，从而培养幼儿的纪律性和自我管理能力。蒙氏教育强调排队纪律，如图2-5-8所示。

图2-5-7　蒙氏教室　　　　图2-5-8　蒙氏教育强调排队纪律

4.注意观察与引导

蒙氏教育理论强调保育师对幼儿的观察和引导。蒙台梭利认为，保育师应该密切观察幼儿的行为和兴趣，了解幼儿的成长需求，为幼儿提供适当的帮助和指导。她主张保育师应该成为幼儿的引导者和支持者，而不是干涉者和指挥者。

三、蒙氏教育法的具体内容

蒙氏教育法的核心内容包括感官教育、数学教育和日常生活技能教育三大板块，通过多元化的教育手段，全方位地开发幼儿的各种潜能，为其后续学习和成长奠定坚实基础。

（一）感官教育

在蒙台梭利教育理念中，感官教育被视为培养幼儿认知能力的基础。通过精心设计的教具和训练活动，幼儿得以充分发展其视觉、触觉、听觉、嗅觉和味觉等感官能力。这些感官训练不仅有助于提高幼儿的感知灵敏度和准确性，还能够促进其思维的发展和信息的有效处理。

1.视觉训练

在视觉训练方面，蒙台梭利教育理念注重培养幼儿对颜色、形状和空间的认知能力。通过使用不同大小、形状和颜色的教具，幼儿逐渐学会区分和辨认不同的视觉元素，进而发展出更高级的认知能力。

2.触觉训练

蒙台梭利教育理念强调通过触摸不同材质的物体，让幼儿感受不同的触感，从而增强触觉的敏感度和辨别能力。这种训练有助于培养幼儿的感知能力和动手能力，为其日后的学习和探索打下坚实的基础。

3.听觉训练

听觉训练在蒙台梭利教育中也占据着重要地位。借助各种声音教具，如音乐钟、音阶棒等，幼儿得以熟悉不同的音色、音高，从而培养其对音乐和声音的敏感度。这种训练不仅有助于提高幼儿的听觉能力，还有助于培养其音乐素养和审美情趣。

4.嗅觉和味觉训练

嗅觉和味觉训练在蒙台梭利教育中同样受到重视。通过嗅觉瓶和味觉瓶等教具，幼儿得以感受不同的气味和味道，提高其嗅觉和味觉的灵敏度。这种训练有助于培养幼儿对周围环境的感知能力，激发其探索欲望和好奇心。感官教育中的嗅觉训练如图2-5-9所示。

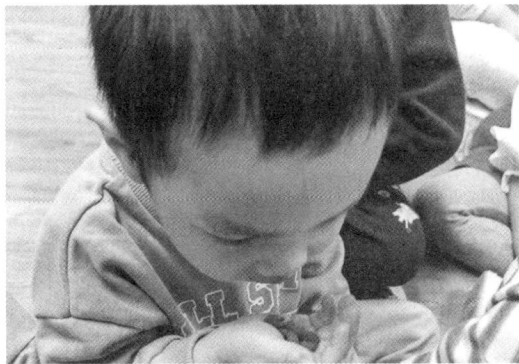

图2-5-9 感官教育中的嗅觉训练

（二）数学教育

蒙台梭利数学教育理念注重培养幼儿的逻辑思维和推理能力。通过具体的教具和教学方法，如数棒、数字板、量杯、天平等，幼儿得以在游戏中学习数学基础知识，并逐步掌握数的顺序、大小关系、量的比较和测量方法等概念。

1.数的教育

通过数棒、数字板等教具，让幼儿理解数的概念，学习数的顺序和大小关系。

2.量的教育

利用量杯、天平等教具，让幼儿学习量的比较和测量方法。

3.几何的教育

通过几何图形嵌板、几何学立体组等教具，让幼儿认识各种几何形体，培养其空间认知能力。

4.逻辑思维的教育

利用数学教具和游戏，培养幼儿的逻辑思维和推理能力。

（三）日常生活技能教育

蒙台梭利教育体系尤为重视在日常生活中对幼儿进行技能培养，诸如系鞋带、穿衣服等看似简单的日常任务。实际上，这些活动对于幼儿小肌肉群的高度协调性具有显著的锻炼价值，它们在本质上促进了幼儿精细动作技能的发育与提升。通过重复练习如系鞋带、扣扣子等动作，幼儿的手指灵活性和手眼协调能力得到充分锻炼，为幼儿在未来应对更为复杂的操作挑战打下了扎实的基本功。

不仅如此，此类日常生活技能的习得过程，也是对幼儿逻辑思维和问题解决能力的有效启发和培养。例如，在幼儿尝试系紧鞋带或自行挑选合适的衣物搭配时，他们需经历一系列的思考决策、尝试验证过程，这就无形中锻炼了幼儿的逻辑推理能力。这些实实在在的生活情境教育，不仅强化了幼儿的操作技能，更是潜移默化地培育了幼儿的学习态度和独立解决问题的智慧。

微课

蒙氏教育理论在幼儿早期学习支持中的运用

四、蒙氏教育理论在幼儿早期学习支持中的运用

蒙氏教育理念在幼儿早期学习支持中具有深远的影响。蒙氏教育理论认为，每个孩子都有其独特的价值和尊严，应当受到充分的尊重和关爱。这种教育模式强调尊重幼儿的个性、发掘幼儿的内在潜力，为幼儿提供一个富有启发性和自由的学习环境。在蒙氏教育理念的指引下，保育师应充分了解每个幼儿的独特性和需求，以促进其全面发展和健康成长。在蒙氏教育体系中，幼儿不再是被动接受知识的对象，而是成为学习的主体，幼儿在与环境的互动中主动探索、发现和学习。

（一）创设适宜的学习环境

为幼儿提供一个安全、有趣且富有挑战性的学习环境，这样的环境不仅能让幼儿在其中自由探索和发现，还能激发幼儿的好奇心和求知欲。例如，保育师可以在幼儿园设置各种有趣的探索角落，如科学实验室、艺术创作区、图书角等，让幼儿在这些角落中自由发挥，通过亲手操作和尝试，获得丰富的感官体验。

（二）鼓励自主探索

允许幼儿自主选择活动，培养幼儿的独立性和决策能力。同时，在这个过程中，保育师应扮演引导者和支持者的角色，给予幼儿适当的帮助和指导。例如，在户外活动中，

保育师可以鼓励幼儿自主选择游戏项目，同时提醒幼儿注意安全，让幼儿在探索和尝试中逐渐成长。静默游戏如图2-5-10所示。

图2-5-10　静默游戏

（三）重视感官体验

通过利用各种感官教具，如触摸玩具、音乐器材等，可以激发幼儿的好奇心，帮助幼儿形成对世界的初步认知。这种学习支持方法不仅有助于培养幼儿的观察力，还能提高幼儿的创造力和想象力。

（四）结合日常生活

将学习与日常生活紧密结合，使幼儿在真实的情境中学习知识和技能。例如，保育师可以通过组织幼儿参与园艺活动，让幼儿亲手种植植物，观察植物的生长过程，从而培养幼儿的耐心和责任感。同时，这样的活动还能让幼儿学到许多关于植物的知识，使幼儿在真实的情境中学习知识和技能。

（五）培养社交技能

通过小组活动和角色扮演等游戏，幼儿可以学会与人相处，培养合作精神和社交技能。例如，保育师可以组织幼儿进行小组合作游戏，让幼儿在游戏中学会沟通、协商和分享。这样的活动不仅能让幼儿体验到团队合作的乐趣，还能提高幼儿的社交能力。

（六）注重个体差异

每个幼儿的发展速度和兴趣点都不尽相同，因此要关注幼儿的个体差异，提供个性化的学习支持。例如，对于喜欢音乐的幼儿，保育师可以为幼儿提供更多的音乐学习资源和机会；对于擅长绘画的幼儿，则可以鼓励幼儿参加绘画比赛或展览。这样的个性化学习支持策略能够更好地满足幼儿的发展需求，促进幼儿的全面发展。

（七）强化家庭学习支持

鼓励家长参与幼儿的学习过程，与幼儿园共同促进幼儿的全面发展。例如，保育师可以指导家长与幼儿一起阅读绘本、参加户外活动、分享生活经验等，让幼儿在家庭中也能得到良好的学习支持。同时，家长还应该与保育师保持密切沟通，了解孩子在幼儿园的表现和进步，共同为幼儿的成长提供支持。

实训视频

"以'蒙氏教育理论'为主题的幼儿教室环境创设"实训节选

任务实训

以"蒙氏教育理论"为主题的幼儿教室环境创设

实训目的

（1）深入理解和掌握蒙台梭利教育理论。

（2）具备按照蒙氏教育理念创设适宜幼儿身心发展需求的教室环境的能力。

（3）组织和实施符合蒙氏教育思想的活动。

实训内容

依据蒙氏教育理论，设计五大区域（日常生活区、感官区、数学区、语言区、文化区）；选择并布置适合幼儿年龄特点和发展需求的蒙氏教具；创设既符合蒙氏理念又富有本土特色的教室环境；围绕创设的环境，设计符合蒙氏教育原则的各类活动方案，包括独立工作、集体活动和日常生活技能训练等。

实训步骤

（1）研读蒙氏教育理论，探讨教室环境创设的原则和方法。

（2）参观已有的蒙氏教室或参考相关资料，初步设计教室环境布局。

（3）根据设计方案准备和布置教具，确保教具的安全性和适用性。

（4）在模拟环境中进行试运行，观察并根据实际情况调整优化教室环境。

（5）在真实的教室环境下实施创设方案，观察幼儿在新环境中的互动与学习情况，记录并分析数据。

实训材料

蒙氏教具（包括但不限于日常生活教具、感官教具、数学教具、语言教具、文化教具）、教室设施与装饰材料、观察记录表与摄影摄像设备、实训指导手册和参考资料。

实训评价

学生与教师共同组成评审团，按照表2-5-1的内容进行考核、打分。

表2-5-1　实训考核表

知识链接

评分标准

序号	考核维度	考核内容	配分/分	学生自评	学生互评	教师检评	得分/分
1	时间要求	在规定时间内完成实训	10				
2	质量要求	成功创设一个遵循蒙氏教育理念、分区明确、教具丰富有序、适应幼儿发展的教室环境	15				
		在新环境中设计并实施的学习支持活动符合蒙氏教育原则，有效激发幼儿的兴趣和自主性	15				

续表

序号	考核维度	考核内容	配分/分	学生自评	学生互评	教师检评	得分/分
2	质量要求	对幼儿在新环境中的行为进行观察记录和分析，能准确把握幼儿需求，及时调整学习支持策略	15				
		在实训过程中展现出良好的团队协作精神和创造性思维，能在尊重蒙氏教育传统的基础上有所创新	15				
3	准备要求	做好实训的知识、技能、工具准备	15				
4	沟通要求	在与组长、组员、幼儿、家长、其他保教人员等进行沟通时注重沟通技巧	15				
		总分					

注：①实际得分=学生自评×10%+学生互评×20%+教师检评×70%。

②考核满分为100分，0～59分为不及格，60～69分为及格，70～84分为良好，85～100分为优秀。

任务拓展

一、单选题

1.蒙氏教育是以哪位教育家的名字命名的？（　　）

A.玛丽亚·蒙台梭利　　　　B.伊迪·蒙台梭利

C.安娜·蒙台梭利　　　　　D.夏洛特·蒙台梭利

2.蒙氏教育中的"自由活动"指的是（　　）。

A.孩子可以自选喜欢做的任务　　B.孩子可以随意逗留

C.孩子可以选择不上课　　　　　D.孩子可以随意离开教室

3.蒙台梭利教室中的学习材料的特点是（　　）。

A.材料可以随便使用　　　　　B.材料可以自由带回家使用

C.材料经过慎重选择和精心设计　D.材料具有固定的使用顺序

4.蒙台梭利教室中的学习材料基本上是（　　）。

A.电子设备和计算机　　　　　B.书本和纸笔

C.大型游戏和玩具　　　　　　D.实践性的教具和材料

5.蒙台梭利教室中鼓励孩子发展的一种重要能力是（　　）。

A.社交能力　　B.阅读能力　　C.算术能力　　D.创造力

6.蒙台梭利教室中的学习环境鼓励幼儿养成（　　）的好习惯。

A.讲排队　　B.按时吃饭　　C.勤俭节约　　D.自律和自我控制

二、多选题

1.蒙台梭利教室中"工作材料"的特点有（　　　）。

A.设计精巧，具有教育意义　　　　　　　　B.鼓励儿童进行自我纠正

C.旨在发展儿童的多种感官能力　　　　　　D.主要用于装饰教室环境

2.蒙台梭利教室中的特色元素包括（　　　）。

A.专门设计的教具　　　　　　　　　　　　B.混龄教学环境

C.严格的课程时间表　　　　　　　　　　　D.自由选择的工作区域

3.蒙台梭利教育强调哪些方面的发展？（　　　）

A.智力　　　　　　　　B.情感　　　　　　　C.社交　　　　　　　D.体力

4.下列哪些不属于蒙台梭利教育法支持儿童语言发展的方式？（　　　）

A.提供丰富的语言环境　　　　　　　　　　B.强调记忆和背诵词汇

C.依赖外部奖励来鼓励儿童说话　　　　　　D.限制儿童的语言表达以防止错误

5.蒙台梭利教育法如何促进儿童的数学发展？（　　　）

A.通过专门的数学教具进行　　　　　　　　B.依赖背诵数学公式和定理

C.强调在游戏中自然习得　　　　　　　　　D.只在特定年龄段进行数学教育

三、判断题

1.蒙氏教育强调培养幼儿的自主学习能力，不注重保育师的指导作用。（　　　）

2.蒙氏教育方法主要适用于3至6岁的幼儿。（　　　）

3.蒙氏教育强调知识的传授和记忆。（　　　）

4.蒙氏教育注重培养幼儿的社交技能和合作精神。（　　　）

5.蒙氏教育强调观察和实践，鼓励幼儿亲自操作环境材料。（　　　）

6.蒙氏教育方法的核心概念是"自由"和纪律的平衡。（　　　）

知识链接

拓展任务：
分析人本主
义理论

项目三 幼儿早期学习环境支持

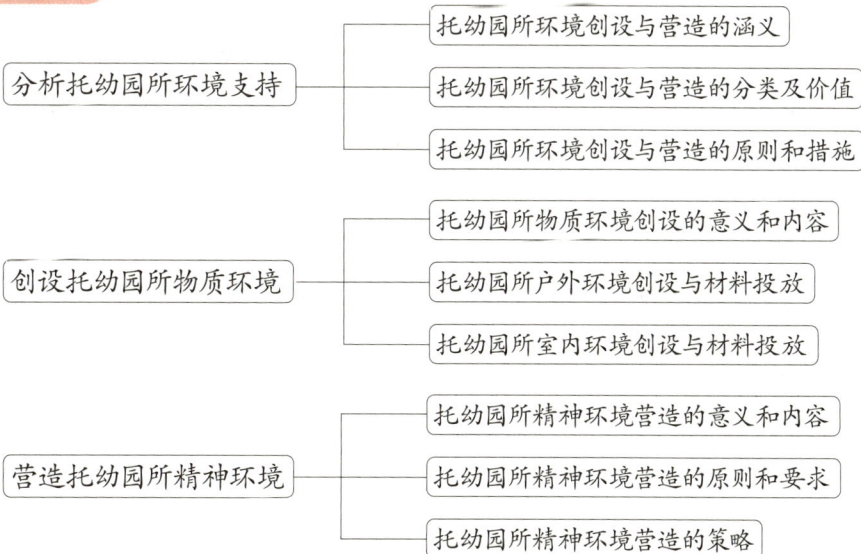

⬇项目导读

2001年，教育部印发的《幼儿园教育指导纲要（试行）》中指出，"环境是重要的教育资源，应通过环境的创设和利用，有效地促进幼儿的发展"。明确把"创设与教育相适应的良好环境，为幼儿提高活动和表现能力的机会和条件"作为幼儿园教育工作的原则之一。2022年，教育部印发的《幼儿园保育教育质量评估指南》中指出，"环境创设与营造"是"幼儿园保育教育过程及影响保育教育质量的关键要素"之一。

"幼儿早期学习环境支持"项目秉承"以幼儿为本"的宗旨，落实立德树人，弘扬社会主义核心价值观，致力于培育全面发展人才。保育师坚守尊重幼儿主体、关注个体差异与全面发展的原则，融合科学育儿、素质教育、游戏化学习理念，构筑安全、健康、舒适、保教性强且充满爱与尊重的托幼环境，全方位助力幼儿成长。保育师胸怀家国情怀，将职业发展融入国家保教战略，通过多元化学习提升环境创设能力，联动家长、社区优化环境，营造全社会关心幼儿学习支持的良好氛围，共同构建多元启发、人文关怀浓郁的成长空间，为培养担当民族复兴大任的下一代奠定基石。

保育师树立正确保教观与儿童观，运用科学、人文、生态、艺术手段，让每位幼儿在爱与尊重中茁壮成长，为实现中华民族伟大复兴注入持久活力。

📖 项目导图

```
                                          ┌── 托幼园所环境创设与营造的涵义
                    分析托幼园所环境支持 ──┼── 托幼园所环境创设与营造的分类及价值
                                          └── 托幼园所环境创设与营造的原则和措施

                                          ┌── 托幼园所物质环境创设的意义和内容
幼儿早期学习环境支持  创设托幼园所物质环境 ──┼── 托幼园所户外环境创设与材料投放
                                          └── 托幼园所室内环境创设与材料投放

                                          ┌── 托幼园所精神环境营造的意义和内容
                    营造托幼园所精神环境 ──┼── 托幼园所精神环境营造的原则和要求
                                          └── 托幼园所精神环境营造的策略
```

任务一　分析托幼园所环境支持

任务目标

▶知识目标：了解托幼园所环境创设与营造的含义、分类及重要性，掌握托幼园所环境创设与营造的原则与方法。

▶能力目标：掌握环境创设的方法，能营造一个温馨、安全、健康的学习支持环境。

▶素质目标：树立科学的儿童观与保教观，提升家园共育意识与能力。

任务准备

（1）预习本任务内容。

（2）阅读案例，完成案例下面的思考题。

［案例］在开展小班"娃娃家"的区域活动时，环境创设适宜布置成温馨的氛围。例如，在"小兔一家人"的区域里，窗户上贴兔宝宝和兔爸爸、兔妈妈的合影，温馨又亲切；准备2只松软又可爱的小熊宝宝和小孩的衣服、鞋子、梳子、发卡等物品，可以让幼儿随时体验为动物宝宝穿衣打扮的乐趣；准备丰富的娃娃家餐具、灶具、各类玩菜等，可以让幼儿体验"过家家"做饭的乐趣。

［思考］"娃娃家"的环境创设应符合哪些要求？

任务支撑

※ 活动一 ※

请结合"托幼园所环境创设与营造概览"，思考什么是托幼园所环境创设与营造。

一、托幼园所环境创设与营造的涵义

蒙台梭利曾说："在教育上，环境所扮演的角色相当重要，因为孩子从环境中吸取所有的东西，并将其融入自己的生命之中。"可见，环境作为一种"隐性课程"，对幼儿的审美心理发展起着潜移默化的作用。只有创设良好的审美学习支持环境，才能促进幼儿的审美情趣多元化地互动，让幼儿有更大的发展空间。

托幼园所环境创设与营造是指在托幼教育机构中，依据幼儿身心发展规律、保教理念、课程目标以及园所特色，科学规划、精心设计与布置各类物理空间和人际氛围，以便创建一个既满足幼儿生活、学习、游戏需求，又能激发其潜能、促进其全面发展的优质学习支持环境。这一过程涵盖了室内室外空间规划、设施设备配置、活动材料提供、装饰布置、人际氛围营造、文化氛围建设等多个方面，主要是为幼儿提供一个安全、健康、舒适、富有学习支持意义且充满爱与尊重的成长空间。

（一）理念导向

托幼园所环境创设与营造应遵循"以幼儿为本"的保育教育理念，尊重幼儿的主体地位，满足幼儿个体差异，关注幼儿全面发展。同时，遵循《幼儿园教育指导纲要》等国家教育政策要求，体现科学育儿、素质教育、游戏化学习等现代保教理念。

（二）目标定位

环境创设与营造的目标是构建一个安全、健康、舒适、富有学习支持意义且充满爱与尊重的托幼园所环境，旨在促进幼儿的身体发育、认知发展、社会情感发展、审美情趣培养及良好生活习惯的养成。

（三）空间规划与布局

1.功能区域划分

根据幼儿活动需求设置睡眠区、餐饮区、卫生洗漱区、学习游戏区［如阅读角、建构区、美工区（图3-1-1）、角色扮演区等］、户外活动区等，确保各区域功能明确、布局合理。

2.动线设计

考虑幼儿的身高、视线和行动特点，设计便捷、流畅的室内行走路线（图3-1-2），避免拥堵和安全隐患。

图3-1-1　美工区

图3-1-2　室内行走路线

3.空间利用

充分利用地面、墙面、天花板等三维空间，设置悬挂、壁挂、嵌入式等多类型设施，提供丰富的感官刺激和学习机会。

（四）物质环境创设

1.设施设备

选用安全、环保、适合幼儿使用的家具、教具、玩具等设施设备，确保其尺寸、材质、颜色、形状等符合幼儿生理与心理特征。

2.装饰布置

运用色彩、图案、光影、自然元素等进行装饰，营造温馨、童趣、富有学习支持意义的视觉环境。注重季节、节日、主题等变化，定期更新布置，保持环境的新鲜感。

3.生态环境

引入绿色植物，设置小型水池、沙池、种植区等，打造亲近自然的生态环境，培养幼儿的环保意识和生态责任感。

（五）精神环境营造

1.师幼关系

营造尊重、理解、接纳、支持的师幼关系，保育师以积极态度、耐心倾听、适时引导的方式与幼儿互动，形成和谐、信任的氛围。

2.同伴关系

鼓励幼儿间的友好交往，通过合作游戏、共享活动等方式培养幼儿的社交技能、团队协作精神和同理心。

3.文化氛围

弘扬积极向上的园所文化，通过园歌、园训、园徽、园史展示等载体，传递园所核心价值观；定期开展各类文化活动，如故事会、艺术节、亲子活动等，丰富幼儿精神生活，培养其文化认同感。

（六）动态调整与持续优化

托幼园所环境创设与营造并非一次性完成，而是需要根据幼儿的成长变化、学习支持目标调整、保教人员专业发展等因素进行动态调整与持续优化。定期进行环境评估，收集幼儿、家长、保教人员的反馈意见，及时调整环境设置，确保环境始终与幼儿的发展需求相匹配。

※ **活动二** ※ ....

请结合"托幼园所环境创设与营造的分类及意义"，举例说明托幼园所环境创设与营造有哪些侧重点的分类。

....

二、托幼园所环境创设与营造的分类及价值

托幼园所环境创设与营造是一个系统性、科学性与艺术性相结合的过程，旨在为幼儿创造一个符合其身心发展特点、满足其学习需求、促进其全面发展的优质环境。

（一）托幼园所环境创设与营造的分类

托幼园所环境创设与营造可以从不同角度进行分类。

1.按空间类型划分

（1）室内环境创设：包括教室、睡眠室、卫生间、多功能活动室、阅读角、科学探索区、美工区、建构区、角色扮演区等，强调室内空间的功能性、安全性、舒适度及保教性。

（2）户外环境创设：包括操场、绿地、沙池、水池、攀爬设施、滑梯、骑行区、种植区、小型运动场等，旨在提供广阔的运动空间，促进幼儿大肌肉发展、身体协调性锻炼以及与自然的亲密接触。

2.按创设内容划分

（1）物质环境创设：涉及设施设备、家具布局、教具玩具、装饰材料等实物层面的配置与设计，关注安全、实用、美观及学习支持功能的融合。

（2）精神环境营造：涵盖师幼关系、同伴关系、园所文化、保教氛围、心理支持等非物质层面的营造，强调情感支持、尊重个体、积极互动及文化熏陶。

3.按创设目的划分

（1）生活照料环境：如就餐区、睡眠区、卫生洗漱区等，确保幼儿基本生活需求得到满足，培养生活自理能力及良好生活习惯。

（2）学习探索环境：如阅读角、科学区、美工区、建构区等，提供丰富的学习资源与活动空间，支持幼儿在游戏与实践中主动学习、发展认知与创造力。

（3）体育锻炼环境：如户外运动场地（图3-1-3）、室内体能活动区等，鼓励幼儿进行各类体育活动，促进身体健康、动作发展及团队协作。

图3-1-3 户外运动场地

（4）社会交往环境：如集体活动区、角色扮演区、合作游戏区等，为幼儿提供与同伴、成人互动的机会，培养社会交往能力、情绪管理及同理心。

4.按创设主体划分

（1）保育师主导创设：保育师根据学习支持目标、课程计划及幼儿发展需要，主导设计、布置与调整环境，如主题墙饰、区域活动材料等。

（2）幼儿参与创设：鼓励幼儿参与环境的设计与维护，如共同制作装饰物、制定区域规则、照料植物等，培养其主人翁意识与动手能力。

（3）家园共建环境：家长参与幼儿园环境的创设，如协助布置教室、参与亲子活动、提供家庭资源等，加强家园联系，实现学习支持资源的共享与互补。

5.按创设风格划分

（1）自然生态风格：注重引入自然元素，如绿植、水系、木质材料等，营造亲近自然、绿色环保的环境，培养幼儿的环保意识与生态素养。

（2）艺术创意风格：强调环境的艺术美感与创新性，通过色彩搭配、造型设计、艺术作品展示等，激发幼儿的审美感知与艺术创造力。

（3）本土文化风格：融入本地文化特色，如民俗艺术、地方建筑、民族服饰等，增进幼儿对本土文化的认识与认同，培养文化自信。

（二）托幼园所环境创设与营造的价值

托幼园所环境创设与营造不仅是幼儿学习支持的重要组成部分，更是推动幼儿全面发展、提升学习支持质量、塑造现代保教理念、培养良好行为习惯、营造和谐家园关系的重要手段，具有深远的学习支持价值和社会意义。

1.满足幼儿身心发展需求

托幼园所环境是幼儿生活、学习、游戏的重要场所，创设适宜的环境能够满足幼儿在生理、心理、认知、情感、社会性等各方面的发展需求。例如，安全舒适的硬件设施保障幼儿的身体健康，丰富的学习资源支持认知发展，温馨和谐的人际氛围有助于情感与社会性发展。

2.促进幼儿主动学习与探索

精心设计的托幼园所环境能激发幼儿的好奇心和求知欲，促使幼儿在自由、自主的游戏与活动中主动探索、发现与学习。富有挑战性和趣味性的学习区域、开放式的游戏材料、支持性的问题情境等，都能有效促进幼儿的深度学习与创新能力的培养。

3.塑造积极的儿童观与保教观

良好的环境创设与营造体现"以幼儿为本"的保教理念，尊重幼儿的主体地位，关注个体差异，重视幼儿的兴趣、需要和经验。这有助于塑造全社会对儿童的正确认识，即儿童是有能力的学习者、主动的探索者、独特的个体，而非被动接受知识的容器。同时，环境创设与营造也能体现现代保教观，如游戏化学习、生活化学习支持、全人教育等，对幼儿学习支持实践具有引领和示范作用。

4.培养良好的行为习惯与社会性技能

有序、整洁、规则明确的环境有助于培养幼儿良好的生活与卫生习惯，如饭前洗手、物品归位、排队等候等。同时，通过环境中的合作游戏、角色扮演、共享活动等，幼儿能在实际交往中学习社会规则，发展沟通、协商、解决问题、共情等社会性技能，为适应未来社会奠定基础。

5.提升学习支持质量和效果

优质的托幼园所环境是实施高质量学习支持的重要载体。适宜的环境能够增强学习支持活动的吸引力，提高幼儿的参与度，从而提升学习支持效果。同时，环境中的隐性学习支持因素，如环境中的文化元素、价值观渗透、行为示范等，能够对幼儿产生潜移默化的影响，深化学习支持内涵，丰富学习支持手段。

6.营造和谐的家园关系

家长参与托幼园所环境创设与营造，如协助布置教室、参与亲子活动、提供家庭资源等，有助于增进家长对幼儿园学习支持的理解和支持，增强家园学习支持的一致性。同时，家长看到幼儿园用心为孩子创设的良好环境，也会对幼儿园产生更高的信任度和满意度，有利于构建和谐的家园合作关系。

※ 活动三 ※

请根据"托幼园所环境创设与营造的原则和措施"，以小组形式展开讨论，详细了解在托幼园所环境创设与营造的工作中应该遵循哪些原则和需要采用哪些方法。

三、托幼园所环境创设与营造的原则和措施

微课

托幼园所环境创设与营造的原则

（一）托幼园所环境创设与营造的原则

托幼机构环境创设与营造是一项细致而关键的工作，旨在为幼儿打造一个学习支持内涵丰富、安全舒适且适宜其全面发展的生活学习环境。保育师在创设与营造环境时，应当遵循以下核心原则。

1.幼儿主体性原则

尊重幼儿的主体地位，充分考虑幼儿的兴趣、需要和能力差异，鼓励幼儿积极参与环境创设与营造过程，赋予幼儿选择、操作、改造环境的权利，使幼儿成为环境的主人。

2.发展适宜性原则

根据幼儿的年龄特点和身心发展规律，创设与幼儿发展阶段相适应的环境，提供适宜的挑战与支持，促进幼儿在体能、认知、情感、社会性等方面的全面发展。

3.保教功能性原则

环境不仅是幼儿生活、学习、游戏的场所，更应具备保教功能。通过环境的布局、材料的投放、活动的设计，隐含学习支持目标，激发幼儿的探索欲望，支持幼儿主动学习与解决问题。

4.安全性原则

确保环境中的设施设备、建筑材料、活动材料等符合国家安全与卫生标准，消除安全隐患，保护幼儿免受伤害。同时，营造心理安全感，避免环境中的因素引发幼儿过度紧张或恐惧。

5.互动性原则

创设利于师幼互动、幼幼互动、家园互动的环境，鼓励开放、平等、积极地交流与合作，培养幼儿的社交技能、团队精神与合作意识。

6.多样性与丰富性原则

提供丰富多样的学习资源与活动空间，满足幼儿多元化的发展需求，包括但不限于各类功能区的设置、多样化的游戏材料、丰富的图书绘本、多感官刺激的体验等。

7.生态环保原则

注重环境的绿色、环保、可持续性，使用无毒无害的材料，倡导节约资源，鼓励废物利用，创设亲近自然、融入生态元素的环境，培养幼儿的环保意识与生态责任感。

8.文化性原则

融入地域文化、民族文化、园所特色文化等元素，营造具有文化底蕴的环境，通过环境中的艺术作品、节日庆典、传统文化活动等，丰富幼儿的文化体验，培养其文化认同感与审美情趣。

9.动态性与灵活性原则

环境创设与营造应具有一定的开放性和可变性，允许幼儿根据需要灵活调整空间布局和活动内容，定期更新环境布置，以保持环境的新鲜感和吸引力，适应幼儿不断变化的兴趣和需求。

10.家园一致性原则

鼓励家长参与环境创设与营造，保持家园环境的一致性，以便幼儿在家庭与托幼园

所之间顺利过渡，增强家庭学习支持与园所学习支持的协同效应。

（二）托幼园所环境创设与营造的措施

基于上述原则，托幼园所环境创设与营造可以按照以下几个步骤系统、有序地进行，创建出一个既美观舒适、又富有学习支持意义，既能满足幼儿当下需求、又能激发其长远发展的优质环境。

1.需求分析与规划

（1）调研幼儿需求：通过观察、访谈、问卷调查等方式了解幼儿的兴趣、需求、能力水平及个体差异，作为环境创设与营造的重要依据。

（2）明确学习支持目标：结合《幼儿园教育指导纲要》等国家教育政策，确定各年龄段幼儿在健康、语言、科学、社会、艺术五大领域的学习支持目标。

（3）制定环境规划：设计整体布局，划分不同功能区域（如阅读区、建构区、美工区、角色扮演区等），并考虑各区域之间的连通性与独立性。

2.空间设计与布局

（1）合理分区：根据幼儿活动类型和特点，合理划分室内与室外空间，确保动静分离，避免相互干扰。

（2）空间尺度适宜：考虑幼儿身高、动作幅度等因素，确保家具、设施尺寸适中，便于幼儿自由活动和自主取用材料。

（3）通道畅通：保证主要通行路径宽敞、无障碍，方便幼儿安全快速地移动，同时也便于保育师观察和干预。

（4）光线充足：充分利用自然光，辅以适宜的人工照明，保证各区域光线柔和且充足，保护幼儿视力。

3.材料选择与设施配备

（1）选择安全环保材料：确保所有设施设备、玩具、教具等符合国家安全与卫生标准，无毒无害，无尖锐棱角，易于清洁消毒。

（2）提供丰富多元的活动材料：根据不同区域功能，提供丰富多样的低结构、开放性材料，鼓励幼儿进行创造性游戏和探索。

（3）设置动态展示区：为幼儿的作品、收藏、观察记录等提供展示空间，增强其成就感，激发持续学习兴趣。

4.环境美化与文化氛围营造

（1）视觉美感：运用色彩、图案、装饰物等元素，创造温馨、和谐、富有童趣的视觉环境，兼顾审美学习支持。

（2）融入自然元素：引入植物、水景、沙土等自然素材，或设置生态角、种植区，让幼儿亲近自然，培养环保意识。

（3）体现文化特色：展示地域文化、民族艺术、园所文化等内容，通过节日装饰、主题墙、故事角等，丰富幼儿文化体验。传统文化内容如图3-1-4所示。

5.动态调整与持续优化

定期评估：通过观察幼儿在环境中的行为表现、反馈意见，定期对环境效果进行评估，查找不足之处。

图3-1-4 传统文化内容

（1）适时更新：根据季节变化、主题活动、幼儿兴趣发展等，及时更换或补充材料，更新环境布置，保持新鲜感。

（2）家园合作：邀请家长参与环境创设与营造，分享家庭资源，提供家庭照片、手工作品等，增进家园联系，提升环境学习支持价值。

任务实训

模拟幼儿厨房环境创设

实训目的

（1）理解幼儿厨房环境创设的重要性和具体要求。

（2）培养食品安全、卫生习惯和安全管理意识，确保在模拟幼儿厨房环境中切实做到卫生、安全、健康。

（3）为幼儿提供餐点所需的简易烹饪技能和餐具使用方法，培养幼儿的生活自理能力和动手实践能力。

实训内容

依据幼儿身心发展特点和安全需求，设计合理的厨房空间布局，包括操作台、储藏区、清洁区等功能区域；选择适合幼儿使用的安全、低矮、易操作的厨具设备，如迷你烤箱、切菜板、儿童专用刀具等；进行简单的幼儿餐点制作，了解幼儿膳食特点，如颜色搭配、口感软硬、营养均衡等方面的内容；模拟执行厨房环境卫生清洁、食品原料存储、餐具消毒等操作流程，确保食品安全卫生。

实训步骤

（1）先学习幼儿厨房环境创设的理论知识，分析实际案例，了解成功案例的优点和失败案例的教训。

（2）根据学习内容，小组合作设计幼儿厨房布局草图，讨论设施设备选择方案。

（3）在实训室指定区域内，按照设计图纸搭建模拟幼儿厨房，配置必要的设施设备。

（4）在模拟环境下进行烹饪操作练习和卫生安全演练，确保每个学生都亲自操作体验。

（5）回顾整个实训过程，分析模拟厨房环境创设的优缺点，提出改进意见。

实训材料

幼儿厨房设计实例图片、视频资料；幼儿食品安全与营养学教材；幼儿适用的厨房设施设备清单及产品说明；配套的食品安全、卫生管理制度文件；模拟厨房环境创设所需的模型设施和道具；模拟厨房的消毒设备与道具（如炒锅、铲子、打蛋器、打肉机、打菜机、碗盘、勺子、筷子、调味盒、箩筐、簸箕、吸管、灭火器等）。

实训评价

学生与教师共同组成评审团，按照表3-1-1的内容进行考核、打分。

表3-1-1　实训考核表

知识链接

评分标准

序号	考核维度	考核内容	配分/分	学生自评	学生互评	教师检评	得分/分
1	时间要求	在规定时间内完成实训	10				
2	质量要求	模拟幼儿厨房环境布局合理、安全、便利	15				
		在模拟烹饪过程中，实际操作技能熟练，有安全意识，养成卫生习惯	15				
		在小组合作设计、搭建、操作过程中，有较强的沟通协作能力	10				
		在实训过程中，有较强地发现问题、解决问题的能力	10				
		对幼儿厨房环境创设的作用和价值有一定深度的认识	10				
3	准备要求	做好实训的知识、技能、工具准备	15				
4	沟通要求	在与组长、组员、幼儿、家长、其他保教人员等进行沟通时注重沟通技巧	15				
		总分					

注：①实际得分=学生自评×10%+学生互评×20%+教师检评×70%。

②考核满分为100分，0～59分为不及格，60～69分为及格，70～84分为良好，85～100分为优秀。

任务拓展

一、单选题

1.以下关于托幼园所环境创设与营造理念的描述不恰当的是（　　）。

A.科学育儿　　　B.素质教育　　　C.游戏化学习　　　D.教师中心

2.以下关于幼儿主体性原则的描述正确的是（　　）。

A.尊重幼儿的主体地位，充分考虑幼儿的兴趣、需要和能力差异，鼓励幼儿积极参与环境创设与营造过程，赋予幼儿选择、操作、改造环境的权利，使幼儿成为环境的主人

B.根据幼儿的年龄特点和身心发展规律，创设与幼儿发展阶段相适应的环境，提供适宜的挑战与支持，促进幼儿在体能、认知、情感、社会性等方面的全面发展

C.环境不仅是幼儿生活、学习、游戏的场所，更应具备保教功能。通过环境的布局、材料的投放、活动的设计，隐含学习支持目标，激发幼儿的探索欲望，支持幼儿主动学习与问题解决

D.确保环境中的设施设备、建筑材料、活动材料等符合国家安全与卫生标准，消除安全隐患，保护幼儿免受伤害。同时，营造心理安全感，避免环境中的因素引发幼儿过度紧张或恐惧

3.四叶草幼儿园通过融入地域文化、民族文化、园所特色文化等元素，营造具有文化底蕴的环境，通过环境中的艺术作品、节日庆典、传统文化活动等，丰富幼儿的文化体验，培养其文化认同感与审美情趣，这体现了托幼园所环境创设与营造的（　　）原则。

A.发展适宜性　　　　B.文化性　　　　C.保教功能性　　　　D.互动性

二、多选题

1.托幼园所物质环境创设包括（　　）。

A.设施设备布置　　B.装饰布置　　C.生态环境　　D.精神环境营造

2.托幼园所环境创设与营造按照创设目的分类的是（　　）。

A.生活照料环境　　　　　　B.学习探索环境

C.体育锻炼环境　　　　　　D.社会交往环境

3.下列关于托幼园所环境创设与营造的意义的说法，正确的是（　　）。

A.满足幼儿身心发展需求　　　B.促进幼儿主动学习与探索

C.塑造积极的儿童观与保教观　D.提升学习支持质量和效果

E.营造和谐的同伴关系

三、判断题

1.通过观察、访谈、问卷调查等方式了解幼儿的兴趣、需求、能力水平及个体差异，作为环境创设与营造的重要依据。（　　）

2.精神环境涉及设施设备、家具布局、教具玩具、装饰材料等实物层面的配置与设计，关注安全、实用、美观及学习支持功能的融合。（　　）

3.托幼园所环境创设一次性就能完成，不必收集幼儿、家长、教师的反馈意见，不必及时调整环境设置。（　　）

任务二　创设托幼园所物质环境

任务目标

▶ **知识目标：**理解托幼园所物质环境创设的意义及内容。

▶ **能力目标：**能够对托幼园所户外环境和室内环境进行创设与材料投放。

▶ **素质目标：**热爱保育工作，尊重幼儿的个性和发展规律，具有安全和环保意识。

任务准备

（1）预习本任务内容。

（2）阅读案例，完成案例下面的思考题。

[案例]随着9月开学季的日益临近，各托幼教育机构纷纷拉开秋季招生的序幕，一场关于优质幼儿早期学习支持资源的寻觅之旅在众多家庭中悄然展开。在这个关键时期，家长们不遗余力地为孩子甄选最佳的成长起点——一所卓越的托幼园所，其中，园所的硬件设施成为衡量其品质的重要标尺。真正吸引家长目光的托幼园所，其魅力远不止于室内装饰的视觉盛宴，那些令人瞩目的园所，更多是凭借环境材料的精挑细选、高端配置以及独特设计脱颖而出。

[思考]作为未来的保育师，你怎样看待案例中家长们选择托幼园所的标准？

任务支撑

※ **活动一** ※ ···

请结合"托幼园所物质环境创设的意义和内容"，思考托幼园所物质环境创设的意义及其包含的内容。

一、托幼园所物质环境创设的意义和内容

托幼机构的环境包括物质环境和精神环境。物质环境是指托幼机构内的建筑物以及室内外各种设施、设备和用具。精神环境是指对幼儿学习支持产生直接影响的社会心理环境。物质环境是支撑幼儿身心发展的基础；精神环境是幼儿保教工作顺利进行的重要保证。

（一）托幼园所物质环境创设的意义

良好的托幼园所物质环境创设，如图3-2-1所示。

1.为幼儿提供生活的保障

一般来说，幼儿早上进入托幼园所直到下午才能离开，一天中的大部分时间都是在托幼园所里度过的，要在托幼园所中如厕、盥洗、吃饭、睡觉、游戏等，托幼园所要有配套的设备设施，从而保证幼儿可以拥有安全、方便、舒适的生活。

图3-2-1　物质环境创设

2.促进幼儿身心健康发展

宽敞的空间、齐全的设备器具，可以使幼儿的身体得到锻炼；合理的营养能保证幼儿身体智能发育的需要；新鲜的空气、充足的阳光可以让幼儿充分享受大自然赐予人类的恩惠；自由宽松的人际氛围能使幼儿心情开朗，行为主动，有助于心理健康。

3.激发幼儿的智力潜能

幼儿不是环境创设的消极旁观者和享用者，而是环境创设的积极参与者和互动者。在环境创设的过程中，幼儿参与设计构想、材料搜索、动手制作和布置的全过程，从而激发幼儿自我发展的意识。

4.激发幼儿保护环境的意识

通常在人们的经验里：在洁净的环境中不敢乱丢废物，在安静的图书馆里不敢高声叫喊；干净、整洁的环境使幼儿不忍心去破坏，相反还会激发幼儿保护环境的意识。幼儿有着无限的创造力和想象力，托幼园所的许多装饰和布置都是由教师与幼儿共同制作和完成的，这种活动培养了幼儿的创造性和动手能力。

5.帮助幼儿养成良好的行为习惯

托幼园所环境是一种隐性的学习支持资源，教师通过环境去表达自己的想法和意图，让环境去引导幼儿形成良好的行为习惯。例如，托幼园所布置的目的之一，是向幼儿说明在什么地方该做什么，应有怎样的行为。在地上铺上柔软的地毯、放上舒适的坐垫，矮架上整齐地摆放着各种图书。在这样的环境中，幼儿自然地坐在地毯上安安静静地看书，不会大声喧哗，离开时会把书放回原位。但是，如果图书角的地上杂乱无章地散落着各种图书，那么幼儿自然而然地会随意丢弃图书。

（二）托幼园所物质环境创设的内容

保育师在托幼园所物质环境创设中，不仅要在物质条件上下功夫，更要兼顾幼儿的生理、心理、认知发展需要，构建一个既能满足学习支持目标，又能保障幼儿安全舒适的成长环境。保育师在托幼园所物质环境创设的过程中，主要承担的任务和内容包括以下几个方面。

1.环境布局与设施安全

根据幼儿身心发展特点和学习支持需求，保育师参与规划和布置活动区域，确保室内室外的空间布局合理，方便幼儿活动和进出，降低碰撞和摔倒风险。

保育师协助主班老师检查设施设备的安全性能，如桌椅的高度、硬度是否合适，游乐设施是否有防护措施，确保所有硬件设施达到安全标准。

2.材料选择与资源配备

保育师应根据幼儿的实际需求和情况，综合考虑幼儿的年龄、兴趣、安全性、多样性以及文化包容性等多种因素，精心挑选合适的幼儿早期学习材料（表3-2-1），为幼儿的学习体验提供有力的支持。

表3-2-1　幼儿早期学习材料

主要类别	材料
语言学习类	绘本或电子绘本（故事绘本、科普绘本等）、图片书（各种动物、植物、交通工具等图片的书）、语言卡片（数字、字母、单词等内容的卡片）、录放机、故事磁带、木偶、头饰等
数学探索类	数字积木（标有数字的积木）、计数卡片（数字和相应数量图案的卡片）、形状拼图（利用不同形状的拼图块拼成各种图案）等
科学探索类	放大镜、显微镜、实验器材套装（试管、烧杯、滴管等）、动植物标本（蝴蝶、叶子、种子等）、饲养动物（小鱼、乌龟、蜗牛等）、天平、尺子、磁铁等
艺术创作类	纸、笔、水彩、颜料、画笔、彩纸、贴纸、剪刀、粘胶、橡皮泥、针、线、纽扣、拉链等
智力发展类	拼图、迷宫、积木、魔方等
运动和户外活动类	球类（足球、篮球、排球、乒乓球等）、户外游戏道具（沙包、飞盘、滑梯、秋千等）、跳绳、呼啦圈等
角色扮演类	服装道具（医生、警察、消防员等不同角色的服装和道具）、家庭用品玩具（玩具厨具、玩具电话、玩具家具等）
综合类	棋类玩具（飞行棋、五子棋、象棋、围棋、斗兽棋、冒险棋、水果棋、动物棋等）、桌面游戏（积木塔、叠叠高等）、图书（科普图书、故事书等）、教育App或在线教育课程等

（1）根据年龄和认知水平选择

小班幼儿可选择色彩鲜艳、图画丰富、文字简单的绘本，或能够锻炼幼儿的动手能力、空间想象力和创造力的玩具类材料，如积木、拼图、橡皮泥等。

中大班幼儿可选择情节稍微复杂、包含一定道理的故事书，或内容简单易懂、科学准确的科普书籍。

（2）关注保教性与趣味性

观察幼儿的兴趣爱好，选择符合幼儿兴趣且具有学习支持意义的材料，例如，对动物充满好奇的幼儿可以选择有关动物的科普图书或以动物为主角的故事书。

（3）重视安全性与环保性

挑选无毒无害的学习材料，如选择纸张质量好、印刷清晰、内容健康、积极、具有正面价值观的书籍。

（4）考虑多样性和文化包容性

选择多种类型、反映多元文化的书籍和材料，如故事、科普、童谣、历史等内容，以满足幼儿不同的阅读需求。

3.主题环境创设

结合教学主题和季节变化，保育师与教师一起创设具有教育意义的主题墙面装饰、情景模拟区等，通过视觉元素激发幼儿的想象力和创造力。

4.卫生与健康管理

保育师确保活动环境的卫生清洁，定期消毒，避免细菌滋生，保障幼儿的身体健康。

对于易引发过敏或污染的材料，如颜料、沙土等，保育师要妥善管理和及时更换。

5.体现环境的学习支持功能

保育师创设具有学习支持价值的环境标识和提示，如色彩鲜艳的交通标志、行为规范图示，帮助幼儿养成良好的生活习惯和行为规范。

保育师设计互动式的环境元素，如种植角、小剧场等，促进幼儿的探索与实践能力。

6.环境的适应性与可持续性

考虑到幼儿身高和动作发展，保育师协助主班老师设置便于幼儿取放和操作的储物柜（图3-2-2）、架子等。

保育师协助主班老师采用环保耐用的装修和装饰材料，实现物质环境的长期使用和更新换代。

※ 活动二 ※

请结合"托幼园所户外环境创设与规划"，谈谈如何创设和规划托幼园所户外常见的四种区域的环境。

二、托幼园所户外环境创设与材料投放

托幼园所户外环境创设与材料投放主要包括室外运动区、沙水池、种植园和养殖园等的创设与规划。

（一）室外运动区

室外运动区有助于发展幼儿的大动作能力，增强幼儿的运动协调能力，如图3-2-3所示。

1.环境创设与规划

室外运动区环境创设应选择安全、宽敞的场地，区域分隔合理，便于幼儿进行大运动。在开展室外运动之前，保育教师要协助幼儿教师对活动场地做全面规划：准备开设哪些活动区，应设在哪个具体位置，需多大空间，对周围环境有怎样的要求，投放哪些

材料等。

2.材料投放

室外运动材料（表3-2-2）应丰富、耐用，最好能提供塑胶场地，投掷类、钻爬类、平衡类、小车类、球类等各种器械或玩具，也可设置私密空间（如小帐篷、小房子）以供幼儿休息。

图3-2-2　储物柜　　　　　　　　图3-2-3　室外运动区

表3-2-2　室外运动材料

室外运动	材料
投掷类	布制沙包、布制抛接器、塑料球、塑料飞盘、塑料（小罐子、小盒子）、木制投掷棒、木制框架、海绵、绳线、尼龙绸塑胶金属、PVC塑胶（触摸球）、ABS无毒塑料（方向盘）、PU发泡（实心飞盘）、链球类投掷器材（布、纸、塑料）、橡皮筋、硬卡纸、卫生纸纸筒、一次性纸杯等
钻爬类	竹梯、绳子、木质攀爬架、木梯、塑料攀爬梯、塑料隧道、爬行垫、布袋、绳网、PVC塑料管、纸板、轮胎、呼啦圈等
平衡类	平衡木、木梯、独木桥、弹力桥、攀爬架、塑料（平衡垫、平衡球）、金属（平衡木的支架、平衡球的支架）、泡沫（平衡板、滚筒）等
小车类	遥控小车、磁力小车、橡皮筋动力小车、自制玩具小车等
球类	橡胶（幼儿瑜伽球、跳跳球）、塑料（幼儿足球、篮球、排球）、泡沫多孔球、布料沙包球、木质（球拍、球门）、金属（球架、球网）、塑料（足球门、篮球架）、网兜（投掷网、投篮筐）、废旧报纸、塑料瓶、绳子和珠子等

（二）沙水池

沙水池向来是幼儿最青睐的区域，沙水池有助于培养幼儿的感知能力，激发幼儿体验和探索的积极性和好奇心。托幼园所室外沙池如图3-2-4所示。

1.环境创设与规划

玩沙区、玩水区可以分开设置，也可以在玩沙时加入水的元素，会增强游戏的趣味性和挑战性。沙水池中投放辅助材料，如铲子、小桶、漏斗、积木、废旧瓶子、木偶等，可以增强玩沙、玩水游戏的探索性。沙水池应设有便于幼儿下池、上池的踏步。

2.材料投放

沙水池材料见表3-2-3。沙子应选择天然细软的黄沙，黏性较大且可塑性强。投放玩沙、玩水的工具，如铲子、模具等。

表3-2-3 沙水池材料

沙水池	材料
沙池	沙池、沙箱、塑料（铲子、小桶、筛子、漏斗、积木、动物模具、植物模具、建筑模具、软水管、PVC管）、天然彩色沙子、小瓶盖、小木块、手套、头盔、护目镜、围裙、帽子、雨靴、废旧瓶子、报纸等
水池	塑料（水枪、浮板、水舀、小桶、动物模具、卡通人物模具、游泳圈、透明管道、透明接头、水泵、水管）、防滑垫（EVA泡沫、PVC）、护栏等

（三）种植园

种植园（图3-2-5）有助于幼儿观察能力的发展，还可以激发幼儿的探索欲望与好奇心，培养幼儿爱护植物、热爱生命的精神。

图3-2-4 室外沙池 | 图3-2-5 种植园

1.环境创设与规划

在托幼园所户外空间，为幼儿开辟一片种植区，让幼儿能够亲身体验种植的乐趣，观察植物生长过程，感受土壤、水、阳光、空气的神奇作用。种植园可以根据季节，提供让幼儿观察、感知、探索的植物，如花、草、蔬菜、瓜果等。建议种植生长周期短的蔬菜，栽培的植物还可以招来蝴蝶、蜜蜂等昆虫，有助于幼儿观察植物与昆虫之间的关系，了解更多自然生态知识。

2.材料投放

植物种子、小铲子、小锄头、浇水壶、量勺、放大镜、肥料、记录本、彩笔、手套、护目眼镜等。

（四）养殖园

养殖园有助于丰富幼儿的认知体验，增强幼儿对小动物的兴趣，培养幼儿观察的意识和能力以及对小动物的热爱之情。

1.环境创设与规划

托幼园所养殖园设置动物房舍，养殖园中可以养蚕、小兔子、小鸡、小鸭等，为幼儿提供喂养、观察小动物的机会。满足幼儿与小动物接触的愿望，通过饲养和照顾小动物也可以培养幼儿的爱心和责任心。

2.材料投放

喂养动物的食物（谷物、蔬菜、水果、鱼食等）、饮水器、喂食器、刷子、铲子、放大镜、显微镜、记录本、彩笔、仿真动物模型等。

※ 活动三 ※

请根据"托幼园所室内环境创设与规划"，以小组形式展开思维导图绘制，绘制托幼园所室内环境创设与规划内容的思维导图。

微课

托幼园所室内环境创设与规划

三、托幼园所室内环境创设与材料投放

托幼园所室内环境创设与规划主要体现在托幼园所的区域环境创设与规划。保育师在进行托幼园所室内环境创设与规划时要考虑布局、材料、物品的摆放及人员分工，满足幼儿不同发展的需要。

（一）角色表演区

角色表演区（图3-2-6）是幼儿开展角色游戏的场所，幼儿可以在各种模拟的情境中，按照他们对周围世界的认识和理解来扮演各种角色、诠释各种行为。角色表演区一般包括餐厅、娃娃家、商店、医院等生活场景，角色游戏是幼儿园各年龄班幼儿游戏活动的重点，因而角色表演区也是各班常设的必备活动区。

1.环境创设与规划

活动室的区域布局中应该安排一片较大的面积作为角色游戏区。幼儿进行角色游戏时，常会走来走去、大声交谈，发出的声响较大，因而应远离比较安静的益智区和图书区。可以尽量靠近同样声音嘈杂的积木建构区。

角色游戏区的区域隔断可采用一些普通家具、低隔板、矮架子，以及各种纸箱、积木等，用这些物品围起来以确定本区的活动范围。

2.材料投放

角色表演区材料见表3-2-4。

表3-2-4　角色表演区材料

角色表演区	材料
娃娃家	玩具娃娃及服饰、娃娃床、家具、餐具、电视机、电话、冰箱、洗衣机等
理发店	镜子、梳子、塑料剪刀、吹风机、假发、毛巾、围布等
餐厅	餐具、餐巾、托盘、调味罐、菜单、收银机、仿真钞票、毛巾、塑料食物、烹饪用具、围裙、餐桌、餐椅、筷子、盘子、杯勺等
服装店	四季婴儿或幼儿服装、包装袋、价目签、钱币等

角色表演区	材料
超市	购物篮、手推车、仿真蔬菜和水果、食品盒、玩具收银机、仿真钞票等
医院	白大褂、护士帽、听诊器、体温表、医药箱、药瓶、注射器、纱布、病历卡、病床等
车站	玩具车、站牌、候车椅、红绿灯、仿真道路、斑马线等

（二）美工区

美工区（图3-2-7）是让幼儿进行美术和手工创作的活动区，也是幼儿园各班级常设的一个活动区，旨在为幼儿提供一个自由欣赏和创作的场所，是幼儿园美工学习活动支持重要的补充形式。

图3-2-6　角色表演区

图3-2-7　美工区

1.环境创设与规划

美工活动比较安静，布局时可与图书区、益智区等毗邻。应设置在光线充足、靠近水源的地方。美工区可以设置竖立的小画板，还可以设置大型桌子，满足幼儿集体进行美术和手工创作活动的需要，桌子上最好铺上透明塑料胶，防止弄脏。幼儿的美工作品可以悬挂或摆在展示栏、作品角，能提高幼儿对美工活动的兴趣。一些美术特色幼儿园和条件较好的幼儿园还设置了专门的美工活动室，其中设置色彩区、国画区、手工区、泥工区等多个活动区。

2.材料投放

美工区材料见表3-2-5。

表3-2-5　美工区材料

美工区	材料
绘画类	画笔与绘画工具（蜡笔、水彩笔、油画棒、毛笔、排笔等以及软笔、棉签棒）、颜料与调色工具（水彩、油画、丙烯等颜料以及调色盘、调色板）、纸（白纸、绘画纸、彩色纸、卡纸、宣纸、铅画纸等）

续表

美工区	材料
手工类	陶泥、橡皮泥、面团、粘土等塑形材料；儿童剪刀、胶水、胶棒、双面胶、白乳胶、打孔器、花边剪、压花机、订书机等纸工工具以及彩纸、皱纹纸、折纸、包装纸等纸工材料；树枝、树叶、干花瓣、花蕊、松果、石头、玉米棒、果壳等自然材料以及布料、珠子、贴纸、棉花球、亮片、羽毛等日常生活材料；纸盒、纸箱、塑料瓶、纸杯、纸盘、瓶盖、蛋壳等废旧材料
装饰与欣赏类	毛线、缎带、毛球、眼睛、碎纸片、布艺胶带、彩色纱、装饰宝石等装饰材料；美术作品、自然景物图片、节日装饰、环境布置等欣赏材料
辅助与特殊类	画板、画架、小滚筒等辅助工具；喷壶、拓印工具、海绵印章、刷子、牙刷、滚筒刷等创意工具；塑料管、蛋壳、水果网、木条、泡沫板等特殊材料；防水罩衣、防水围裙、套袖等防护用品

（三）建构区

建构区（图3-2-8）是幼儿利用各种不同的结构玩具或结构材料（如积木、金属片、块、管、粒等）进行建构游戏的场所。

1.环境创设与规划

建构区要求有较大的活动空间，足够让幼儿自己创造。建构区的活动声音较大，教师应本着动静分隔的原则，将建构区与图书区、益智区等安静区域分隔开，而与角色表演区等较吵闹的区域相邻。可以将建构区放置在活动室的某个角落，用大积木、木板或纸板等做成隔断，使区域成半封闭状，以保证幼儿专心活动。

2.材料投放

小班幼儿的建构没有一定的目的，只是简单地摆弄材料，因而可以为小班幼儿准备足够多的玩具材料，让幼儿自己玩。

中、大班幼儿的建构游戏既需要能供幼儿单独操作的材料，也需要提供合作操作的材料，发展幼儿的合作能力。建构区材料见表3-2-6。

表3-2-6 建构区材料

建构区	材料
基本建构类	木质积木、塑料积木、软体积木等积木；各种片、块、管、粒等接插连接玩具；以木质、塑质、铁质等材料制成的螺旋连接玩具
环保自然类	树枝、树叶、石头、贝壳等自然材料；纸箱、纸板等废旧材料
主题建构类	人物、动植物、交通工具等模型玩具
平面建构类	各种拼图、磁性建构片
创意建构类	彩色管子、PVC管、吸管拼接积木

续表

建构区	材料
数字和语言学习类	数字、字母拼块
辅助工具和场景设置类	螺丝刀、扳手、锤子等小工具，以及胶水、胶带等粘合材料；布料、小帐篷、桥梁等场景设置材料

（四）自然角

自然角是幼儿园活动室中用来饲养小动物、栽培植物、陈列实验用品的角落，是幼儿了解自然知识的一个窗口。

1.环境创设与规划

自然角在活动室内所占面积较小，所需材料简单，教师可将其设置在教室窗台、墙角、柜面等空间的一角或多处，或者放在走廊、楼梯口等位置。陈列物品的高度要适宜，便于幼儿观察、接触。

2.材料投放

自然角材料见表3-2-7。

表3-2-7 自然角材料

自然角	材料
观赏类	仙人球、仙人掌、文竹、凤仙花、秋海棠、三色堇等易于生长、易于照料的盆栽植物；金鱼、热带鱼、乌龟、蝌蚪等小型观赏动物；色彩鲜艳、造型生动的稀有动物和植物图片或模型
观察类	稻谷、小麦、玉米、蚕豆、红豆、绿豆等种子以及苹果、梨、香蕉等水果的放大图片或仿真模型；蝴蝶、蜜蜂、蚂蚁、蜗牛等昆虫和小动物的标本
实践类	小铲子、小喷壶、花盆、鱼缸等种植和养殖工具；记录本、笔等
季节性	菜花种子、小蝌蚪等春季材料；土豆、红薯块茎等夏季材料；各种形状、颜色的树叶等秋季材料；水仙花、小乌龟等冬季材料
辅助材料	展示板、标签以及与动植物相关的科普书籍和资料

（五）图书区

图书区（图3-2-9）是幼儿进行阅读的活动区。

1.环境创设与规划

图书区应放置在安静且光线充足的地方，可以放置沙发、桌椅、地毯，营造温馨舒适的气氛，便于幼儿阅读。图书应根据幼儿的年龄特点选择，小、中班选择以图画为主的读物，大班的读物可以加入适量的文字，培养幼儿对文字的感觉。

2.材料投放

图书区材料见表3-2-8。

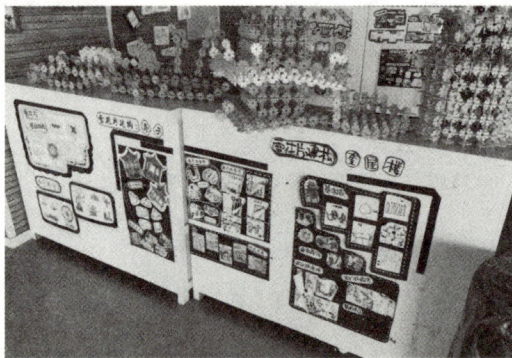

图3-2-8　建构区

图3-2-9　图书区

表3-2-8　图书区材料

图书区	材料
基础阅读类	绘本、科普读物、儿童文学、故事书、诗歌集、认知书等图书；图书架、阅读墙等
辅助阅读类	软垫、靠垫、小桌子等阅读区角设施；布艺玩具、木偶、道具等故事角材料；音响、投影仪等视听设备
阅读与创作工具类	彩笔、蜡笔、颜料等绘画工具；彩纸、胶水、剪刀等手工制作材料
阅读指导类	阅读计划表、阅读记录卡
辅助材料	标志卡片、幼儿生活照片、排序讲述图片等生活材料；胶水、透明胶、线绳、曲别针、夹子等补修工具

（六）益智区

益智区是幼儿开展益智游戏的场所，益智游戏主要是桌面上的小型游戏，有助于锻炼幼儿的脑、眼、手，促进幼儿积极地思考问题。

1.环境创设与规划

益智区需要幼儿安静、专注地活动，因而应该设置在安静的地方，可以靠近图书区，同时远离角色表演区、建构区等较吵闹的区域。

2.材料投放

益智区材料见表3-2-9。

表3-2-9　益智区材料

益智区	材料
基础类	积木、拼插玩具、雪花片等建构类材料；串珠、套圈、配对游戏等感知类材料
认知类	数字卡片、字母卡片、几何图形卡片、拼音卡片、识字卡片、科普图书、百科全书、地图、地球仪
操作类	迷宫游戏；飞行棋、象棋、围棋、跳棋等棋类游戏；记忆翻牌、排序游戏等桌游；拼图、魔方、积木塔、七巧板等益智玩具；磁铁、天平、放大镜等科学实验材料

续表

益智区	材料
角色与情境类	医生、警察、厨师等职业服装以及相关的道具
语言与表达类	绘本、故事书等以及配套的故事音频；木偶、头饰等

（七）公共走廊

走廊是室内外连接的交通要道，是幼儿经常出入的通道。充分利用走廊，把它创设为一条学习支持长廊，则会对幼儿起到潜移默化的影响。同时，利用走廊墙面可以展示幼儿园早期学习支持的工作情况，让家长了解学习支持情况，以便与幼儿园一起支持幼儿。走廊，即幼儿园建筑中连接楼层与教室的衔接部分，主要包括墙壁、天花板和衣帽柜。

1.环境创设与规划

幼儿每天都要多次经过走廊，在走廊展示的内容可多次、反复作用于幼儿，因此，可以利用走廊设计帮助幼儿学习一些生活与科学小知识。宽敞的走廊可以设置为幼儿的活动区，利用一些家具或玩具架进行活动区域隔断；狭长的走廊则可以设为展示区，设置各类橱窗、展示栏等展示师生的书画、手工作品等。

2.材料投放

公共走廊材料建表3-2-10。

表3-2-10 公共走廊材料

公共走廊	材料
保教性	适合幼儿阅读的绘本、故事书、科普读物等图书以及阅读垫；用于展示幼儿手工作品、绘画作品等的展示墙；与幼儿生活、学习相关的交通安全、环保知识等的海报；三字经、弟子规等传统文化作品
趣味性	可自由搭建的木板轨道；轮胎、弹力带等运动器械；彩笔、蜡笔等绘画工具；彩纸、剪刀、胶水等手工制作材料
安全性	防滑地砖、软垫、防撞角、安全护栏
环境创设与氛围营造	选用淡蓝、淡黄等温馨、明亮的色彩；通过贴纸、壁画等方式装饰走廊墙面

任务实训

幼儿园娃娃家区角环境创设

实训目的

（1）理解和掌握幼儿园娃娃家区角环境创设的理论依据，并能够结合理论设计和实施娃娃家区角环境。

（2）学会根据幼儿的年龄特点、兴趣和发展需求，科学合理地规划娃娃家区角的空间布局，选取和布置适宜的家具、玩具和生活道具。

实训视频

"幼儿园娃娃家区角环境创设"实训节选

（3）培养批判性思维和持续学习能力，为未来成为合格的幼儿保育师奠定坚实的基础。

🎯**实训内容**

在实训室，按照家庭功能分区，设计卧室、客厅、厨房、餐厅等场景，配备相应的迷你家具和生活道具；搜集、购买或自制符合幼儿年龄段特点的生活玩具、服装、炊具等道具；明确娃娃家区角活动的规则，包括物品使用、角色分配、交流方式等方面的规定。

🎯**实训步骤**

1.前期规划与目标设定

（1）明确娃娃家区角的学习支持目标，例如，发展幼儿的社会交往能力、模仿成人行为、照顾他人等社会性情感发展。

（2）根据幼儿年龄特点、班级规模以及现有空间资源进行布局规划，确定娃娃家的区域范围。

2.区域划分与布局设计

（1）设计合理的空间结构，一般包括卧室、客厅、厨房、餐厅等几个基本的家庭场景区域。

（2）使用家具、地毯、窗帘、屏风等元素来区分和装饰各个区域，保证区域间的相对独立性，同时也方便幼儿进行角色扮演。

3.材料投放

（1）选择适合幼儿使用的迷你家具，如小型床铺、沙发、桌椅、厨具等，并确保安全性，无尖锐边角、稳固且无毒害。

（2）投放各类生活用品模型，如娃娃、餐具、炊具、衣物、书本等，真实反映日常生活，能够引发幼儿的游戏兴趣。

（3）注重材料的层次性，根据小班、中班、大班幼儿的不同发展阶段提供相应难度的操作材料。

4.环境创设与装饰

（1）创造温馨、舒适的环境，通过柔和的灯光、温暖的色调、可爱的壁纸或挂饰来营造家庭氛围。

（2）引导幼儿参与环境创设，制作家庭照片墙、手绘装饰画等，增强幼儿对娃娃家的归属感和投入度。

5.规则制定与指导策略

（1）制定娃娃家区角活动的基本规则，引导幼儿学会分享、轮流玩耍、协商等社交礼仪。

（2）鼓励幼儿自由想象并解决问题，同时通过观察记录幼儿在游戏中表现的行为和进步。

6.动态调整与持续优化

（1）随着幼儿的兴趣变化和需求增长，定期更新和补充游戏材料，保持娃娃家的新鲜感和吸引力。

（2）反馈评估，根据实际活动效果，及时调整环境创设细节，确保区角活动始终能够促进幼儿全面健康发展。

◎ 实训材料

计时器、学习案例、纸和笔。

◎ 实训评价

学生与教师共同组成评审团，按照表3-2-11的内容进行考核、评分。

表3-2-11 实训考核表

序号	考核维度	考核内容	配分/分	学生自评	学生互评	教师检评	得分/分
1	时间要求	在规定时间内完成实训	10				
2	质量要求	能理解托幼园所物质环境创设的意义和内容	20				
		娃娃家布局科学合理，符合不同年龄段幼儿的特点	20				
		能引导幼儿在娃娃家活动，方法多样，幼儿兴趣浓厚、积极主动，根据幼儿需求及时调整娃娃家布置	20				
3	准备要求	做好实训的知识、技能、工具准备	15				
4	沟通要求	在与组长、组员、幼儿、家长、其他保教人员等进行沟通时注重沟通技巧	15				
总分							

注：①实际得分=学生自评×10%+学生互评×20%+教师检评×70%。

②考核满分为100分，0～59分为不及格，60～69分为及格，70～84分为良好，85～100分为优秀。

知识链接

评分标准

任务拓展

一、单选题

1.颜料、蜡笔、橡皮泥、剪刀、纸张等材料应该投放到（　　）。

A.美工区　　　　B.图书区　　　　C.沙水区　　　　D.建构区

2.（　　）有助于幼儿观察能力的发展，还可以激发幼儿的探索欲望与好奇心，培养幼儿爱护植物、热爱生命的精神。

A.养殖园　　　　B.种植园　　　　C.沙水区　　　　D.室外运动区

3.（　　）是幼儿开展角色游戏的场所，幼儿可以在各种模拟的情境中，按照他们对周围世界的认识和理解来扮演各种角色、诠释各种行为。

A.角色扮演区　　　　B.美工区　　　　C.建构区　　　　D.图书区

二、多选题

1.托幼园所物质环境创设的意义包括（　　　　）。

A.为幼儿提供生活的保障　　　　　　　　B.促进幼儿身心健康发展

C.激发幼儿的智力潜能　　　　　　　　　D.激发幼儿保护环境的意识

E.帮助幼儿养成良好的行为习惯　　　　　F.提升教师的专业素养

2.托幼园所户外环境创设与规划中，常见的区域包括（　　　　）。

A.室外运动区　　　　B.沙水池　　　　C.种植园　　　　D.美工区

3.角色表演区的环境创设与规划应考虑（　　　　）。

A.区域布局应远离安静的益智区和图书区

B.区域隔断可采用家具、低隔板、矮架子等

C.材料投放应包括各种生活场景的道具

D.角色表演区应设置在靠近水源的地方

4.关于托幼园所室内环境创设与规划中的图书区，下列说法正确的是（　　　　）。

A.图书区应放置在安静且光线充足的地方

B.图书应根据幼儿的年龄特点选择

C.图书区可以放置沙发、桌椅、地毯等营造温馨舒适的气氛

D.图书区应远离角色表演区和建构区等较吵闹的区域

E.图书区主要展示师生的书画、手工作品等

F.图书区可以放置飞行棋、象棋等益智玩具

三、判断题

1.托幼园所的物质环境仅指建筑物以及室内外各种设施、设备和用具，不包括精神环境。　　　　　　　　　　　　　　　　　　　　　　　　　　　　　　　（　　　）

2.托幼园所物质环境创设不能帮助幼儿养成良好的行为习惯。　　　（　　　）

3.在托幼园所物质环境创设中，保育师除了关注物质条件的创设，还需兼顾幼儿的生理、心理、认知发展需要。　　　　　　　　　　　　　　　　　　　　　（　　　）

4.托幼园所户外环境创设与规划中，沙水池仅有助于培养幼儿的感知能力，无其他学习支持意义。　　　　　　　　　　　　　　　　　　　　　　　　　　　　（　　　）

5.托幼园所室内环境创设与规划中，图书区应设置在吵闹且光线充足的地方，以便幼儿随时阅读图书。　　　　　　　　　　　　　　　　　　　　　　　　　　（　　　）

任务三　营造托幼园所精神环境

任务目标

▶知识目标：了解幼儿园精神环境营造的内涵、意义和内容；理解幼儿园精神环境营造的原则和要求；掌握幼儿园精神环境营造的策略。

▶ **能力目标**：能够用师幼互动策略为幼儿营造良好的精神环境。
▶ **素质目标**：懂得团队合作的重要性，能积极与他人沟通；能尊重、爱护、关心幼儿。

💡任务 准备

（1）预习本任务内容。
（2）阅读案例，完成案例下面的思考题。

> ［案例］星星幼儿园的保育师李老师以其独特的方法和热情，为幼儿们营造了一个温馨、安全、富有启发性的精神环境。幼儿入园时，李老师笑容满面地迎接每一个幼儿。她不仅用温暖的话语和幼儿打招呼，还通过拥抱、抚摸等方式，让幼儿感受到她的关爱和亲切。李老师还辅助主班老师在教室中设置了一个"创意角"，里面摆满了各种绘画材料、积木、玩偶等，鼓励幼儿自由探索、自由创作，并给予幼儿积极的反馈和鼓励。这种宽松、自由的环境，让幼儿敢于尝试、敢于创新，幼儿的想象力和创造力得到了很好的培养。
>
> ［思考］托幼园所精神环境创设的意义和内容有哪些？

💡任务 支撑

※ 活动一 ※

请结合"托幼园所精神环境营造的意义和内容"，思考如何理解托幼园所精神环境营造。

一、托幼园所精神环境营造的意义和内容

精神环境，又称心理环境，广义的精神环境泛指对幼儿园教育产生影响的整个社会的心理因素的总和。其主要包括社会的政治、经济、文化、艺术等。狭义的精神环境是指幼儿园内对幼儿发展产生影响的一切心理因素的总和。其主要包括保教人员的保教观念与行为、幼儿园人际关系、幼儿园文化氛围等。

托幼园所的精神环境主要指托幼园所的人际关系环境和文化环境等。具体体现在教师与幼儿、幼儿与幼儿、教师与教师间的相互作用、交往方式等方面。它虽然是无形的，但直接影响着幼儿的情感、交往行为和个性发展。精神环境是托幼园所环境中更为重要的一个方面。

（一）托幼园所精神环境营造的意义

托幼园所精神环境的营造，对于幼儿的成长发育具有至关重要的作用。它不仅影响着幼儿的情感体验、行为习惯和人格形成，而且对幼儿的认知发展、社交能力及创新能力等多元智能的发展也有深远的影响。

1.促进幼儿情感健康发展

温馨、和谐、积极的精神环境有助于幼儿建立安全感，培养其乐观开朗的性格，以

及良好的情绪管理能力。例如，在托幼园所里，当保育师以亲切温和的态度对待每个幼儿，时刻关注幼儿的情绪变化，并及时给予安慰和指导时，就创建了一个温馨、和谐的精神环境。又如，当幼儿初入园时可能会有分离焦虑，如果保育师能够耐心陪伴、理解和接纳幼儿的情绪，让幼儿感受到关爱和安全，那么幼儿就会更快地适应集体生活，逐渐变得乐观开朗，也能在日常生活中学会调节自己的情绪，如遇到挫折时懂得寻求帮助或自我安抚。

2.塑造幼儿健全人格

通过尊重、理解、包容和支持的环境氛围，有助于幼儿自尊自信、独立自主品格的塑造。例如，在活动中，保育师尊重幼儿的想法和选择，允许幼儿在完成任务时采取不同的方式和路径，即使失败也不指责，而是鼓励幼儿从错误中学习。这种包容和支持的环境可以让幼儿认识到每个人都是独特的，有自己的价值，从而培养出自尊自信和独立思考的能力。又如，在绘画活动中，不强求幼儿按照模板画，而是鼓励幼儿根据个人想象创作，这样既能增强幼儿的自我表达能力，又能促使幼儿形成自主解决问题的习惯。

3.提升幼儿社会性发展

一个互动交流频繁、公平公正、有规则意识的精神环境，能有效提升幼儿的交往合作能力和规则意识。在托幼园所中设立角色扮演区、合作游戏区等，鼓励幼儿模拟真实的社会情境进行互动。例如，组织幼儿共同制定游戏规则，轮流担任领导者，分配角色，通过这样的过程，幼儿不仅能学会遵守规则，还能学会换位思考，体会合作与分享的重要性。当幼儿在游戏过程中发生矛盾时，保育师引导幼儿用语言沟通，协商解决，而不是简单地由成人介入裁决，这都有助于幼儿形成公平公正的观念和有效的社交技能。

4.激发幼儿学习兴趣与潜能

充满探索、鼓励创新的精神环境可以激发幼儿的学习积极性，挖掘并发展幼儿的各种潜能。设想这样一个场景：在科学探索角，保育师设置一系列关于动植物的生活习性的探究活动，幼儿可以亲手种植豆芽，观察记录它的生长过程，也可以寻找自然界的昆虫进行观察和讨论。在这个过程中，保育师不断提问引导，鼓励幼儿提出假设并验证，这种探索式的环境能激发幼儿对自然世界的好奇心和求知欲，进而发展幼儿的观察能力、逻辑思维能力和创新能力。同时，通过亲身实践，幼儿也更容易发现自己在自然科学方面的潜在兴趣和才能。

托幼园所精神环境营造对于幼儿的全面发展具有重要意义。因此，托幼园所应该注重精神环境的营造，为幼儿提供一个温馨、和谐、充满爱与关怀的成长环境。同时，保育师也应该不断提高自己的专业素养和保教理念，以便更好地为幼儿的成长提供支持和服务。

（二）托幼园所精神环境营造的内容

托幼园所精神环境营造注重从多个维度出发，通过具体的实践活动和日常管理，创造出一个有助于幼儿身心健康、情感发展和社会化的心理社会环境。托幼园所精神环境营造主要包括以下五个方面的建设内容。

1.构建和谐的人际关系

（1）师幼关系：保育师亲切温和的态度、耐心倾听、及时回应幼儿的需求，如保

知识链接

师幼关系的
类型

育师蹲下来与幼儿平等对话，鼓励幼儿表达自己的想法和感受，让幼儿感受到被尊重和爱护。

（2）同伴关系：保育师组织各类互动活动，如角色扮演游戏、小组合作游戏等，让幼儿学会分享、合作、轮流玩耍，培养其同情心、同理心及解决争端的能力。例如，设置共享玩具角，鼓励幼儿学会协商借用和归还玩具。

2.培育积极向上的文化氛围

（1）园所文化：保育师通过举办故事会、节日庆典、主题展览等活动，将尊重、宽容、诚信、感恩等价值观融入其中，塑造积极的文化环境。例如，设立每周一次的主题晨会，让幼儿轮流主持，讲述美德故事或展示才艺。

（2）环境布置：教室墙面挂有反映幼儿园保教理念的标语（图3-3-1）、幼儿作品，以此激发幼儿的自豪感和归属感，同时也起到潜移默化的学习支持作用。

3.促进保育师间的团队合作

定期组织保育师培训、研讨会议，鼓励保育师之间的交流、观摩和学习，建立良好的保育师团队文化。例如，开展学习支持观摩活动，让保育师互相学习彼此的学习支持技巧和管理经验。

4.家园共育机制

保育师邀请家长参与到幼儿园活动中，如亲子阅读日、家长开放日等活动，增进家园联系，共同为幼儿营造一致且支持性的成长环境，促进幼儿全面发展。

5.制度规范与行为养成

（1）制定合理规则：保育师根据幼儿年龄特点制定简单易懂的班级常规，帮助幼儿建立秩序意识，培养如排队等候、礼貌用语（图3-3-2）等基本礼仪。

图3-3-1　办园理念标语

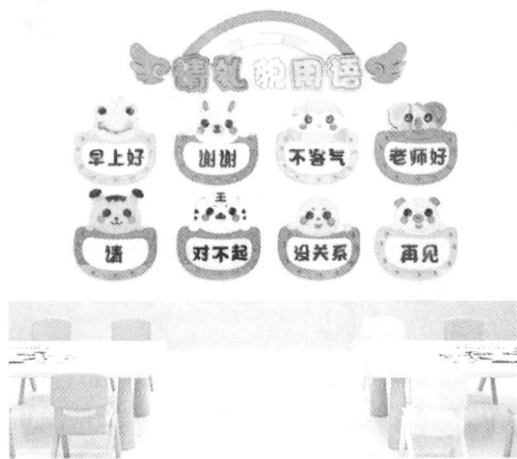

图3-3-2　礼貌用语

（2）情绪管理：保育师引导幼儿识别和表达不同的情绪，当幼儿遇到挫折时，保育师会给予恰当的支持和指导，让幼儿学会正确处理负面情绪，形成健康的心理应对机制。

微课

托幼园所精
神环境营造
的原则和要
求

※ **活动二** ※ ⋯⋯⋯⋯⋯⋯⋯⋯⋯⋯⋯⋯⋯⋯⋯⋯⋯⋯⋯⋯⋯⋯⋯⋯⋯⋯⋯⋯

请结合"托幼园所精神环境营造的原则和要求"的内容，小组合作，用思维导图的形式归纳保育师在为幼儿营造精神环境时应遵循的原则和要求。

二、托幼园所精神环境营造的原则和要求

托幼园所精神环境营造是一个系统工程，保育师应从幼儿的心理感受出发，努力营造一个安全、愉快、富有启发性和支持性的精神世界。

（一）托幼园所精神环境营造遵循的原则

1.尊重与平等原则

保育师尊重每个幼儿的独特性和个体差异，确保幼儿受到公正对待。例如，允许幼儿按照自己的节奏和方式学习和发展，避免强加超出其年龄段适合的学习任务，如不应过早要求幼儿进行超负荷的认知训练，而应该根据幼儿身心发展特点安排适宜的游戏和活动。

2.互动与参与原则

保育师应鼓励幼儿参与到环境营造的过程中，让幼儿有机会表达自己的想法，从而增强归属感和自我效能感。例如，可以让幼儿参与教室装饰、规则制定等环节，这样不仅能激发幼儿的积极性，还能培养幼儿的责任感和主人翁精神。

3.民主与包容原则

保育师在环境中倡导民主氛围，包容不同背景、能力和性格的幼儿，让幼儿都能感受到被接纳和尊重。例如，在集体活动中注重公平分配角色，让每个幼儿都有展现自己的机会，无论是表现活跃的幼儿还是较为内向的幼儿。

4.关爱与支持原则

建立充满爱和关怀的氛围，保育师应及时回应幼儿的情感需求，给予适当的情感支持和鼓励。例如，当幼儿遇到困难时，保育师不仅应教会其解决问题的方法，更应传递积极的情绪态度，让幼儿感到温暖和安全。

5.合作与友爱原则

保育师应引导幼儿建立互助合作的伙伴关系，通过团队游戏和小组活动培养幼儿的社交技能和团队协作精神。例如，组织幼儿进行小组活动，如搭建积木、共同完成一幅画作等，让幼儿在相互协作中学习沟通与共享。

6.激励与挑战原则

保育师应提供适合幼儿发展的各种挑战，激发幼儿的探索欲望和创新能力。例如，设立丰富的学习区角，让幼儿在解决问题和完成任务中获得成就感。

7.家园共育原则

保育师应加强幼儿园与家庭间的沟通与合作，共同营造有益于幼儿成长的家庭及园所环境。例如，举办家长会、亲子活动，邀请家长参与幼儿园的学习支持活动策划和实施，共同营造积极和谐的精神环境。

（二）托幼园所精神环境营造的要求

托幼园所精神环境营造不仅仅是物理环境的设计，更重要的是创造一个有利于幼儿身心健康、认知发展和社会性成长的无形学习支持场域。

1.学习支持目标一致性

环境营造需紧密围绕托幼园所的学习支持目标，即环境应当成为实现幼儿全面发展的重要载体，包括身体、智力、道德、情感和审美等方面的发展。例如，在营造"环保主题"活动区时，除布置相关的环保元素外，还要设计一系列关于节约资源、保护环境的活动，让幼儿在参与过程中提升环保意识和动手能力。

2.尊重幼儿主体性

尊重幼儿的年龄特点、兴趣爱好和个性差异，鼓励幼儿积极参与环境的营造和使用，体验自我价值。开设自由选择的游戏区角，如美工区、建构区等，材料丰富且易于幼儿自主取放，让幼儿按照自己的意愿去创作和探索。

3.建立积极的人际关系

保育师与幼儿之间建立平等、尊重、关爱的互动关系，同时也要培养幼儿之间的友好交往能力。例如，设立"分享时刻"，让幼儿轮流讲述自己在家中的趣事或者带来自己的玩具与同伴分享，保育师则在一旁引导幼儿学会倾听和赞美他人。

4.创建温馨有序的氛围

环境布局合理，动静分区，减少不必要的干扰，同时，要有利于幼儿形成良好的生活和学习习惯。例如，设置安静的阅读角落和活泼的运动区域，保证幼儿既能安静专注地阅读，也能尽情释放活力。

5.家园共建

保育师积极构建家园共育的桥梁，让家长了解并参与托幼园所的精神环境建设，形成学习支持合力。例如，定期举办家长开放日，邀请家长参观幼儿园并参与亲子活动，共同讨论家庭学习支持与园所学习支持如何协同配合，为幼儿提供统一和谐的成长环境。

6.激励创新与探索

精神环境应激励幼儿的好奇心和探索欲望，为幼儿提供充分的挑战与发展机会。例如，设立科学探索区，提供实验工具和材料，鼓励幼儿通过观察、提问、假设和验证等方式，发现自然现象背后的科学原理。

※活动三※

请结合"托幼园所精神环境营造的策略"，以小组形式采访幼儿园园长和保育师，了解他们为营造幼儿园良好精神环境采取了哪些措施，并做好记录（表3-3-1、表3-3-2）。

表3-3-1 园长采访记录表

幼儿园名称	
园长为营造良好精神环境采取过哪些措施？	

表3-3-2　保育师采访记录表

幼儿园名称	
班级	
保育师为营造良好精神环境采取过哪些措施？	

三、托幼园所精神环境营造的策略

保育师综合运用各种策略，能创造出既能满足幼儿心理需求，又能促进其全面发展的心灵港湾。托幼园所精神环境营造主要包括以下几个方面的策略。

（一）环境布置的温馨与学习支持性并重

环境布置应具有美感，使用柔和舒适的色彩，体现温馨的家庭式氛围。同时，可设置各类主题墙、作品展示区，如"我的小天地""我们的约定"，展示幼儿的作品和生活照片，使幼儿感到自己是环境的主人。例如，保育师可以引导幼儿一起制作班级公约，将其张贴在墙上，既美化环境，又起到规范行为的学习支持作用。

（二）构建自主、自由的游戏空间

设计丰富多样的学习区角，如建构区、阅读区、美工区等，保证幼儿有充足的自由选择权，满足幼儿在不同领域的发展需求。例如，创建一个开放式的科学探索区，摆放放大镜、显微镜等实验器材以及自然材料，鼓励幼儿自主发现、探究。

（三）推行正面激励机制

制定合理的奖励制度，强调过程而非结果，鼓励幼儿积极参与、主动学习和分享。例如，设立"每日之星"或"进步奖"，表扬那些在行为习惯、团队合作、独立思考等方面有所进步的幼儿。

（四）开展多元化的主题活动

组织丰富多彩的主题活动，如节日庆祝活动、季节变换主题活动、传统文化体验活动等，增进幼儿的社会情感交流和文化认同。例如，围绕中秋节开展做月饼、讲故事、赏月等活动，让幼儿了解传统节日的文化内涵。

（五）建设良好的师幼关系

保育师树立亲切、耐心的形象，与幼儿建立信任和亲近的关系，及时反馈幼儿的行为表现，运用肯定、鼓励的语言进行有效沟通。例如，采用蹲下身姿、目光平视交流等方式与幼儿对话，传达出对他们的尊重和关心。

（六）家园协同共建

定期开展家园联系活动，如家长开放日、亲子活动等，让家长了解幼儿园的学习支持理念和方法，同时也把家庭学习支持的理念和方法融入园所环境营造中。例如，举办"亲子手工制作大赛"，让家长和幼儿共同创作艺术作品，增进亲子感情，也增强家园共育的效果。

总之，通过上述多维度、全方位的努力，在幼儿园中构筑起深厚的民主精神文化根基，为幼儿的全面发展与健康成长提供有力支撑。

知识链接

建立良好师幼关系的方法

任务实训

幼儿搭积木活动支持

实训视频

"幼儿搭积木活动支持"实训节选

实训目的

（1）熟练掌握幼儿搭积木活动支持的实际操作技能。
（2）指导幼儿搭积木活动，促进幼儿身心健康发展。
（3）培养观察记录能力、学习支持创新意识和活动组织能力。

实训内容

根据幼儿年龄特点，设计符合幼儿发展水平的积木搭建游戏方案；布置安全舒适的活动环境，准备多种类型的积木及其他辅助材料；在幼儿游戏过程中适时介入，引导幼儿进行探索、思考和解决问题；记录幼儿在积木游戏中的行为表现、言语交流和解决问题的过程；对每次活动进行复盘，分析活动效果，调整和完善后续活动方案。

实训步骤

（1）确定积木搭建的主题，制订详细的活动计划，投放积木材料和其他必需品。
（2）清理和布置活动场地，检查积木玩具的安全性和清洁度。
（3）向幼儿介绍本次积木搭建的目的和规则，激发幼儿参与兴趣。
（4）引导幼儿自由探索，适时指导，全程观察并记录幼儿在活动中的行为表现。
（5）对幼儿搭建的作品给予肯定和鼓励，与幼儿交流心得体会，整理并反馈活动结果给家长和指导老师。
（6）撰写实训报告，总结活动经验，提出改进措施和下次活动的设想。

实训材料

积木玩具（各种类型和尺寸的木质积木、塑料积木、软体积木等）、辅助材料（图纸、模型示例、故事卡片等）、观察记录工具（照相机、摄像机、观察记录表、笔等）、安全防护设施（防滑垫、尖锐边角的防护品等）、活动计划书和总结报告（记录活动设计、实施过程和效果分析等）。

实训评价

学生与教师共同组成评审团，按照表3-3-3的内容进行考核、打分。

表3-3-3　实训考核表

序号	考核维度	考核内容	配分/分	学生自评	学生互评	教师检评	得分/分
1	时间要求	在规定时间内完成实训	10				
2	质量要求	在组织和实施活动过程中具备较强的组织能力、引导技巧、应急处理能力等	15				
		活动设计具有科学性、针对性、趣味性以及对幼儿发展有促进作用	15				
		有观察幼儿在搭积木活动中的行为变化、技能提升、情感发展等方面的进步	10				
		通过对幼儿搭建作品的分析，评估活动目标的达成程度和幼儿创新能力的培养效果	10				
		实训报告中有观察准确的记录、深度的分析、对实训过程的反思和总结	10				
3	准备要求	做好实训的知识、技能、工具准备	15				
4	沟通要求	在与组长、组员、幼儿、家长、其他保教人员等进行沟通时注重沟通技巧	15				
		总分					

知识链接　评分标准

注：①实际得分=学生自评×10%+学生互评×20%+教师检评×70%。

②考核满分为100分，0～59分为不及格，60～69分为及格，70～84分为良好，85～100分为优秀。

任务拓展

一、单选题

1.广义的精神环境泛指对幼儿园教育产生影响的整个社会的（　　）的总和。
A.政治因素　　B.环境因素　　C.心理因素　　D.社会学因素

2.托幼园所精神环境营造中构建和谐的人际关系主要包括（　　）。
①师幼关系　②同伴关系　③亲子关系　④消费关系
A.①②　　B.②③　　C.③④　　D.①③

3.保育师在积木建构区，鼓励幼儿从简单的结构搭建开始，随着技能的增长逐步尝试更复杂的建筑模型。在幼儿完成任务时，无论成果大小，都会予以表扬和奖励，激发幼儿继续尝试和学习的积极性。这属于精神环境营造的（　　）。
A.激励与挑战原则　　B.尊重性原则　　C.接纳性原则　　D.支持性原则

4.（　　）不是托幼园所精神环境营造的要求。
A.学习支持目标一致性　　　　B.尊重幼儿主体性
C.建立积极的人际关系　　　　D.尊重与接纳

二、多选题

1.狭义的精神环境是指幼儿园内对幼儿发展产生影响的一切心理因素的总和，主要包括（　　）。

A.保教人员的保教观念与行为　　　　B.幼儿园人际关系

C.幼儿园文化氛围　　　　　　　　　D.社会文化环境

2.托幼园所精神环境营造的意义有（　　）。

A.促进幼儿情感健康发展　　　　　　B.培养幼儿的消极情绪

C.塑造幼儿健全人格　　　　　　　　D.提升幼儿社会性发展

3.托幼园所精神环境营造的原则有（　　）。

A.尊重与平等原则　　　　　　　　　B.互动与参与原则

C.关爱与支持原则　　　　　　　　　D.包容性原则

4.托幼园所精神环境营造的策略有（　　）。

A.环境布置的温馨与学习支持性并重　B.构建自主、自由的游戏空间

C.推行正面激励机制　　　　　　　　D.开展多元化的主题活动

三、判断题

1.托幼园所的精神环境主要是指托幼园所的人际关系环境和文化环境，精神环境营造不包括物理环境的设计，主要是创造一个有利于幼儿身心健康、认知发展和社会性成长的无形学习支持场域。　　　　　　　　　　　　　　　　　　　　（　　）

2.尊重幼儿主体性就是尊重幼儿的年龄特点、兴趣爱好和个性差异，鼓励幼儿积极参与环境的营造和使用，体验自我价值。　　　　　　　　　　　　　　（　　）

3.制定合理的奖励制度，强调结果而非过程。　　　　　　　　　　（　　）

4.托幼园所环境布置只需要有美感且温馨即可，不需要考虑学习支持性。（　　）

5.温馨、和谐、积极的精神环境有助于幼儿建立安全感，培养其乐观开朗的性格，以及良好的情绪管理能力。　　　　　　　　　　　　　　　　　　　　（　　）

项目四 幼儿早期学习活动支持

在中国教育事业蓬勃发展的背景下，幼儿早期保育教育承担了至关重要的社会责任与价值塑造任务。0至6岁的童年时光，被公认为是构建个体世界观、道德观的关键期，国家在此阶段倡导并践行科学育儿理念，全面推动幼儿保育教育的发展，巧妙地将社会主义核心价值观融入日常保教实践中，为幼儿提供一个健康和谐的成长环境。

《幼儿园教育指导纲要（试行）》与《幼儿园保育教育质量评估指南》分别从保教人员角色重塑与活动组织优化两方面，共同构建以幼儿为中心、尊重其主体性、激发其潜能的高质量幼儿保育教育环境。前者倡导保育人员在幼儿学习活动中扮演支持者、合作者与引导者，超越传统知识灌输角色，以平等、互动、启发方式参与幼儿学习历程。后者聚焦保育教育过程中的"活动组织"，将其作为评估保育教育质量的关键指标，强调坚守"以游戏为基本活动"原则，尊重幼儿独特学习方式与节奏，倡导游戏化情境中融入保育教育目标，保育师巧妙介入支持幼儿游戏，助力幼儿在游戏中深化理解、提升技能、发展社会性与情感素质，持续提升保育教育整体质量。

作为这一启蒙阶段的引领者和守护者，保育师肩负着承继中华优秀文化血脉，培养未来社会栋梁的重大职责。借助幼儿旺盛的好奇心与探索精神，

图4-1-1 幼儿城堡搭建学习支持

保育师通过精心设计的各类活动，既提供必要的心理关怀与物质保障，又积极推动幼儿在生理、情感、认知、社交及语言等多个领域实现均衡且全面的进步，从而为其后续的人生旅程奠定坚实的基础，让无痕学习支持在欢乐多彩的活动中悄然绽放。幼儿城堡搭建学习支持如图4-1-1所示。

📖 项目导图

幼儿早期学习活动支持

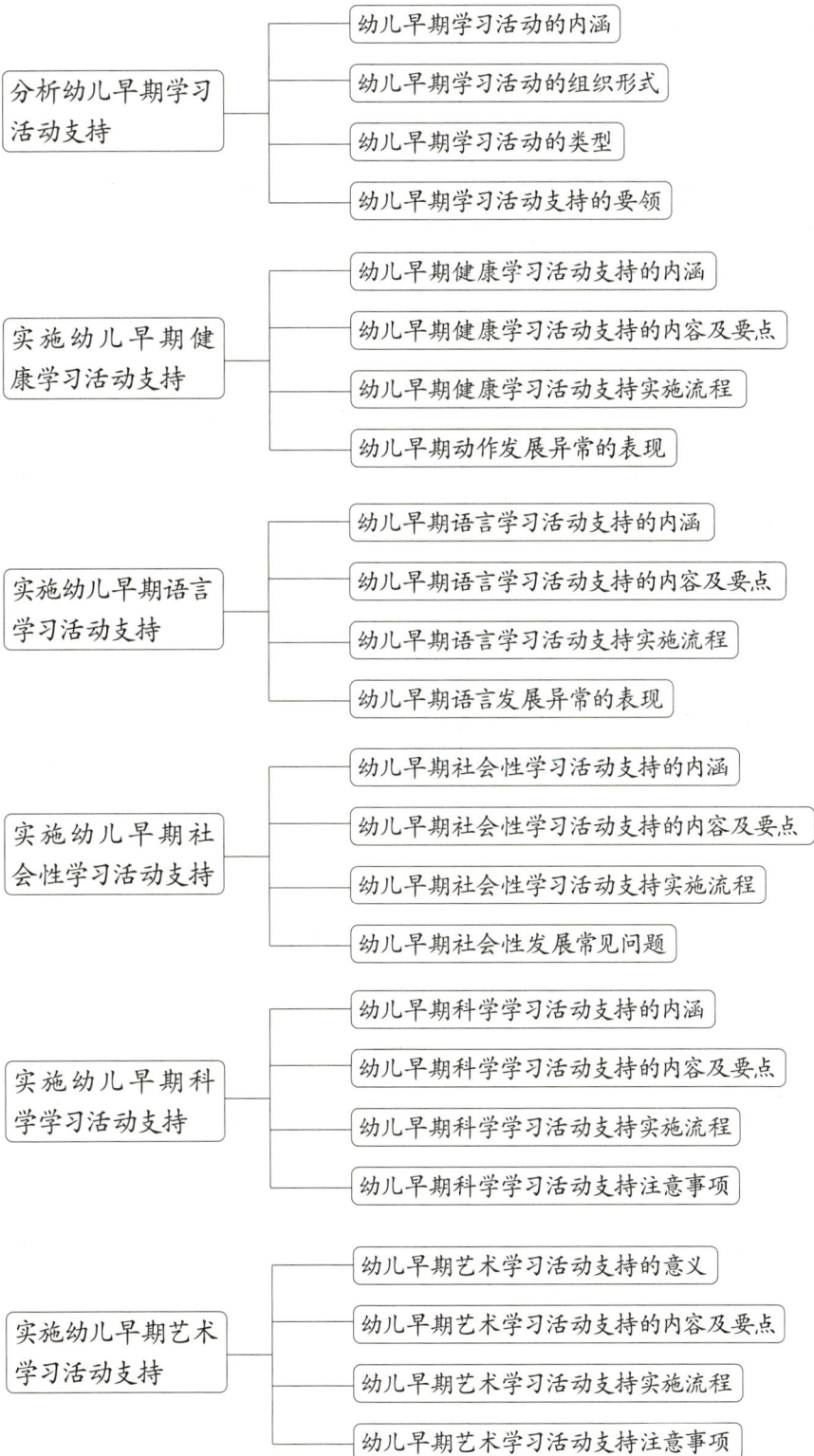

- 分析幼儿早期学习活动支持
  - 幼儿早期学习活动的内涵
  - 幼儿早期学习活动的组织形式
  - 幼儿早期学习活动的类型
  - 幼儿早期学习活动支持的要领

- 实施幼儿早期健康学习活动支持
  - 幼儿早期健康学习活动支持的内涵
  - 幼儿早期健康学习活动支持的内容及要点
  - 幼儿早期健康学习活动支持实施流程
  - 幼儿早期动作发展异常的表现

- 实施幼儿早期语言学习活动支持
  - 幼儿早期语言学习活动支持的内涵
  - 幼儿早期语言学习活动支持的内容及要点
  - 幼儿早期语言学习活动支持实施流程
  - 幼儿早期语言发展异常的表现

- 实施幼儿早期社会性学习活动支持
  - 幼儿早期社会性学习活动支持的内涵
  - 幼儿早期社会性学习活动支持的内容及要点
  - 幼儿早期社会性学习活动支持实施流程
  - 幼儿早期社会性发展常见问题

- 实施幼儿早期科学学习活动支持
  - 幼儿早期科学学习活动支持的内涵
  - 幼儿早期科学学习活动支持的内容及要点
  - 幼儿早期科学学习活动支持实施流程
  - 幼儿早期科学学习活动支持注意事项

- 实施幼儿早期艺术学习活动支持
  - 幼儿早期艺术学习活动支持的意义
  - 幼儿早期艺术学习活动支持的内容及要点
  - 幼儿早期艺术学习活动支持实施流程
  - 幼儿早期艺术学习活动支持注意事项

任务一 分析幼儿早期学习活动支持

任务目标

▶ **知识目标**：理解幼儿早期学习活动的内涵，包括定义、目的、涵盖内容及组织形态；掌握保育工作在幼儿学习活动中的核心要点。

▶ **能力目标**：能在幼儿早期学习活动中有效实施支持的具体要求与指导规范，并通过实践锻炼，不断提升保育工作的践行能力。

▶ **素质目标**：树立正确的儿童观、科学的保育观；提升职业认同感及职业素养。

任务准备

（1）预习本任务内容。

（2）阅读案例，完成案例下面的思考题。

［案例］小明妈妈听说幼儿园要进行科学探究活动，感到不解：孩子在幼儿园的活动不就是讲故事、画画、唱歌、跳舞、做游戏吗？现在居然要进行科学探究活动，这么小的孩子听得懂科学知识吗？幼儿园为什么要学那么高深的内容？

［思考］小明妈妈的看法对吗？为什么？

任务支撑

※ 活动一 ※

请结合"幼儿早期学习活动的内涵"和"幼儿早期学习活动的组织形式"，思考什么是幼儿早期学习活动。

一、幼儿早期学习活动的内涵

幼儿早期学习活动是以儿童为中心、以游戏为载体、注重全面发展、强调互动合作、生活化、情境化、伴随持续观察评估、充分利用环境资源的综合性学习活动实践，旨在为幼儿提供丰富、适宜、有意义的学习经历，为其终身学习和全面发展奠定坚实基础。

（一）幼儿早期学习活动的定义

幼儿早期学习活动是指在儿童早期阶段（通常指0~6岁，特别是幼儿园阶段），根据幼儿身心发展特点和学习需求，由支持者（如保教人员、家长等）设计和组织的一系列旨在促进幼儿全面发展，激发幼儿学习兴趣，培养幼儿关键能力与良好品格的学习实践活动。这类活动通常以游戏为主要形式，结合幼儿日常生活经验，融合多种学科知识，为幼儿提供丰富、适宜、有意义的学习经历。

（二）幼儿早期学习活动的目的

幼儿早期学习活动的目的，是通过多元化的活动形式和内容，全方位促进幼儿在知识技能、情感态度、社会适应等方面的成长，为其成为一个身心健康、全面发展、具有良好品格与社会能力的个体奠定坚实基础。这些活动也是对幼儿个体差异的尊重和回应，满足每个幼儿的独特需求，为其提供个性化支持，帮助幼儿在各自的起点上取得最大可能的进步。

（三）幼儿早期学习活动的内容

幼儿早期学习活动的内容涵盖多个领域，旨在全面促进儿童身心健康发展，激发其好奇心，培养基本技能，并为后续的学习奠定坚实基础。

1.感知觉发展活动

（1）视觉刺激：通过色彩鲜艳的玩具、图画书、形状拼图、数字拼图（图4-1-2）等，引导幼儿观察、识别颜色、形状、大小、对比等视觉元素。

（2）听觉体验：播放节奏感强的儿歌、音乐，讲述简单故事，制造各种自然和人造声音，以刺激幼儿的听力，提升对音调、节奏、语言的理解。

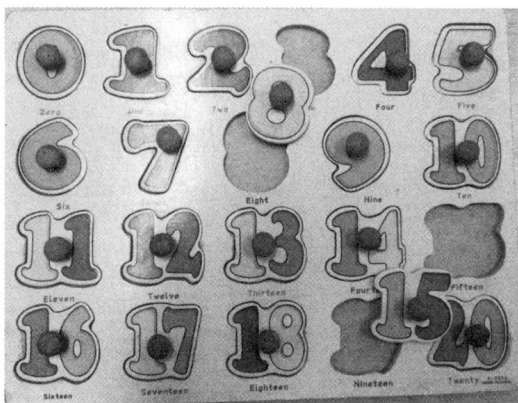

图4-1-2　数字拼图

（3）触觉探索：提供不同材质、温度、质地的物品供幼儿触摸，进行感官箱游戏，鼓励幼儿在安全范围内体验多种感觉输入。

（4）味觉与嗅觉活动：在饮食或日常生活中引导幼儿识别不同的味道和气味，培养味觉与嗅觉的敏感度。

2.语言启蒙

（1）亲子阅读：朗读绘本故事，鼓励幼儿参与翻页、指认图片，培养对故事情节的理解和对文字的兴趣。

（2）儿歌与童谣：通过唱诵简单易记的儿歌和童谣，增强幼儿的语音模仿能力，积累词汇，培养语感。

（3）日常对话：与幼儿进行丰富多样的日常对话，鼓励幼儿表达需求、感受和想法，发展口头表达能力。

3.运动能力开发

（1）大动作练习：设计适合年龄段的爬行、行走、跳跃、跑步等运动游戏，帮助幼儿锻炼大肌肉群，提高身体的协调性和平衡感。

（2）精细动作训练：通过画画、捏橡皮泥、搭积木、使用餐具等，锻炼幼儿的手眼协调能力，提升手指灵活性。

4.社会情感交往

（1）亲子互动：开展亲子游戏、角色扮演等活动，增进亲子关系，教授基本的社会规则和礼仪。

（2）集体活动：组织小组游戏、集体唱歌跳舞，让幼儿学会合作、轮流、分享，体验集体生活的乐趣，培养社交技巧。

5.认知与思维训练

（1）数学启蒙：通过数数、比较数量、识别基本几何形状等方式，引入数学概念。

（2）科学探索：引导幼儿观察自然现象（如季节变化、动植物生长），进行简单的科学实验，培养观察力和初步的科学思维。

（3）问题解决：设置简单的情境问题或迷津游戏，鼓励幼儿尝试解决问题，锻炼逻辑思维和创新思维。

6.艺术与创造性表达

（1）绘画与手工：提供绘画材料，让幼儿自由涂鸦，或者引导他们完成简单的手工制作，如折纸、粘贴画等，激发创造力。

（2）舞蹈与音乐：跟随音乐节奏舞动身体，敲击乐器，参与简单的音乐创作活动，培养对音乐和舞蹈的兴趣。

7.早期阅读活动

（1）前图书阅读经验：引导幼儿欣赏无字或少字图画书，讲述画面内容，激发想象力，培养对书籍和阅读的兴趣。

（2）前识字经验：在日常生活中自然融入文字识别，如指认常见标志、物品名称等，但避免过早进行系统性识字教学。

二、幼儿早期学习活动的组织形式

幼儿早期学习活动的组织形式主要是适应幼儿年龄特点和学习方式，以游戏化、情境化、生活化的方式激发幼儿的兴趣，促进全面发展。常见的组织形式有如下几种。

（一）集体学习活动

全班活动：全班幼儿在保育师带领下共同参与学习活动，如讲故事、做早操、唱歌、集体游戏等。这类活动强调秩序、规则意识的培养，以及全班幼儿之间的互动与合作，有助于形成集体归属感。

（二）小组学习活动

分组游戏：根据幼儿的兴趣或能力，将幼儿分成若干小组，进行合作游戏、探究活动或项目式学习。小组学习活动能提供更多的互动机会，鼓励幼儿进行角色分工、协商合作，锻炼沟通、协作和问题解决能力。

（三）个别学习活动（区角学习活动）

自主游戏：在保育师设定的不同功能区角（如阅读角、建构区、美工区、角色扮演区等），幼儿可以根据自己的兴趣选择活动内容，进行独立或小范围合作的游戏。这种形式有利于培养幼儿的自主性、专注力和个性化发展。

（四）户外学习活动

1.体育游戏

组织各类体育游戏、器械活动、自由奔跑等，以增强幼儿的身体素质，发展大肌肉动作技能，同时培养勇敢、坚韧的品质和团队精神。

2.自然探索

引导幼儿在户外环境中观察动植物、接触大自然，进行简单的科学观察和生态感知，培养对自然界的敬畏和爱护之心。

（五）日常生活学习活动

1.生活自理

鼓励幼儿参与自我照顾，如穿衣、洗手、吃饭、整理个人物品等，培养生活自理能力和良好的生活习惯。

2.劳动实践

设置适宜的清洁、种植、照料小动物等任务，让幼儿体验劳动的乐趣，理解劳动价值，培养责任感。

（六）亲子互动学习活动

家园共育：设计家长与幼儿共同参与的家庭作业、亲子阅读、亲子手工等项目，增进亲子关系，同时让家长了解并参与到幼儿的学习过程中。

（七）个别指导与一对一辅导

保育师针对性指导：保育师在幼儿进行区角活动或个体探索时，适时给予个别化的指导和支持，针对幼儿的特性和需求提供个性化指导。

幼儿早期学习活动的各种组织形式并非孤立存在，而是相互交织、灵活运用的。优秀的早期学习环境会结合上述各种形式，根据教学目标、内容和幼儿的发展需要，创设丰富多元、动静结合的学习情境，确保幼儿在快乐中学习，在游戏中成长。同时，保教人员会根据活动进展适时调整组织形式，以保持幼儿的学习兴趣和动力，实现学习活动目标。

※ **活动二** ※

请结合"幼儿早期学习活动的类型"，举例说明语言与阅读活动具体有哪些分类。

三、幼儿早期学习活动的类型

幼儿早期学习活动的类型丰富多样，旨在全方位满足幼儿在各个发展阶段的需求，促进其身心健康成长，主要的活动类型有以下几种。

（一）游戏活动

1.角色扮演游戏

通过扮演各种角色（如医生、厨师、小动物等），幼儿在模拟真实情境中学习社会规则、沟通技巧和解决问题的方法。

2.建构游戏

利用积木、拼插玩具、沙水等材料，幼儿进行创意搭建，发展空间知觉、手眼协调及问题解决能力。

3.桌面游戏

开展桌面游戏，包括棋类、拼图（图4-1-3）、配对游戏等，有助于培养幼儿的逻辑思维、专注力和规则意识。

（二）艺术与创造性活动

1.绘画与手工

提供画笔、颜料、彩泥、剪纸等材料，鼓励幼儿自由创作，发展想象力、创造力和精细动作技能。

2.音乐与舞蹈

通过唱歌、跳舞、打击乐器演奏，培养幼儿的节奏感、韵律感和身体协调性，同时促进情绪表达。

（三）语言与阅读活动

1.故事讲述与倾听

保育师或家长讲述故事，幼儿倾听并参与讨论，培养语言理解、表达和想象能力。

2.早期阅读

提供丰富的绘本资源，进行亲子共读、集体阅读，引导幼儿关注图文关系，培养前阅读和前识字技能。

3.口头语言交流

鼓励幼儿在日常生活中和同伴、成人进行对话交流，发展口语表达、倾听理解和社交能力。

（四）科学与探索活动

1.自然观察

在户外或室内设置自然角，让幼儿观察动植物生长、天气变化等，培养观察力、好奇心和对自然科学的兴趣。

2.简单实验

设计符合幼儿年龄特点的科学实验（图4-1-4），如水的沉浮、颜色混合等，引导幼儿动手操作，体验科学探究的过程。

（五）数学启蒙活动

1.数量感知

通过数数、点数、比较多少、排序等游戏，让幼儿直观感受数量关系。

图4-1-3 拼图

图4-1-4 科学实验

2.形状与空间认知

识别和匹配不同形状，进行拼图、搭建等活动，理解空间方位和图形特征。

（六）运动与健康活动

1.体育游戏

设计跑、跳、投掷、攀爬等运动游戏，增强幼儿的身体素质，提高大肌肉动作技能。

2.体能训练

如做早操、练瑜伽、跳舞等，促进身体协调性、柔韧性和平衡能力的发展。

3.健康习惯养成

教导幼儿正确的饮食、卫生、睡眠等生活习惯，培养自我保护意识。

（七）社会情感与人际交往活动

1.集体合作游戏

通过团队合作完成任务，如接力赛、合作搭建等，培养幼儿的团队合作精神和交际能力。

2.角色扮演与戏剧表演

幼儿共同策划、表演小型剧目，锻炼表达力、同理心和协作能力。

3.情绪认知与管理

通过故事、角色扮演、讨论等方式，帮助幼儿认识和表达各种情绪，学习情绪调控策略。

幼儿早期各类学习活动常常相互融合，形成综合性学习体验。例如，一次艺术活动中可能融入数学概念（如形状、对称），科学探索活动中可能包含语言描述和记录。关键在于以幼儿的兴趣为导向，创造丰富多样的学习环境，支持幼儿在各种活动中主动学习、快乐成长。

※ 活动三 ※

请根据"幼儿早期学习活动支持要领"，以小组形式展开讨论，明确保育师在幼儿早期学习活动中应是怎样的支持过程。

四、幼儿早期学习活动支持的要领

幼儿早期学习活动的有效支持要领是确保活动能够激发幼儿的学习兴趣，促进其全面发展。

（一）幼儿早期学习活动支持的职责

在幼儿早期学习活动中，保育师承担着至关重要的角色，他们的职责既包括对幼儿的直接照护，也包括对学习环境的维护与支持。

1.生活护理与健康管理

（1）日常照料：协助幼儿用餐、饮水、如厕、更衣等，确保其基本生活需求得到满足。

（2）卫生习惯培养：引导幼儿养成良好的个人卫生习惯，如洗手、刷牙、整理个人物品等。

（3）健康监测：密切关注幼儿的身体状况，发现异常及时报告并协助处理，如发热、过敏、受伤等。

（4）特殊需求照顾：对体弱、肥胖、有特殊饮食要求或医疗需求的幼儿提供科学合理的特别护理。

2.学习支持与引导

（1）活动参与：协助教师组织并参与各类学习活动，如故事讲述、游戏、艺术创作等，为幼儿提供必要的帮助。

（2）个体辅导：针对幼儿在活动中的困惑或困难，提供一对一的辅导，鼓励幼儿克服挑战，完成学习任务。

（3）语言交流：与幼儿进行富有启发性的对话，鼓励他们表达想法，发展语言表达能力。

（4）兴趣激发与维持：留意幼儿的兴趣点，适时提供相关材料或活动，激发并保持其学习兴趣。

3.环境创设与维护

（1）安全监管：确保活动区域无安全隐患，监督幼儿遵守安全规则，预防意外发生。

（2）卫生清洁：定期对活动场所、玩具、教具等进行清洁消毒，保持环境整洁卫生。

（3）材料准备：提前选择、投放、调整、分类好活动所需的各种材料，确保其适合幼儿使用且充足丰富。

（4）空间布局：根据活动内容调整活动区域布局，使之符合幼儿的身高、视线、活动需求，促进其自由探索。

4.情感支持与社会性培养

（1）情绪安抚：在幼儿情绪波动时提供安抚，帮助幼儿学会识别和调节情绪。

（2）冲突调解：在幼儿间发生冲突时介入调解，教导幼儿理解和尊重他人，学习和平解决问题。

（3）群体互动：鼓励幼儿参与集体学习活动，培养合作、分享、交流等社会交往技能。

（4）榜样示范：通过自身的行为展示关爱、尊重、公平等价值观，为幼儿树立良好榜样。

5.家园合作与沟通

（1）信息反馈：定期向家长报告幼儿在园表现、进步情况及需要注意的问题，听取家长意见和建议。

（2）家庭学习活动支持指导：向家长提供科学育儿知识和方法，协助家长在家延续幼儿园的学习活动支持理念和活动。

（3）家园活动组织：参与或协助组织家长开放日、亲子活动等，增进家园间的理解和合作。

（二）幼儿早期学习活动支持实施

保育师在幼儿早期学习活动中扮演着重要角色，他们不仅负责幼儿的基本生活照料，还积极参与到学习活动中，为幼儿提供必要的支持和引导。

1.前期准备

（1）熟悉活动计划：保育师应详细阅读并理解教师制订的活动方案，明确活动目标、内容、流程及预期幼儿学习成果。

（2）材料准备：根据活动需要，提前检查、选择、投放、调整、分类活动材料，确保数量充足、安全适用，便于幼儿操作。

（3）环境布置：协助教师调整活动区角布局，营造与活动主题相符的环境，激发幼儿的参与兴趣。

2.活动开始前

（1）卫生保健：检查幼儿的个人卫生状况，如手部清洁、衣物整洁等，确保幼儿在干净舒适的环境中开始活动。

（2）情绪安抚：关注幼儿情绪状态，如有紧张、焦虑的幼儿，予以适当安抚，帮助幼儿平稳过渡到学习状态。

3.活动进行中

（1）观察记录：密切观察幼儿在活动中的行为、言语、表情等，记录其参与程度、问题解决策略、合作交往情况等，为后续反馈与指导提供依据。

（2）适时引导：当幼儿遇到困难或偏离活动目标时，保育师应适时介入，以提问、示范、提示等方式引导幼儿思考、尝试解决问题，但避免过度干预，保证幼儿自主探索的空间。

（3）安全保障：时刻关注活动中的安全风险，如尖锐物品、高处跌落、吞咽小零件等，及时排除隐患，确保幼儿人身安全。

4.互动交流

（1）语言支持：鼓励幼儿用语言表达自己的想法、感受和疑问，保育师应耐心倾听，用清晰、简洁的语言回应，促进幼儿语言能力的发展。

（2）同伴互动：观察并促进幼儿间的互动合作，鼓励幼儿分享资源、协商解决问题，培养社会交往技能。

5.活动结束后

（1）整理收尾：协助幼儿整理活动材料，恢复活动区角原貌，培养幼儿良好的秩序感和责任感。

（2）反馈总结：与教师和其他保育师交流观察记录和心得体会，对幼儿在活动中的表现进行简短总结，为下一次活动的调整提供参考。

（3）卫生清洁：确保活动场地、用具清洁消毒，保持环境卫生。

6.家园共育

（1）信息传递：将幼儿在活动中的亮点、进步或需要家长关注的问题，及时、准确地反馈给家长，邀请家长参与幼儿的学习过程，形成学习活动支持合力。

（2）家庭学习活动支持指导：根据幼儿在活动中的表现，为家长提供针对性的家庭学习活动支持建议，如如何在家延续活动主题、如何引导幼儿解决问题等。

（三）托幼园所学习活动中的安全隐患及防范

托幼园所在组织学习活动时，应充分考虑到可能存在的安全隐患，并采取有效措施进行防范，以确保幼儿的人身安全。

1.活动材料安全

（1）隐患：尖锐物品、小零件、易碎品、有毒有害物质等可能导致幼儿划伤、吞咽、中毒等风险。

（2）防范：严格筛选活动材料，确保无尖锐边角、无小部件易脱落、无毒无害；定期检查玩具、教具，及时维修或更换破损、老旧物品；指导幼儿正确使用材料，避免误吞、误伤。

2.活动场所安全

（1）隐患：地面湿滑、高低差过大、电源插座裸露、家具摆放不合理等可能导致幼儿滑倒、摔伤、触电、撞伤等。

（2）防范：保持活动场所干燥、整洁，及时清理地面水渍、杂物；合理规划活动空间，消除高低差，避免尖锐边角；电源插座加装防护盖，电线整理有序，避免幼儿触及；家具稳固、无尖角，摆放位置考虑幼儿活动路线，避免拥堵。

3.活动过程安全

（1）隐患：活动设计过于复杂、难度过高，可能导致幼儿压力过大、挫败感强烈；活动组织混乱、缺乏监管，可能导致幼儿间冲突、意外伤害。

（2）防范：活动设计应符合幼儿年龄特点和能力水平，逐步增加难度，设置合理的挑战；活动过程中，教师和保育师需全程监控，及时引导幼儿遵守规则，调解冲突，防止危险行为发生。

4.食品卫生安全

（1）隐患：食物污染、过期变质、不当储存、喂食不当等可能导致幼儿食物中毒、消化道疾病。

（2）防范：严格执行食品安全管理制度，采购合格食材，确保新鲜、无污染；妥善储存食物，避免交叉污染、变质；严格按照餐饮操作规范制作餐点，确保熟透、卫生；合理安排进餐时间，避免过饱、过饿，指导幼儿正确进食，防止噎呛。

5.消防安全

（1）隐患：火源管理不严、消防设施失效、疏散通道不畅等可能导致火灾事故。

（2）防范：定期检查消防设施设备，确保完好有效；严禁在园内吸烟、私拉乱接电线，严格管控火源；定期组织消防演练，引导幼儿掌握基本的防火、逃生知识。

6.人员安全管理

（1）隐患：保教人员疏于职守、缺乏急救知识、应对突发事件能力不足等可能导致对幼儿的伤害或延误救助。

（2）防范：定期对保教人员进行安全教育培训，增强其安全意识和应急处理能力；配备必要的急救设备，定期检查更新，确保关键时刻能迅速投入使用；建立健全应急预案，定期组织演练，确保面对突发事件能快速、有序应对。

托幼园所做好各项防范措施，可以有效降低学习活动中的安全隐患，为幼儿提供一个安全、健康的学习生活环境。

任务实训

"比较多少"的游戏活动支持

实训视频

"'比较多少'的游戏活动支持"实训节选

实训目的

（1）通过设计有趣的互动游戏活动，自然支持幼儿学习"比较多少"的数学概念。

（2）促进幼儿数感和逻辑思维发展，增强与幼儿互动的技巧。

（3）提升创设数学游戏环境的能力，激发幼儿的学习兴趣，促进主动探究。

实训内容

学习"比较多少"相关游戏化学习支持理论和实践案例；设计围绕"比较多少"主题的趣味游戏活动，如实物比多少、图形卡片配对、数量故事演绎、计数竞赛等；按照设计方案，组织幼儿参与游戏；根据游戏实施过程中幼儿的反馈和保育师的观察记录，优化学习支持效果。

实训步骤

（1）学习数学概念发展及"比较多少"学习支持策略，准备所需的游戏材料，确保学习支持有效实施。

（2）设计适合幼儿年龄段的"比较多少"游戏活动，明确游戏规则、目标及操作流程，编写详细的活动教案。

（3）以生动有趣的方式引入比较多少的主题，引发幼儿兴趣。

（4）按计划组织幼儿进行游戏，保育师在一旁观察、指导，确保幼儿理解并积极参与。

（5）鼓励幼儿分享比较的过程和结果，引导幼儿用语言表达比较的方法和理由。

（6）在游戏过程中，根据幼儿表现，及时调整游戏节奏、难度或给予个别指导。

（7）活动结束后，与幼儿一起回顾游戏过程，总结学到的知识，强化比较多少的概念。

（8）记录实训过程，反思自身指导策略的效果，总结成功经验和待改进之处。

🎯 实训材料

实物（如不同数量的玩具动物、水果模型、积木等，用于实物数量的直观比较）、图形卡片（如印有不同数量图案的卡片，用于配对、排序或比较游戏）、故事绘本（如包含比较多少故事情节的绘本，用于故事演绎活动）、计数道具（如数字棒、筹码、计数板等，辅助幼儿进行计数和比较）、记录工具（如观察记录表、摄像设备等，用于记录幼儿活动过程和表现）。

🎯 实训评价

学生与教师共同组成评审团，按照表4-1-1的内容进行考核、打分。

表4-1-1 实训考核表

知识链接
评分标准

序号	考核维度	考核内容	配分/分	学生自评	学生互评	教师检评	得分/分
1	时间要求	在规定时间内完成实训	10				
2	质量要求	在游戏活动中保育师能应用理论知识、游戏有创新性，能与幼儿有效互动，并解决问题	15				
		幼儿在游戏中能理解"比较多少"概念并应用	15				
		游戏活动有效促进了幼儿数感和逻辑思维的发展	15				
		撰写的实训报告体现保育师对实训活动的深度反思和专业成长	15				
3	准备要求	做好实训的知识、技能、工具准备	15				
4	沟通要求	在与组长、组员、评委、指导老师等相关人员进行沟通时注重沟通技巧	15				
总分							

注：①实际得分=学生自评×10%+学生互评×20%+教师检评×70%。

②考核满分为100分，0～59分为不及格，60～69分为及格，70～84分为良好，85～100分为优秀。

💡 任务拓展

一、单选题

1.幼儿早期学习活动的目的是（   ）。

A.对幼儿个体差异的尊重和回应

B.满足每个幼儿的独特需求

C.提供个性化支持

D.为其成为一个身心健康、全面发展、具有良好品格与社会能力的个体奠定坚实基础

2.下列不属于幼儿情感支持和社会性培养措施的是（ 　　）。

A.情绪安抚　　　　　　B.冲突调解　　　　　　C.日常照料　　　　　　D.榜样示范

3.下列不属于幼儿视觉刺激工具的是（ 　　）。

A.玩具　　　　　　　　B.图画书　　　　　　　C.拼图　　　　　　　　D.教材

4.幼儿早期教育中的语言启蒙包括（ 　　）。

①亲子阅读　　　　　　②儿歌　　　　　　　　③童谣　　　　　　　　④日常对话

A.①②　　　　　　　　B.①②③　　　　　　　C.①②③④　　　　　　D.②③④

二、多选题

1.幼儿早期学习活动的内容主要包括（ 　　）。

A.感知觉发展活动　　B.语言启蒙　　　　　　C.运动能力开发　　　　D.社会情感交往

E.认知与思维训练

2.幼儿早期学习活动的组织形式主要有（ 　　）。

A.集体学习活动　　　　B.小组学习活动　　　　C.个别学习活动　　　　D.户外学习活动

E.日常生活活动　　　　F.亲子互动学习活动　　G.一对多辅导

3.下列属于建构游戏材料的是（ 　　）。

A.积木　　　　　　　　B.拼插玩具　　　　　　C.沙水　　　　　　　　D.飞行棋

4.在幼儿早期学习活动中，保育师承担着至关重要的角色，他们的职责包括（ 　　）。

A.对幼儿的直接照护　　　　　　　　　　B.对学习环境的维护支持

C.开展教学　　　　　　　　　　　　　　D.心理辅导

三、判断题

1.幼儿早期学习活动是以儿童为中心、以学习为载体、注重全面发展、强调互动合作、生活化情境化、伴随持续观察评估、充分利用环境资源的综合性学习活动实践。（ 　　）

2.保教人员或家长讲述故事，幼儿倾听并参与讨论，有助于培养语言理解、表达和想象能力。　　　　　　　　　　　　　　　　　　　　　　　　　　　　　　　（ 　　）

3.跑、跳、投掷、攀爬等运动游戏属于体能训练。　　　　　　　　　　　（ 　　）

4.保育师在托幼园所的空间布局中只需要考虑学生的身高、视线、活动需求，不需要考虑活动内容。　　　　　　　　　　　　　　　　　　　　　　　　　　　　　　（ 　　）

任务二　实施幼儿早期健康学习活动支持

任务目标

▶**知识目标**：理解幼儿早期健康学习活动支持的意义，掌握幼儿早期健康学习活动支

持的内容及要点，理解幼儿早期动作发展异常的表现。

▶ **能力目标：** 能按照前、中、后的支持实施流程支持幼儿早期健康学习活动，提供具有操作性的支持策略，能根据幼儿动作行为分析幼儿早期动作发展异常表现。

▶ **素质目标：** 树立科学的幼儿健康发展观，培养工作细致的品质。

任务准备

（1）预习本任务内容。

（2）阅读案例，完成案例下面的思考题。

　　［案例］3岁的希希入园体检时体重为17千克，是小一班的"小胖墩"。入园1个月的时间，保育师张老师关注到希希存在较为严重挑食问题，每次加菜都只加肉类。希希体重已远超同龄幼儿，导致他在户外运动时经常运动一会儿就大喘气想要休息，不愿意再继续参与活动。张老师与希希父母沟通后了解到，希希是爷爷奶奶带大的，对他比较溺爱，娇生惯养，只要希希想吃的食物都尽可能满足他，导致他对可乐、鸡翅、薯条等高热量的食物很偏爱，每到周末爷爷奶奶就会带希希去大饱口福。保育师张老师深知挑食对希希未来健康成长的潜在危害，决定与家长合作共同采取一系列策略帮助希希改变"挑食"的不良习惯。

　　［思考］如果你是保育师张老师，你会使用哪些方法改变希希"挑食"的问题？

任务支撑

※ 活动一 ※

请结合"幼儿早期健康学习活动支持的内涵""幼儿早期健康学习活动支持的内容及要点"，思考保育师如何实施幼儿早期健康学习支持活动。

一、幼儿早期健康学习活动支持的内涵

《幼儿园教育指导纲要（试行）》明确提出：幼儿园工作的第一位应是儿童的生命与健康。在《3~6岁儿童学习与发展指南》中将"健康"放在五大领域首位，凸显了幼儿健康教育的重要地位。健康包含身体健康和心理健康的内容。身体健康与心理健康之间是密切关联、相互影响的。健康是幼儿全面发展的基石，健康学习活动是促进幼儿身心健康发展的有效途径，通过健康学习活动，培养幼儿良好的身体姿态，促进幼儿积极情绪的产生，培养幼儿良好的运动习惯，锻炼其生活自理能力，为今后的健康成长奠定坚实基础。

幼儿早期健康学习是一个全社会共同努力的过程，需要幼儿园、家庭和社会多方协作，为幼儿提供一个有利于其全面健康成长的学习支持环境。

（一）幼儿早期健康学习

幼儿早期健康学习是全面发展其生理和心理素质的基础，涉及生活习惯养成、运动与体质提升、营养与健康饮食等多个方面的内容。在生活习惯养成方面，引导幼儿养成良好的个人卫生习惯，包括洗手、刷牙、清洁身体和合理饮食，这些基本行为有助于预防疾病的发生。运动与体质提升则通过户外学习活动和体育游戏实现，培养幼儿的协调能力和团队精神。同时，通过引导幼儿识别食物类别和选择健康饮食，保障幼儿获得全面均衡的营养。

心理健康学习是幼儿早期健康学习的核心内容，着重于情绪管理、社交技能和自尊自信的培养。保育师帮助幼儿认识并表达不同情绪，学会处理负面情绪；通过集体学习活动和角色扮演锻炼其沟通交流能力，培养分享、合作和冲突解决的技巧。同时，通过对幼儿的正面激励和鼓励，树立幼儿的自信心和自尊心，促进其个性和社会适应能力的发展。

安全学习和健康意识培养是幼儿早期健康学习不可或缺的部分。在日常生活安全方面，幼儿应学习基本的交通安全、防火防电、防溺水等知识，以及面对紧急情况的自救技能，以增强环境适应能力和生存防护能力。在健康意识培养方面，通过健康行为启蒙，让幼儿认识到定时作息、充足睡眠等健康生活方式的重要性，并传授简单易懂的疾病预防知识，如接种疫苗、勤洗手等，使幼儿从小就懂得维护健康的必要性。另外，在适宜的年龄阶段，还要适度进行性学习启蒙，帮助幼儿形成正确的性别认知和生理卫生观念。

（二）幼儿早期健康学习活动支持的重要性

保育师在幼儿早期健康学习活动中的支持能起到保驾护航的作用，是幼儿健康学习和全面发展的重要推手。专业的保育工作，不仅能保障幼儿的生理健康，更能关注其心理需求和社会适应性，为幼儿未来的健康发展奠定了坚实的基础。

1.促进幼儿生理健康

（1）卫生保健：保育师通过精心细致的日常生活照顾，帮助幼儿养成良好的个人卫生习惯，如洗手、漱口、换洗衣物等，预防疾病传播，确保幼儿身体健康。

（2）营养管理：保育师需确保幼儿饮食的科学搭配和合理供应，监督和指导幼儿养成健康饮食的习惯，以满足其生长发育所需营养。

2.支持幼儿体能发展

（1）体育活动组织：保育师会设计和实施适合幼儿年龄特点的体育活动，如投掷、跳跃、奔跑等，帮助幼儿增强体质、协调动作，通过运动游戏提升幼儿的身体素质。

（2）安全监护：在幼儿进行各项活动时，保育师时刻关注幼儿的安全，预防意外事故的发生，教会幼儿基本的安全知识和自救技能。

3.培育幼儿健康心理

（1）情绪疏导与调节：保育师及时关注幼儿的情绪变化，用温和、耐心的态度引导幼儿正确表达情感，帮助幼儿学会处理和缓解负面情绪。

（2）社交技能培养：通过组织合作游戏、角色扮演等活动，保育师鼓励幼儿之间的互动交流，培养幼儿的分享、合作和解决冲突的能力，促进其社会适应力。

4.养成幼儿健康行为

（1）生活自理能力训练：保育师会逐步培养幼儿独立穿衣、吃饭、如厕等自理能力，帮助幼儿建立健康的生活习惯。

（2）开展自我保护学习：在日常生活中渗透健康行为学习，如定时作息、个人卫生等，使幼儿从小养成良好的生活习惯。

5.融合早期教育

保育师与教师合作，将健康学习融入各类教育教学活动中，如在游戏、故事、手工制作等环节中植入健康知识，让幼儿在玩中学、做中学，潜移默化地培养健康意识和行为习惯。

可见，幼儿早期健康学习活动支持的意义深远且广泛，对幼儿的终身发展、身体素质、心理健康、动作发展、生活自理能力有着举足轻重的作用。保育师应该高度重视幼儿早期健康学习活动支持工作，为幼儿的健康成长提供有力的保障。

二、幼儿早期健康学习活动支持的内容及要点

保育师是幼儿早期健康学习活动的重要支持者，从健康环境创设等多个维度，全方位支持幼儿身心健康发展，为幼儿未来的生活和学习打下坚实的基础。

（一）提供安全、健康、舒适的生活和学习环境

1.内容

《保育师国家职业技能标准（2021年版）》中提及的第一项职业功能为"环境创设"。保育师要保障幼儿健康成长，营造安全、健康、舒适的物理环境和心理环境是第一要务。

2.要点

（1）室内环境的清洁与消毒：保育师需严格遵守卫生消毒制度，对幼儿每天频繁活动的教室、卫生间、睡眠室等活动室，以及接触的物品、玩具等进行消毒，如幼儿学习和生活的桌面每次都需采取"清消清"的三步法进行清洁（图4-2-1），睡眠室，保育师检查幼儿床铺（图4-2-2），在清洁后使用紫外线光灯进行杀菌，防止病菌滋生。

图4-2-1　保育师采取"清消清"清洁桌面　　图4-2-2　保育师检查幼儿床铺

（2）心理环境营造：安全感是心理环境的基础。保育师应为幼儿提供一个安全、可靠的环境，让他们感受到被保护和关爱。此外，保育师应像朋友一样与幼儿交流，尊重幼儿的想法，理解幼儿的行为，关注幼儿的需要，建立互信关系是营造心理环境的重

要环节。

（3）自然环境营造：保育师要关注室内外的空气质量、光线和温湿度等要素，保证每日开窗通风的次数和时间，确保室内空气新鲜，光线明亮。尽可能创设符合幼儿的生理和心理需求的自然环境。

（二）关注幼儿情绪健康

1.内容

保育师关注幼儿的情绪变化，引导幼儿表达情感，认识自己的情绪，培养良好的情绪管理和社交技巧。例如，当幼儿之间产生冲突时，保育师可以观察幼儿的情绪状态，引导幼儿用语言表达情绪，学会交往技能，掌握情绪调控策略。

微课

关注幼儿情
绪健康

2.要点

（1）情绪识别与表达：保育师了解幼儿情绪发展变化的趋势，能识别幼儿的情绪状态，引导幼儿通过语言和非语言的方式表达情绪，如绘画游戏（图4-2-3）、讲故事、玩沙盘游戏等。

（2）冲突解决与辅导：幼儿之间发生矛盾时，保育师需引导幼儿思考如何解决冲突，使用转移法、冷却法、消退法等情绪控制策略缓解消极情绪，可通过绘本、手偶、心理剧等方式教授幼儿分享、协商、轮流、合作等同伴交往策略。保育师为幼儿表演情绪情景剧（图4-2-4），帮助他们建立和谐的同伴关系。

图4-2-3　幼儿绘画游戏

图4-2-4　保育师为幼儿表演情绪情景剧

（3）教授情绪调节方法：在生活中，保育师要有意识引导幼儿学会适当调节情绪的技巧，教授幼儿在面对消极情绪时学会采用反思法、自我说服法、运动调节、认知重构、音乐或呼吸调节等情绪调控策略，消除消极情绪，培养积极情绪。

（三）指导和监督动作技能学习

1.内容

保育师的照护工作包括促进幼儿动作发展，为幼儿大肌肉动作和精细动作提供发展机会，在幼儿运动过程中给予幼儿适当的指导和监督，确保健康活动顺利开展，并避免意外伤害。

2.要点

（1）户外游戏活动设计：保育师根据幼儿年龄和个体差异设计户外游戏活动，可设计丰富多样的涉及基本动作技能的体育活动，还可借助器械丰富活动场景、动作技能姿势

等，确保游戏活动丰富有趣，在保障安全的基础上极大地激发幼儿参与活动的兴趣。

（2）安全排查与保障：在户外学习活动前，保育师务必检查活动场地和器材（图4-2-5），消除安全隐患，防止物理环境为幼儿带来运动伤害。还需全程监控幼儿的活动过程，及时预判和处理突发事件，全方位保障其安全。

图4-2-5　保育师检查户外场地

（3）动作技能示范与指导：对于较难、较复杂的动作技能，保育师应示范正确的动作姿势和动作实施技巧，分解动作步骤，并给予幼儿足够的练习时间，指导其熟练掌握动作技能，如保育师指导幼儿双脚跳（图4-2-6）。

（4）观察与评估：在幼儿运动活动中，保育师持续关注幼儿的动作协调性、灵活性、身体的控制力与体能，及时为其调整动作难度和强度，如保育师为幼儿调整钻的动作难度（图4-2-7）。

图4-2-6　保育师指导幼儿双脚跳

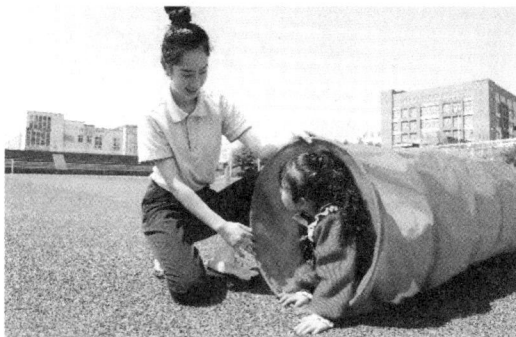

图4-2-7　保育师为幼儿调整钻的动作难度

（四）培养生活习惯和生活能力

1.内容

培养幼儿良好的生活习惯和生活能力是我国幼儿园健康学习活动支持的重要内容。保育师将生活自理的各维度内容（如洗手、漱口、进餐、如厕、喝水、穿脱衣、整理物品）融入一日生活中，引导幼儿自主探索和尝试，如保育师示范七步洗手法（图4-2-8）。

2.要点

（1）提供方法指导：保育师要根据幼儿不同的生活自理水平使用多种指导方法帮助幼儿提高生活自理能力。根据幼儿的认知特点，提供的方法要具体、易操作，如示范法、练习法、动作分解法、标识指示法等。保育师使用的饮水标识，如图4-2-9所示。

1、取杯子

2、排队取水

3、指定区域喝水

4、放杯子

太少啦

太多啦

刚刚好

图4-2-8　保育师示范七步洗手法　　　　图4-2-9　保育师使用的饮水标识

（2）家园共育：保育师与家长密切合作，共同促进幼儿生活习惯和生活能力的发展。利用家长会、定期家访、电话沟通、家长群等方式与家长交流幼儿在家和在园的生活自理能力，分享学习活动支持经验和策略，并鼓励家长在日常生活中继续贯彻和强化良好的生活习惯。

（3）提供实践机会：保育师注重给予幼儿充分的实践机会，鼓励幼儿自己动手完成一些简单的任务，如穿脱衣服（图4-2-10）、整理书包、摆放餐具、整理书架等，让幼儿体验自助服务带来的成就感。

图4-2-10　保育师指导小班幼儿脱衣午睡

（4）游戏强化生活技能：游戏是培养幼儿健康学习活动的重要途径。保育师根据幼儿的年龄特征设计丰富多彩的生活类角色游戏，如"菜鸟驿站""我是小小理发师""娃娃家"等，让幼儿将生活中感知到的直接生活经验在角色游戏中练习与巩固。

🔔 知识链接

不同发展水平幼儿的生活自理能力保育教育支持鹰架原则（表4-2-1）

表4-2-1　不同发展水平幼儿的生活自理能力保育教育支持鹰架原则

教育支持策略等级水平	初级水平幼儿	中级水平幼儿	高级水平幼儿
支持学前儿童现有水平的策略	①帮助幼儿完成生活自理； ②在帮助的过程中，描述个人自理。例如，我会帮助你穿鞋子，将你的脚放在里面，然后往下推，就穿进去了	①必要时表扬幼儿自己做到或者帮助其他人生活自理； ②当幼儿泄气时给予手势、提供帮助或暗示	①表扬幼儿在个人生活自理上的努力和成果； ②当幼儿帮助别人进行生活自理时，应给予表扬
提供温和延伸的策略	①只做生活自理行为的一部分，然后鼓励幼儿接下去完成（例如，开始拉拉链，然后鼓励幼儿接着拉起来）； ②召集幼儿关注其他幼儿在这里的生活行为（例如，我发现明明在自己戴帽子）	①当幼儿需要帮助时，提供他们如何进行生活自理的建议（例如，有时候如果我摆动我的手指，它们更容易滑进去）； ②把某个幼儿推荐给同伴寻求帮助（例如，看看明明是否可以向你展示他是如何关门的）	①提供挑战（例如，是否有其他方法给娃娃穿这件衬衣）； ②询问幼儿能否帮助同伴进行生活自理（例如，你是否能够向明明展示如何从肥皂分发器中取肥皂）

（五）食育引导与营养指导

1.内容

保育师在支持幼儿食育引导与营养指导的工作中，扮演着至关重要的角色。不仅需要确保幼儿获得充足的营养，还需要通过食育引导，帮助幼儿养成良好的饮食习惯和饮食文化意识。

2.要点

（1）创设良好的进餐环境：在进餐前，保育师可组织有序的餐前活动，如如厕、洗手等，保障幼儿的清洁和卫生。同时，努力营造一种宽松、温馨的进餐氛围，让幼儿在愉快的情绪中进餐，如播放轻音乐，还可用生动形象有趣的语言介绍饭菜营养，激发幼儿的进餐欲望。

（2）食育引导：保育师应通过日常引导，帮助幼儿养成良好的饮食习惯，如不挑食、不偏食、不贪食，以及按时进餐、细嚼慢咽等，还可设计"餐前食物播报员"等活动，让幼儿自主介绍当日食物，如图4-2-11所示。此外，引导幼儿学会如何正确使用餐具，学习进食各种食物的技能，了解食物对身体的重要性。为拓宽幼儿视野，保育师还可介绍不同国家和地区的饮食文化和风俗习惯。

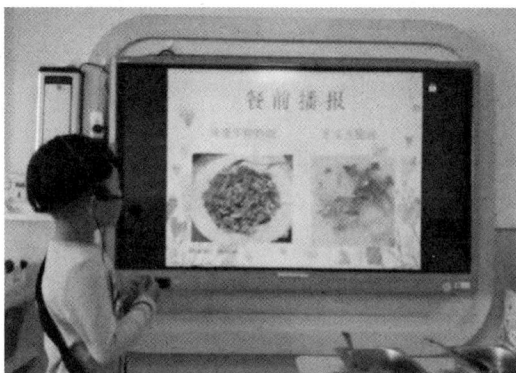

图4-2-11 幼儿进行餐前播报

知识链接

保育师搭配一周带量食谱

（3）营养指导：保育师应根据幼儿的年龄和生长发育需求，为幼儿提供均衡的营养餐，注意食物搭配，保障幼儿不同的营养需求。科学的营养餐应包括碳水化合物、蛋白质、脂肪、维生素和矿物质等各类营养物质，鼓励幼儿尝试各种食物，尤其是蔬菜、水果等富含维生素和矿物质的食物，要注意幼儿食物过敏和不耐受的问题。

（4）关注个体差异

保育师应关注生病、有食物过敏史或少数民族幼儿的进餐需求，为他们提供适当的营养搭配和食物选择。同时，对于个别不会咀嚼、吞咽有困难的幼儿，保育师应提供个性化的指导和帮助，确保他们能够安全、愉快地进餐。

（六）安全教育与自我保护

1.内容

安全教育是保障幼儿健康发展的重要工作。保育师本着保育和教育并重的原则，把安全教育渗透到幼儿一日生活的各个环节，让幼儿把所有的安全知识，体现在他们的活动言行中，学会简单的自我保护技能，避开或减少危险的发生。

2.要点

（1）培养安全意识：保育师在日常生活中要遵守安全规则，以身作则为幼儿安全学习树立正面的榜样。在每次活动前要强调安全规则，培养幼儿自我保护意识。教导幼儿识别身边可能存在的危险源及安全标识（图4-2-12），如尖锐物品、电器、热水等，并教会他们规避安全隐患的方法。

（2）情景模拟与演练：幼儿园应定期组织开展安全演练。保育师可在演练活动中教授幼儿逃生常识。引导幼儿积极参与应急疏散演练，如幼儿消防安全演练（图4-2-13），幼儿在情景模拟中学会应对策略，掌握自我保护技巧，识别逃生通道，学会正确发出求救信号等，也可在其中认识各种安全标识，如安全通道、危险物品等的标识。幼儿消防安全演练，如图4-2-13所示。

紧急出口	禁止打闹	小心触电	禁止烟火	注意安全
禁止攀爬	当心滑倒	禁止饮用	红绿灯	安全楼梯
急救电话120		报警电话110		火警电话119

图4-2-12　常见安全标识

知识链接

幼儿早期健康学习的内容目标

图4-2-13　幼儿消防安全演练

（3）加强日常监督：保育师需定期检查幼儿活动场所安全，确保没有安全隐患。在幼儿活动中，保育师应密切监督幼儿的行为，及时制止幼儿的危险行为，如上、下楼梯推挤，打闹等。

※ 活动二 ※

请根据"幼儿早期健康学习活动支持实施流程"，举例说明保育师在幼儿健康学习活动支持实施过程中具体应该怎么做。

三、幼儿早期健康学习活动支持实施流程

（一）幼儿早期健康学习活动前的支持准备工作

保育师全方位地为幼儿健康学习活动做好前期准备，确保活动顺利进行，保障幼儿在安全、舒适、有序的环境中进行有效的学习。

1.环境准备

（1）开窗通风：保育师到教室后的首要工作就是开窗通风，确保室内空气新鲜与流

通，防止细菌滋生，尤其在病毒、细菌容易滋生的春秋季，避免幼儿在密闭空间中被细菌或病毒感染。在冬季也需选择适当的时机通风。

知识链接

消毒剂的类型和使用注意事项

（2）清洁消毒：保育师需严格按照清洁标准，运用对应的消毒物品和消毒方法对活动室、教具、玩具等进行彻底清洁与消毒，确保无尘、无污染，符合卫生标准。例如，书籍采用日晒的方式，餐桌椅子使用84消毒剂采取"清消清"的方式。

（3）安全检查：对教室内的桌椅、玩具、电器等设备进行安全检查，确保无尖锐边角、无松动脱落等现象。对可能存在的安全隐患进行及时整改，确保幼儿在学习过程中的安全，如发现地面有积水或细小颗粒，要及时清除。

（4）环境准备：根据健康学习活动的主题，适当布置活动室，如张贴相关的挂图、海报，摆放相关实物模型，以激发幼儿的兴趣和好奇心。

2.教材与教具准备

（1）教材分发：根据教学活动计划，若需用到幼儿教材或活动手册，保育师可提前发放到每位幼儿的位置上，方便活动后直接使用。

（2）教具准备：在活动开始前，保育师应与教师沟通，全面了解并熟悉活动方案，提前投放好所需的教学材料，确保数量充足、安全、完好无损，每位幼儿能正常使用。

（3）提前投放生活用物：无论是户外学习活动还是室内活动，保育师都需投放物料筐，用于装纸巾、幼儿汗巾、夏季驱蚊水、应急消毒喷雾，同时在活动场地选择好存放幼儿衣物及水杯的位置。将班级的饮水桶清洁并消毒，存放温度符合季节需求的白开水供幼儿饮用。

（4）特殊资源配备：个别游戏活动可能会使用特殊学习活动支持资源，保育师需提前和教师沟通需要用到的多媒体设备、实验材料等，提前调试并放置于合适位置，确保活动期间正常使用。

3.幼儿准备

（1）解决生理需求：在正式活动前，保育师要组织幼儿有序地完成盥洗、如厕、饮水等生活活动，尽可能避免活动过程中因生理需求分散注意力，影响正常教学秩序。

（2）了解幼儿情况：提前了解幼儿的年龄、性格、兴趣爱好等基本情况，深入分析学情，根据维果斯基的"最近发展区"理论制订个性化的学习支持计划和指导策略。

（3）调节幼儿情绪：在健康学习开始前，引导幼儿进行简单的热身活动或放松练习，帮助他们调节情绪、集中注意力，为接下来的学习做好准备。

（4）着装准备：保育师根据一周健康活动计划提前告知家长为幼儿准备透气性好、纯棉能吸汗、宽松合体的运动装和轻便的鞋子。同时，提前关注天气情况，室内外温度变化，准备增减的衣物。活动前检查每位幼儿的鞋带松紧情况。

4.保育师自身准备

（1）了解健康学习活动方案：在活动开始前，保育师应与教师沟通，全面了解并熟悉活动方案的目标、重难点、活动方法、活动准备、活动过程，为健康学习活动做好辅助准备，促使其更加完备地实施整个过程。

（2）急救知识准备：保育师需掌握基本的急救技术，在幼儿突发意外时能快速、正确地实施紧急处理。

（二）幼儿早期健康学习活动时的支持流程

保育师在幼儿健康学习活动进行时扮演着诸多角色：幼儿活动的支持者、安全的保护者、行为的引导者、过程的观察者。保育师既要顺利辅助教师完成健康学习活动，又要全方位关注幼儿的需要、情绪及状态，为他们的活动保驾护航。

1.活动引入与规则引导

（1）辅助活动引入：在活动引入阶段，保育师可以协助教师激发幼儿的兴趣和好奇心。例如，通过生动的语言描述、有趣的动作示范或利用实物、图片、视频等直观材料，吸引幼儿的注意力，使他们对活动产生浓厚的兴趣和期待。

（2）强调活动规则：保育师应清晰向幼儿阐述活动规则，详细解释活动中的安全要求和活动规范，确保每个幼儿都能理解并记住，对复杂或难以理解的规则借助辅助材料进行说明，帮助幼儿更好地理解与遵守。

2.全面观察与个别指导

（1）全方位观察与评估：保育师要密切观察幼儿在学习活动中的表现，包括他们的注意力集中程度、参与活动的积极性以及学习任务的完成情况等。通过观察和评估，保育师能够了解幼儿的学习节奏和成效，及时反馈并提供进一步的学习支持。

（2）因材施教，指导个别幼儿：幼儿的发展存在个体差异性，保育师要对内敛、胆小、退缩的幼儿给予鼓励与积极引导；对好动、活动量过大的幼儿提醒其注意休息；对不积极探索的幼儿应引导其尝试不同的挑战；对于体弱的幼儿要循序渐进延长其活动的时间，通过因材施教助力幼儿全面发展。

3.安全监控与保护

（1）安全监控：保育师需持续关注活动环境、教具、大型器械等幼儿接触物品的安全性，预判潜在危险，及时清理危险物品，确保幼儿活动范围无安全隐患。

（2）危险行为干预：在活动进行过程中，保育师应适时提醒和纠正幼儿的违规行为，并引导他们改正错误。对于经常违规的幼儿，保育师可以进行个别谈话，了解他们的想法和需求，帮助他们理解并遵守规则。

4.培养卫生与学习习惯

（1）卫生习惯养成：在活动中保育师应教会幼儿基本的个人卫生知识，引导幼儿养成自觉维护个人卫生的习惯，如进餐过程中嘴角污物应用纸巾、毛巾擦拭，而不是顺手使用衣袖擦拭。引导幼儿自觉树立环保意识，自觉参与环境卫生维护，如活动时产生的垃圾要扔进垃圾桶，不玩的玩具要放回原位等。

（2）学习习惯养成：保育师有责任引导幼儿在学习时保持良好的坐姿、站姿、走姿等，养成良好的身体姿态。可通过设计有趣的学习活动，巧设提问，吸引幼儿的注意力，激发好奇心和求知欲。同时，要引导幼儿养成在学习时保持安静、不随意打断他人等良好习惯。

5.调控学习节奏

（1）适时调整学习内容：如果幼儿在学习活动中表现出过于紧张或疲劳的状态，保育师可以适当调整学习内容，降低学习难度或增加一些轻松有趣的活动，以缓解幼儿的压力，帮助他们恢复良好的学习状态。

（2）合理安排活动时间：保育师要根据幼儿的年龄特点和兴趣爱好，合理安排学习活动的时长和间隔，避免长时间进行高强度的学习活动，导致幼儿过度疲劳或丧失兴趣。在活动间隔中，保育师可组织一些放松身心的活动，如听音乐、唱歌、手指游戏等，以帮助幼儿调整学习节奏。

6.情绪监控与支持

（1）情绪识别：在幼儿的学习活动中，保育师要时刻保持警觉，仔细观察幼儿情绪变化。通过幼儿的面部表情、体势表情和言语表情等情绪的外显行为，及时发现幼儿的情绪变化，如焦虑、不安、兴奋或失落等。

（2）情绪疏导：一旦观察到幼儿的情绪问题，保育师应立即给予其必要的情绪支持，包括使用温和的语言安抚幼儿，亲密接触传递温暖和安全感，如拥抱，抚摸头部、背部等身体接触方式缓解幼儿的焦虑情绪，还可以引导幼儿使用正确的情绪表达方式。

7.学情记录与评价

（1）详细记录学习过程：保育师要关注幼儿在活动中的表现和反应，观察并以拍照、录像等方式记录幼儿的行为、表情和言语等，了解幼儿对活动的接受程度、参与情况、学习态度及技能掌握情况，及时为教师提供反馈和建议，帮助教师调整活动策略，使活动更加符合幼儿的需求和兴趣。

（2）定期评价与反馈：保育师应定期对幼儿的健康学习情况进行评价，对幼儿学习成果、进步和存在的问题进行客观分析。同时，还需及时向家长和教师反馈评价结果，以便共同商讨改进措施，促进幼儿的全面发展。

8.应急处理

（1）判断情况：当幼儿在健康学习活动中出现突发状况（如意外伤害、突发疾病或情绪失控等情况）时，保育师要迅速做出反应，并准确判断问题的性质和严重程度。

（2）紧急救助：根据情况的性质，保育师要采取相应的紧急措施。例如，对于意外伤害，保育师应立即进行简单的急救处理，如止血、包扎等，并尽快将幼儿送往医院。对于突发疾病，保育师应根据幼儿的症状和病史，采取相应的急救措施，并及时通知家长和医生。对于情绪失控的幼儿，保育师需要耐心安抚，帮助幼儿恢复平静。

（3）保持冷静并安抚幼儿情绪：在应急处理过程中，保育师要保持冷静，不惊慌失措。同时，还需要通过有效的方式稳定幼儿情绪，如使用温和的语言安抚、给予拥抱等身体接触，以减轻幼儿的恐惧和不安。

（4）联系家长并送医：在处理好紧急情况后，保育师需立即通知家长，并向其详细说明幼儿的情况和处理措施。同时，若幼儿情况较为严重，保育师还需送医，确保幼儿能够得到及时有效的救治。

（三）幼儿早期健康学习活动后的支持流程

1.活动总结与分析

（1）全面总结活动内容与效果：保育师需详细回顾活动过程中幼儿的表现，并评估活动是否达到预期活动目标。通过总结活动内容与效果，保育师可以更好地了解幼儿的学习需求、兴趣点，以及下一阶段的能力水平，为今后的活动设计提供参考。

（2）分析活动中的亮点与不足：保育师要客观地分析活动中较好的地方以及存在的

问题和不足。例如，总结活动中有效的导入方法、幼儿表现的积极态度等亮点，同时也要关注可能存在的安全隐患、幼儿参与度不高等问题。通过分析亮点与不足进一步优化活动设计，提升活动质量。

（3）朋辈分享经验与心得：保育师可以与其他同事分享在活动中的经验和心得，共同探讨如何改进和提升学习活动支持质量。通过团队的合作与交流，相互学习、相互支持，共同促进幼儿的健康成长。

2.材料收纳与整理

（1）制定收纳与整理规则：保育师应与幼儿共同商定并明确收纳与整理的规则，如材料摆放的位置、归位要求、归位标识等，这些规则应简单明了，易于幼儿理解和执行。例如，提醒幼儿"哪里拿的放回哪里去"，提高其自律性和秩序感。

（2）引导幼儿参与材料归整：保育师应鼓励幼儿参与活动后材料收纳与整理的工作，既减轻保育师的工作负担，还能让幼儿在实践中学习如何分类、收纳和整理材料。让他们意识到保持环境整洁的重要性，培养幼儿的责任感和独立性。

（3）检查材料完整性：在收纳与整理过程中，保育师应仔细检查材料的完整性、数量，确保没有损坏或遗失。对于损坏的材料，应及时进行修复或替换；对数量不对的材料要调查去向，确保不会被幼儿误食。

3.身心调整与休息

（1）创设舒适的休息环境：保育师应为幼儿提供一个安静、舒适、温馨的休息环境。例如，休息场所的整洁和卫生，调整适宜的温度和光线，以及提供柔软的坐垫等，帮助幼儿快速进入休息状态。夏天活动后要为幼儿提供阴凉处休息，避免中暑。

（2）组织放松活动：为了帮助幼儿更好地放松身心，保育师可以组织一些轻松愉快的放松活动，如播放舒缓的音乐、进行简单的伸展运动、阅读故事书、做手指游戏等（图4-2-14），帮助幼儿充分放松。

（3）及时补充水分：幼儿经过一段时间的学习活动后，引导幼儿适当饮水，补充活动期间流失的水分（图4-2-15），防止脱水。

图4-2-14　保育师带领幼儿运动后休息整理

图4-2-15　保育师关注幼儿运动与饮水情况

（4）身体照顾：在幼儿休整时，保育师要及时为幼儿擦干汗水、垫上隔汗巾（图4-2-16），为出汗量大的幼儿更换衣物，或用吹风机吹干头发防止着凉或热伤风。

4.家园沟通与反馈

（1）及时反馈幼儿表现：保育师要向家长详细描述幼儿在活动中的参与度、表现情况及取得的进步和成就，让家长全面了解他们在园的学习状态。同时，也要客观地指出其存在的问题和不足，以便家长能够有针对性地配合幼儿园的学习活动支持工作。

（2）倾听家长意见与建议：家长是幼儿成长的重要伙伴，他们对幼儿的学习活动支持和发展有着独特的见解。保育师要耐心倾听家长对活动的看法和感受，了解其对幼儿园学习活动支持工作的期望和需求，不断优化学习活动支持策略和活动设计。

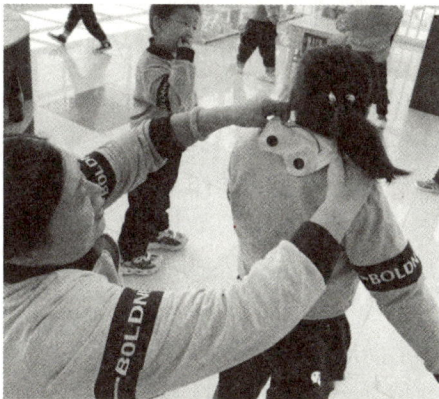

图4-2-16 保育师为幼儿垫汗巾

（3）共同促进幼儿成长：保育师应与家长就幼儿在健康学习活动中表现出的特点、兴趣以及需要改进的地方进行深入交流，共同探讨如何更好地促进幼儿的健康成长。通过家园合作，形成学习活动支持合力，为幼儿提供更加全面、个性化的学习活动支持。

※ 活动三 ※

请结合"幼儿早期动作发展异常的表现"，分析下面的案例，完成思考题。

希希是一个三岁的小男孩，刚入园的时候，老师教小朋友用手撕纸条并粘贴在对应位置，希希手忙脚乱，难以控制纸条的方向，总是撕不成直线纸条。玩拼图游戏时，他也难以将小块拼图准确地放入对应的位置。日常生活中，希希进餐时三指握勺子的动作也显得笨拙，常常把勺子掉在地上。老师观察发现希希可能存在动作发展异常的问题。

思考：请问希希的动作发展出现什么异常？可以采用什么方法进行干预？

四、幼儿早期动作发展异常的表现

幼儿早期动作发展的异常表现可能是由神经系统疾病、肌肉骨骼问题、营养不良、发育障碍等多种因素引起。常见的动作发展异常表现主要有：肌肉张力不足或过度、粗大动作和精细动作发展滞后、动作控制性失调、动作协调性缺陷、反应性与自发性运动异常。

在日常生活中保育师要密切关注幼儿早期动作发展异常表现，通过与家长联合制订个性化的训练计划、开展亲子互动等方式，帮助幼儿提高动作发展水平。若观察到幼儿存在以下任何一种或多种表现，应及时告知家长咨询专业医生，进行详细评估和必要的医疗干预，以促进幼儿动作正常发育。

（一）肌肉张力不足或过度

1.肌肉张力不足

肌肉张力不足是指肌肉在静止或放松状态下缺乏应有的紧张度和弹性，呈现出一种松弛无力状态。幼儿肢体变得异常柔软，关节过度松弛，无法支撑基本动作，如四肢瘫软、颈部不能直立等。

2.肌肉张力过度

肌肉张力过度是肌肉在放松或静止状态下呈现出过高的紧张度和僵硬感。幼儿肢体表现出紧张和僵硬，活动受限，抱起时身体紧绷，如在尝试跳跃时肌肉保持紧张状态，无法快速伸缩完成连续跳跃动作。

（二）粗大动作发展滞后

正常情况下，婴儿在3～4个月时应能抬头稳定，6个月左右能独立坐立，8～10个月开始爬行，1岁左右开始独立行走。如果这些关键动作明显推迟，如5～6个月还不能翻身，1岁半还不能独立坐立或爬行，或者行走时走姿异常（如鸭步、剪刀步等），可能是大运动能力发展异常的表现。

（三）精细动作发展滞后

手是幼儿探索世界的工具，也是幼儿精细动作发展的主要部位。正常幼儿在6个月左右开始尝试抓握玩具，9～10个月能用拇指与其他手指对捏小物品。如果幼儿到了相应年龄，还无法准确抓握或捏取物品，或者抓握力度过弱或过强，手指灵活性差，可能存在精细动作发展异常问题。

（四）动作控制性失调

动作控制性失调是个体在执行动作时，不能有效地监控、调节和修正动作过程，确保动作按照预定的目标和要求准确、流畅地完成。在实施基本动作姿势时幼儿难以保持某个动作的静止状态，如在走、跑、跳时幼儿总是向一侧倾斜，姿态摇晃不稳，严重的甚至会出现脊柱弯曲。

（五）动作协调性缺陷

动作协调性缺陷是指幼儿在运动或执行动作时，其身体各部分之间的配合和协同工作能力不足，导致动作表现笨拙、不流畅或无法准确完成预期动作。例如，幼儿走路时手臂摇摆与走姿不协调，可能出现同手同脚的情况。

（六）反应性与自发性运动异常

1.反应性运动异常

幼儿对外部刺激或环境变化表现出过度敏感、不足或刺激不相称的运动反应。幼儿会频繁出现惊跳反射，以及丰富的面部表情，如挤眉弄眼、张口、伸舌等，或者出现抓耳朵、打头、频繁摇头等行为。

2.自发性运动异常

幼儿身体骨骼肌的某一部分、某一块肌肉或某些肌群出现不自主收缩，导致运动不受主观意识的控制。幼儿会表现出肢体抖动、抽搐、痉挛，或者重复无意义的动作。

实训视频

"小班幼儿滚球动作练习"实训节选

任务实训

小班幼儿滚球动作练习

实训目的

（1）掌握双手滚球的动作要领，包括直线滚球、胯下运球、绕障碍物运球和控球的正确姿势。

（2）科学合理地组织小班幼儿的体育活动，包括热身准备、动作技能训练、分组竞赛等各环节，确保活动安全、有序、高效。

（3）促进幼儿动作技能发展，提升其身体的协调能力。

◎ 实训内容

保育师的首要任务是设计并实施适合幼儿小班年龄特点的滚球活动方案，包括热身准备、动作技能训练、趣味比赛、放松整理等。在适合体育活动的场地将小班幼儿分为3~4个小组，学习和掌握蹲下直线滚球、弯腰胯下运球、绕障碍物运球的标准动作。在幼儿参与活动的过程中，必须强调安全教育，明确指出活动中潜在的安全隐患，并制订相应的防范措施。同时，要确保幼儿掌握基本的应急处理知识。

◎ 实训步骤

（1）选择符合安全标准的小皮球，并安排一个安全且平整的场地及相关设施。

（2）制订一个全面的活动计划，其中涵盖热身环节、部分运球动作的练习以及游戏竞赛环节。

（3）在活动开始前进行热身活动，比如关节活动、抱球跑跳、转身练习、弯腰两手运球以及并脚绕身运球等。

（4）游戏活动一命名为"红路灯"滚球游戏。幼儿采取下蹲姿势，将小皮球置于脚前并双手抱住，根据"红路灯"的信号指示来控制滚球的开始与停止。在整个游戏过程中，幼儿需保持身体平衡，稳定地控制并滚动皮球。

（5）游戏活动二命名为"滚球接力大作战"。幼儿分组排队站立，双脚分开与肩同宽，膝盖微弯以降低身体重心，将球置于两腿间，双手持球弯腰向后传给同伴，同伴接球后继续以相同姿势完成胯下传球游戏。

（6）游戏活动三命名为"障碍滚球赛"，将运球的基本动作技能融入游戏中。幼儿需直线滚球通过平衡模板，绕桩滚球穿过标志桶，站在圈内投球入门洞，最后抱球跑回起点交给下一位伙伴继续。

（7）在活动中密切观察每位幼儿的动作执行情况，根据他们的表现提供个性化的建议和动作指导。

（8）活动结束后组织放松整理环节，帮助幼儿放松手部和腿部肌肉。同时，总结活动成果，分析幼儿动作的掌握程度及存在的问题，并根据这些反馈对下一次活动进行相应的调整。

◎ 实训材料

小皮球(尺寸、重量适合幼儿的手部力量和体型)、红路灯指示牌、平衡木板、黄色标志桶若干、拱门。

◎ 实训评价

学生与教师共同组成评审团，按照表4-2-2的内容进行考核、打分。

表4-2-2 实训考核表

序号	考核维度	考核内容	配分/分	学生自评	学生互评	教师检评	得分/分
1	时间要求	在规定时间内完成实训	10				

知识链接

评分标准

续表

序号	考核维度	考核内容	配分/分	学生自评	学生互评	教师检评	得分/分
2	质量要求	活动设计符合幼儿身心发展规律,充分考虑安全性、趣味性和保教性	15				
		根据幼儿在实训结束后的动作掌握程度、准确性及稳定性来评判	15				
		在活动组织、分组安排、安全监控等方面的执行情况	10				
		在指导幼儿练习时能准确发现问题、给出有效的建议并帮助幼儿改进	10				
		通过幼儿的参与积极性、运动技能的进步、体能素质的提升等多方面反映实训效果	10				
3	准备要求	做好实训的知识、技能、工具准备	15				
4	沟通要求	在与组长、组员、评委、指导老师等相关人员进行沟通时注重沟通技巧	15				
总分							

注:①实际得分=学生自评×10%+学生互评×20%+教师检评×70%。

②考核满分为100分,0~59分为不及格,60~69分为及格,70~84分为良好,85~100分为优秀。

任务拓展

一、单选题

1.《幼儿园教育指导纲要(试行)》中明确提出幼儿园工作的第一位应是(　　)。

A.儿童的学习　　　　　B.儿童的生命与健康　C.儿童的快乐　　　　D.儿童的全面发展

2.保育师在幼儿早期健康学习活动时,要全面观察幼儿在学习活动中的表现,以下不属于观察内容的是(　　)。

A.幼儿的注意力集中程度　　　　　　B.幼儿的家庭背景

C.幼儿参与活动的积极性　　　　　　D.幼儿学习任务的完成情况

3.幼儿早期动作发展异常的表现不包括(　　)。

A.肌肉张力不足或过度　　　　　　　B.粗大动作和精细动作发展滞后

C.动作控制性失调　　　　　　　　　D.语言发展迟缓

4.当中班幼儿不会穿袜子时,保育师可以说(　　)。

A.这都不会,太笨啦

B.袜头朝前,袜跟朝后,穿进小脚里,再往上拉

C.让爸爸妈妈给你穿好穿的袜子

D.不会穿就算了

5.不适合幼儿食育引导的活动是（　　　）。

A.餐前食物播报　　　　B.认识食物及其营养　C.朗诵一周食谱　　　　D.尝试制作食物

二、多选题

1.幼儿早期健康学习的内容包括（　　　）。

A.生活习惯养成　　　　B.运动与体质提升　　C.营养与健康饮食　　D.心理健康学习

E.安全学习和健康意识培养

2.保育师在幼儿早期健康学习活动支持中，从以下哪些方面促进幼儿生理健康？

（　　　）

A.卫生保健　　　　　　B.营养管理　　　　　　C.体育活动组织　　　D.安全监护

E.情绪疏导与调节

3.保育师关注幼儿情绪健康的支持要点包括（　　　）。

A.情绪识别与表达　　　B.冲突解决与辅导　　C.教授情绪调节方法

D.组织体育活动　　　　E.提供营养均衡的饮食

4.保育师在指导和监督幼儿动作技能学习时的支持要点包括（　　　）。

A.户外游戏活动设计　　　　　　　　　B.安全排查与保障

C.动作技能示范与指导　　　　　　　　D.观察与评估

E.培养良好的生活习惯

5.保育师在培养幼儿生活习惯和生活能力时的支持要点包括（　　　）。

A.提供方法指导　　　　B.家园共育　　　　　　C.提供实践机会

D.游戏强化生活技能　　　　　　　　　E.关注幼儿情绪健康

三、判断题

1.健康包含身体健康和心理健康内容，两者之间密切关联、相互影响。　　（　　　）

2.幼儿早期健康学习是一个全社会共同努力的过程，仅需要幼儿园的参与。（　　　）

3.保育师在幼儿早期健康学习活动中的支持能保障幼儿的生理健康，无须关注其心理需求。　　　　　　　　　　　　　　　　　　　　　　　　　　　　　　　　（　　　）

4.保育师需对幼儿活动室、接触的物品、玩具等进行消毒，以预防疾病传播。

（　　　）

5.保育师应关注幼儿的情绪变化，引导幼儿表达情感，培养良好的情绪管理和社交技巧。　　　　　　　　　　　　　　　　　　　　　　　　　　　　　　　　　　　（　　　）

6.保育师在幼儿运动过程中只需给予指导，无须监督，以确保健康活动顺利开展。

（　　　）

7.培养幼儿良好的生活习惯和生活行为是我国幼儿园健康学习活动支持的重要内容。

（　　　）

8.保育师应根据幼儿的年龄和生长发育需求，为他们提供均衡的营养餐。　（　　　）

9.安全教育是保障幼儿健康发展的重要工作，保育师应把安全教育渗透到幼儿一日生活的各个环节。　　　　　　　　　　　　　　　　　　　　　　　　　　　　　　（　　　）

10.保育师在幼儿早期健康学习活动前需要进行环境准备、教材与教具准备、幼儿准备和自身准备。（　　）

任务三　实施幼儿早期语言学习活动支持

任务目标

▶**知识目标**：理解幼儿早期语言学习活动支持的意义，掌握幼儿早期语言学习活动的支持内容及要点，知道几种常用的幼儿语言发展水平评估方法和工具。

▶**能力目标**：根据幼儿早期语言学习活动前、中、后的支持实施流程，能科学有效地支持幼儿的语言学习，能识别幼儿早期语言发展异常的表现。

▶**素质目标**：自觉养成文明礼貌的用语习惯，真诚交流，热爱幼儿保育事业。

任务准备

（1）预习本任务内容。

（2）阅读案例，完成案例下面的思考题。

[案例]在一次以"美丽的花"为主题的谈话活动中，保育师王老师带领幼儿到户外观察花朵，幼儿开心地围绕着花朵发表着自己的想法。突然，一只蝴蝶飞过来，将幼儿的注意力都吸引了过去，王老师连忙上前制止，禁止幼儿东张西望，幼儿突然就安静了下来，谁也不敢再说话啦。

[思考]案例中保育师的做法正确吗？作为未来的保育师，你认为王老师应从哪些方面支持幼儿的语言学习活动呢？

任务支撑

※ **活动一** ※

请结合"幼儿早期语言学习活动支持的含义、特点及意义""幼儿早期语言学习活动支持的内容及要点"，举例说明幼儿早期语言学习活动支持的重要性。

一、幼儿早期语言学习活动支持的内涵

语言是人类通过符号、声音和肢体动作等载体来传达思维、情感和信息的复杂系统。幼儿早期语言习得是一个循序渐进发生、有序发展的过程，它始于新生儿对周围环境声音的敏感反应，尤其是对母语音素的精细感知和模仿。

幼儿早期语言学习活动是指通过谈话活动、讲述活动、听说游戏、文学活动、早期阅读、前书写等形式来培养幼儿听、说及前阅读、前书写能力的活动。幼儿早期语言学习

活动支持是指保育师从倾听与表达、阅读与书写方面采取多种手段来支持幼儿语言学习的过程。丰富多彩的语言学习活动在促进幼儿语言发展的同时，有利于幼儿认知能力、社会性的发展以及提高幼儿心理健康水平。因此，作为保育师应抓住幼儿语言发展的关键期，有目的、有计划地促进幼儿语言能力的发展。

（一）幼儿早期语言学习

幼儿早期的语言学习阶段（在0～6岁，其中2～6岁尤为关键）是一个快速启动阶段，也是幼儿语言能力发展的敏感期。在此期间，婴儿具备强大的语音感知能力，能敏锐地区分并模仿母语的声音模式，从而建立起初步的语音体系。同时，随着年龄的增长，幼儿开始逐渐积累词汇，从最简单的名词起步，扩展到动词、形容词等各种词汇类型，词汇量呈现出显著的加速增长态势。

幼儿语言发展还包括语法结构的逐步构建和完善。幼儿从一开始的单个词表达逐渐过渡到双词组合，进而能够说出包含主谓宾结构的简单句，并随着时间和经验积累，开始尝试使用复合句来表达更丰富、更复杂的思想内容。在语言习得过程中幼儿通过日常生活互动，学习如何在不同情境下恰当地运用语言，同时配合体势语言、面部表情等非言语方式完成有效的沟通。

社会互动在幼儿语言习得中起着决定性作用。家长、照顾者和其他家庭成员的频繁交流对话，尤其是亲子互动，如讲故事、唱歌、表演游戏、角色游戏等，都对幼儿语言能力提升有着极大的推动作用。为了更好地促进幼儿的语言发展，保育师和家长需要创设良好的语言环境，提供持续的语言输入和输出机会，鼓励幼儿积极参与各种形式语言实践活动，并在日常生活中及时回应、反馈和修正幼儿的语言表达，从而引导幼儿更有效地掌握语言表达规则，进一步提升其语言理解和运用能力。

（二）幼儿早期语言学习活动支持的价值

幼儿早期语言学习活动支持对幼儿的语言能力、认知发展、社交情感、文化素养、读写准备、全面发展以及家园合作等方面具有重要意义。通过精心设计与实施语言学习活动，可以为幼儿的语言学习提供丰富、适宜且富有挑战性的环境，为其未来的学术成就、社会交往和个人成长奠定坚实基础。

1.促进语言能力发展

为幼儿提供丰富的语言输入和输出机会，有助于语音、词汇、语法等语言要素的习得，加速语言理解与表达能力的成长。例如，通过设计丰富多样的语言游戏、故事讲述、儿歌演唱等活动，幼儿有机会聆听、模仿和使用语言，使他们在整个过程中，学会倾听、主动表达、愿意交谈，增强幼儿听、说的自信心和勇气。

2.激发认知与思维能力

通过语言活动中的理解、分析、创造等过程，促进逻辑推理、想象力、批判性思维等高级认知能力的萌芽与提升。例如，在语言活动中，幼儿通过理解故事内容、解答故事疑问、扮演故事角色等方式，锻炼逻辑推理、想象力和创造力，促进认知结构的构建和思维能力提升。

3.培养社交与情感沟通

通过集体语言互动，幼儿学会倾听、表达、协商、移情等亲社会行为，发展有效沟通与合作技巧，同时借助语言抒发情感，建立健康的社会情感连接。例如，在小组讨论、故事分享、戏剧表演等集体语言活动中，幼儿学习倾听、尊重他人意见、协商解决问题，提升合作与沟通能力，同时通过语言表达情感，培养同理心与同伴交往技能。

4.增强文化意识与多元理解

通过接触多元语言与文化素材，幼儿初步理解文化差异，培养跨文化交际意识，并尊重多元文化的价值观。例如，通过学习不同语言文化的故事、歌曲和童谣，幼儿能够初步接触多元文化，增进对自身和他人文化的理解和尊重，为形成开放包容的世界观奠定基础。

5.促进读写能力萌芽

通过前阅读、前书写、绘画等语言相关活动，幼儿开始建立口头语言与书面语言的联系，激发其对阅读与书写的兴趣，为后续正式的读写学习做好准备。例如，早期语言活动：阅读绘本、书写名字、描绘简单图形等，有助于幼儿建立文字与口语的关联，培养书面语言的兴趣，为后续阅读与书写技能的发展做好前期准备。

6.助力个体全面发展

语言学习活动与科学、艺术、数学等跨领域内容相结合，促进知识的综合学习与应用，助力幼儿全面发展各项技能。例如，通过讲述科学故事学习新概念，通过创编诗歌培养审美感知，在语言学习中使幼儿全面发展各项技能，实现知识的综合运用。

7.搭建家园共育桥梁

家长参与语言学习活动，不仅能增进亲子关系，还能实现家庭学习活动支持与幼儿园学习活动支持的有效衔接，共同营造有利于幼儿语言发展的家庭环境。例如，家长参与亲子阅读、家庭故事讲述等活动，可以增进亲子关系，同时让家长了解幼儿园语言学习支持方法，在家中延续和强化幼儿的语言学习，形成学习活动支持合力。

知识链接

幼儿早期语言学习的内容目标

二、幼儿早期语言学习活动支持的内容及要点

保育师在支持幼儿早期语言学习活动时，不仅要提供适宜的语言环境和资源，更要通过精心设计的互动与实践活动，激发幼儿的语言兴趣，促进其语言能力的全面发展，并与家庭紧密协作，形成全方位的语言学习活动支持体系。通过具体操作要点的落实，保育师能够系统、有效地支持幼儿在园期间的语言学习活动，促进其语言能力的全面发展。

（一）创设语言环境

1.内容

保育师提供安静、温馨、富有语言刺激的活动空间，例如，设立图书角、故事墙、语言游戏区等；制订并维护有利于语言交流的日常规则，鼓励幼儿在自由玩耍、集体学习活动时自然运用语言。

2.要点

（1）布置语言区：设置专门的阅读区域，配备舒适的座椅、矮书架，摆放各类幼儿读物，保持书籍整洁有序，便于幼儿自由取阅，如图4-3-1所示。

（2）展示语言素材：在墙面悬挂图文并茂的故事板、词汇片、诗词挂饰等语言素材，并定期更换内容，吸引幼儿的视觉注意力，激发他们讲述或谈论的兴趣。

图4-3-1 阅读区

（3）维持适宜声音环境：控制教室内音量，避免过多噪声干扰，保证幼儿能清晰听到同伴和教师的语音，利于专注聆听和有效交流，如图4-3-2所示。

（a）保育师讲述绘本故事　　　　　　　（b）幼儿讲述绘本故事

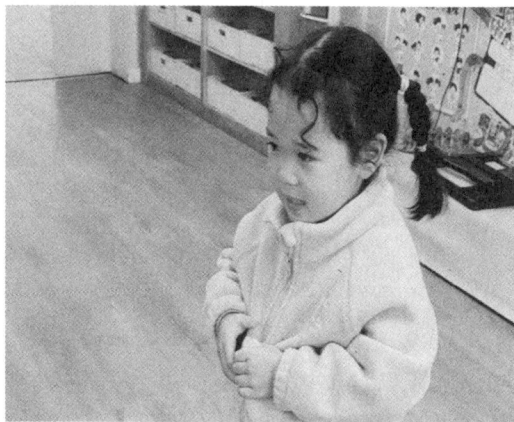

图4-3-2 师幼故事讲述

（二）提供语言材料

1.内容

保育师搜集和提供适合幼儿年龄阶段的图书、绘本、故事录音、儿歌、诗歌、对话卡片、童谣等多样化的语言学习资源；定期更新材料，确保内容新鲜有趣，吸引幼儿主动探索和使用。

2.要点

（1）精选适龄语言资源：保育师选择符合幼儿年龄特点、语言难度适宜的图书、绘本、音频等资料，涵盖多种主题，兼顾故事性、趣味性和保教性。

（2）定期更新与轮换：保育师按照幼儿的兴趣、需要和学习进度，定期更换语言材料，保持新鲜感，同时引入不同类型的资源，如触摸书、有声书等，满足多元感官学习需求。

（3）引导自主选择：保育师鼓励幼儿根据个人喜好挑选阅读材料，培养幼儿的自主阅读意识和选择能力，如图4-3-3所示。

图4-3-3　幼儿自主选择读物

（三）引导互动交流

1.内容

保育师组织小组讨论、角色扮演、讲故事、分享绘本等活动，鼓励幼儿之间进行面对面的语言交流；适时加入对话，利用提问、讨论、回应等拓展幼儿的话题，示范恰当的言语表达方式和倾听技巧。

2.要点

（1）组织语言游戏：保育师设计语言接龙、故事接续与创编、角色扮演等游戏，通过规则引导幼儿轮流发言、提问、回应，锻炼口语表达和倾听技能。

（2）开展小组讨论：保育师设定开放性话题，引导幼儿发表观点、分享经验；适时介入，示范如何表达观点、提出疑问、给予反馈，促进幼儿深度对话。

（3）示范与反馈：在幼儿交谈时，保育师适时介入示范正确的语音、语调、语法和礼貌用语，对幼儿的发言给予正面评价和建设性反馈，帮助幼儿修正语言错误，提升表达质量。

（四）情感支持与鼓励

1.内容

保育师建立积极的师幼关系，对幼儿的语言尝试给予及时肯定与赞扬，增强其语言表达的信心；对于内向或语言发展迟缓的幼儿，耐心倾听，减轻语言压力，营造自由、宽松、接纳的语言氛围。

2.要点

（1）积极回应：当幼儿主动交流时，保育师应立即关注，用眼神、表情和言语表示肯定与回应，让幼儿感受到被听见、被重视。

（2）耐心倾听：对于幼儿的长篇讲述或表达不清的情况，保育师要耐心听完整个叙述，不打断、不催促，用简短的重复或总结确认理解。

（3）即时表扬：保育师对幼儿在语言活动中的优秀表现，如准确表达、创新思维、友好交流等，给予具体、真诚地表扬，增强其语言学习的自信心。

（五）融入日常生活

1.内容

在日常生活环节（如用餐、午睡、游戏、户外学习活动）中，保育师自然而然地引导幼儿使用语言描述观察、表达需求、提出问题、进行简单对话；创设生活情境，让幼儿通过实际操作和模拟情境练习功能性语言。

2.要点

（1）日常对话示范：在就餐、吃点心、穿衣、洗手等日常环节中，保育师主动与幼儿进行对话，如询问口味、介绍食物、提醒步骤，示范如何在实际情境中使用语言。

（2）描述与提问引导：保育师鼓励幼儿用语言描述观察到的事物、表达感受，如"你看这朵花是什么颜色？""你觉得今天的天气怎么样？"引导幼儿学会细致观察并用语言表达。

（3）情境模拟演练：在日常生活中融入语言学习元素，如购物时教幼儿识别商品名称。保育师可设置购物、看病、打电话等生活场景，让幼儿扮演角色，通过模拟对话练习功能性语言，如请求帮助、表达需求、致谢等。

（六）亲子互动延伸

1.内容

保育师与家长沟通，推荐家庭语言活动，如亲子阅读、家庭故事时间、话题讨论等，促进在家庭环境中延续语言学习；提供语言学习建议或家庭作业，鼓励家长记录幼儿在家的语言表现，形成家园共育的语言学习网络。

2.要点

（1）家园沟通：保育师定期与家长分享幼儿在园的语言学习情况，推荐适合的家庭语言活动，如亲子共读、睡前故事、日常对话主题等，提供具体操作建议。

（2）发放语言任务：保育师设计简单的家庭语言作业，如复述故事、记录日常对话、创作小诗、创编故事等，鼓励家长积极完成任务并反馈完成情况，形成家园联动的语言学习链。

（七）个性化支持

1.内容

保育师关注每个幼儿的语言发展水平和特点，提供差异化指导，如针对语言能力强的幼儿提供更复杂的故事讲述任务，对语言发展较慢的幼儿进行个别辅导；及时识别和解决可能影响幼儿语言发展的个体问题，如听力障碍、发音困难、吐字不清等，与专业人员合作提供必要的干预措施。

2.要点

（1）观察与评估：保育师持续观察每个幼儿的语言发展状况，记录其语言特点、进步与挑战，定期进行个体评估，识别其语言发展需求。

（2）差异化指导：针对不同幼儿的语言水平和兴趣，保育师提供个性化的学习任务和活动，如为语言能力强的幼儿提供更多创造性表达的机会，为语言发展较慢的幼儿安排一对一的语言辅导。

（3）协同干预：对于存在语言发展障碍的幼儿，保育师及时与专业人员（如语言治疗师、心理咨询师）沟通，制订并执行针对性的干预计划，确保幼儿得到专业的支持。

※ 活动二 ※

　　结合"幼儿早期语言学习活动支持实施"，小组合作完成"幼儿早期语言学习活动支持实施工作表"（表4-3-1）的填写，然后进行分享。

表4-3-1　幼儿语言学习活动支持实施流程表

时间	步骤
幼儿语言学习活动前	
幼儿语言学习活动时	
幼儿语言学习活动后	

微课

幼儿早期语言学习活动前的准备工作

三、幼儿早期语言学习活动支持实施流程

（一）幼儿早期语言学习活动前的准备工作

　　在语言学习活动开始前保育师能为幼儿创造一个舒适、有序、有利于语言发展的环境，同时做好自身的保育准备，确保活动顺利进行，有效促进幼儿的语言学习。

1.环境准备

　　（1）物理环境整理：确保活动场地整洁、安全，移除可能造成绊倒或伤害的物品，调整桌椅布局以适应语言活动的需要，例如，围成半圆形（图4-3-4）或小组形式，方便幼儿面对面交流。

图4-3-4　保育师将幼儿组织成半圆形讲述内容

　　（2）材料投放：提前投放好活动所需的语言学习材料（图4-3-5），如绘本、故事卡片、词汇图片、录音设备等，检查其是否完好无损，按活动流程顺序摆放，便于取用。

　　（3）视听设备调试：在语言活动中涉及多媒体播放，应提前测试投影仪、音响等设备（图4-3-6），确保音视频播放清晰、流畅。

图4-3-5 语言学习材料投放

图4-3-6 音响调试

2.心理氛围营造

（1）情绪安抚：观察幼儿的情绪状态，若有幼儿情绪不稳定，采取适当方法，如拥抱、轻声安慰、转移注意力等，帮助幼儿平静下来，确保其进入语言学习活动时心情愉快、专注。

（2）兴趣激发：配合教师提前预告活动主题，展示活动导入的材料，激发幼儿的好奇心和期待感，让幼儿对即将开始的语言学习活动充满兴趣。

（3）规则强调：配合教师简短明确地向幼儿介绍或回顾语言活动的行为规则，如轮流发言、安静倾听、尊重他人意见等，确保活动秩序。

3.生理照顾

（1）饮水与如厕：提醒幼儿在活动开始前喝水（图4-3-7）、如厕（图4-3-8），避免因生理需求中断语言学习过程，影响活动效果。

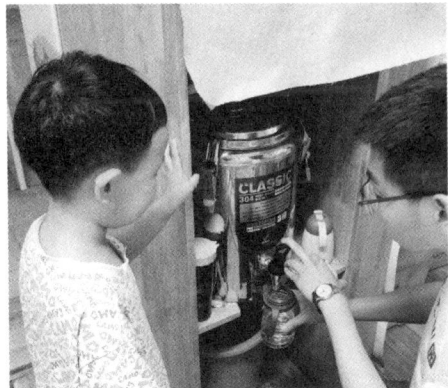

图4-3-7 喝水

图4-3-8 如厕后洗手

（2）座位安排：考虑幼儿的视力情况、听力需求以及交往习惯，合理安排座位，确保每位幼儿都能清楚地看到演示材料，方便与同伴、教师交流与合作。

4.健康检查

（1）口腔卫生：检查幼儿口腔卫生状况，有必要提醒幼儿漱口或清洁牙齿，保障发音清晰，避免口腔异味影响交流意愿。

（2）嗓音保护：提醒幼儿在活动过程中注意保护嗓音，避免大声喊叫，教会幼儿使用正确的发音技巧进行表达。

5.个别关注

（1）特殊需求关注：对于有特殊语言发展需求或障碍的幼儿，提前进行个别沟通，了解幼儿当天的语言学习需求或困难，提供必要的辅助工具，如助听设备、视觉提示卡等，或调整活动方式以适应其特点。

（2）分组策略：根据幼儿的语言能力、性格特点进行分组，确保每组内既有语言能力较强的幼儿推动活动节奏，又有语言发展较慢的幼儿能够有机会学习语言表达技巧。

6.保育师自我准备

（1）教案熟悉：保育师再次熟悉活动教案，确保对教学目标、活动流程等了然于胸，以便灵活地应对幼儿的反应和问题。

（2）教具预演：如果有演示环节，保育师私下先进行操作演练，确保活动中正式演示时流畅、生动、有趣。

（二）幼儿早期语言学习活动过程中的支持流程

幼儿语言学习活动过程中，保育师不仅要关注语言技能的传授，更要注重创设积极的学习氛围、关注幼儿的情感需求、尊重个体差异，并时刻关注幼儿的生理健康，通过适时引导、有效管理和积极反馈，促进幼儿语言能力的全面发展。

1.活动引导与参与

（1）激发兴趣：以生动有趣的方式引入活动主题，引发幼儿的好奇心和探索欲望，鼓励幼儿积极参与语言互动。

（2）示范与讲解：清晰、缓慢地示范语言表达，解释新词汇、句型或故事内容，确保幼儿能理解和模仿。

（3）互动引导：适时提出开放性问题，引导幼儿思考、表达观点；组织角色扮演、小组讨论、故事接龙等活动，促进幼儿间的语言交流。

2.行为管理与情绪支持

（1）秩序维持：监控幼儿的行为，及时提醒幼儿遵守活动规则，如轮流发言、安静倾听等，确保活动秩序。

（2）情绪观察与疏导：敏锐捕捉幼儿的情绪变化，对感到困惑、沮丧或焦虑的幼儿给予耐心陪伴、积极反馈和情感支持，帮助幼儿调整情绪，保持积极的学习状态。

（3）冲突调解：在幼儿间出现言语冲突时，公正介入，引导幼儿用礼貌的语言解决问题，培养良好的社交沟通技巧。

3.个体差异关注

（1）差异化指导：根据幼儿的语言发展水平和个性特点，提供适宜的支持与挑战。对语言能力强的幼儿，可以给予更复杂的任务或角色；对语言发展较慢的幼儿，提供更多的示范、重复和个别指导。

（2）特殊需求回应：对有特殊语言需求或障碍的幼儿，提供个性化的辅助，如手语支持、简化指令、充足的练习时间等，确保幼儿在活动中获得成长。

4.健康监测与护理

（1）嗓音保护提醒：在活动过程中持续关注幼儿的嗓音使用，提醒幼儿适度发声，避免长时间大声喊叫导致嗓音疲劳，声带受损。

（2）用眼卫生监督：观察幼儿阅读、看图或观看屏幕的距离和姿势，提醒幼儿保持适当距离，如30～35厘米，避免长时间近距离用眼，适时休息眼睛。

（3）身体舒适度关注：留意幼儿的身体姿态、表情和小动作，及时询问是否需要喝水、休息或调整坐姿，保证幼儿在舒适的环境中学习。

5.活动节奏与调整

（1）时间掌控：按照预定的活动计划把控时间，确保各个活动环节紧凑但不仓促，留出足够的时间让幼儿充分参与和表达。

（2）灵活应变：根据幼儿的实际反应和参与情况，适时调整活动进程，缩短或延长某个环节、增加互动游戏或简化复杂内容，确保活动既能达成学习支持目标又能保持幼儿的兴趣。

6.即时反馈与激励

（1）积极反馈：对幼儿的语言尝试给予肯定和鼓励，无论其表达是否完全准确，都要表扬其勇气和努力，增强幼儿的语言自信。

（2）错误修正：温和而明确地纠正幼儿的语言错误，采用示范、提问或反问的方式引导幼儿自我修正，避免直接指责导致幼儿畏缩或抵触。

（三）幼儿早期语言学习活动后的支持流程

在幼儿语言学习活动后，保育师不仅需关注活动效果的巩固与评估，也需注重幼儿身心的调整与照顾，同时加强家园沟通，确保语言学习活动的成果得以延续，并为下一次活动的策划与实施提供依据。这样既有助于幼儿语言能力的持续发展，也有利于提升语言活动的质量。

1.活动回顾与反思

（1）总结归纳：配合教师带领幼儿简要回顾活动内容，梳理所学词汇、句型或故事要点，巩固记忆。

（2）自我评价：配合教师鼓励幼儿分享自己的学习体验，如最喜欢哪个环节、学到了什么新知识，引导幼儿进行自我反思和评价。

（3）点评支持：针对幼儿活动中的表现，保育师给予有针对性的点评，指出优点与进步，同时提出改进建议，帮助幼儿明确下一步学习方向。

2.材料收纳与整理

（1）教具回收：指导幼儿有序归还使用的语言学习材料，如图书、卡片、道具等，培养幼儿良好的收纳习惯。

（2）环境恢复：协助幼儿一起清理活动场地，恢复活动前的整洁状态，如整理桌椅、收起地毯、关闭多媒体设备等。

3.身心调整与休息

（1）放松活动：组织轻松的结束活动，如唱歌、手指谣、深呼吸等，帮助幼儿从语言学习状态过渡到休息状态，缓解紧张或兴奋情绪。

（2）个人需求关注：询问幼儿是否需要喝水、如厕或换衣服，确保幼儿在活动后得到适当的生理照顾。

4.个别辅导与跟进

（1）个别指导：针对在活动中表现出困难或疑惑的幼儿，提供一对一的辅导，解答疑问，重复讲解语言难点，确保幼儿理解并掌握所学内容。

（2）特殊需求关注：对有特殊语言需求或障碍的幼儿，进行后续跟踪观察，评估活动效果，调整后续学习支持计划，提供必要的辅导支持。

5.家园沟通与反馈

（1）活动反馈：通过家园联系册、电话、家长会等方式，向家长反馈幼儿在语言学习活动中的表现，包括进步、亮点、需要家长配合之处等。

（2）家庭延伸建议：为家长提供家庭语言学习活动的建议，如亲子阅读、日常对话主题、语言游戏等，鼓励家长在家中延续和巩固幼儿的语言学习。

6.自我评估与记录

（1）保育反思：保育师对本次语言学习活动进行自我评估，分析活动设计、实施过程、幼儿反应等方面的成功之处与待改进之处，为今后的支持活动提供参考。

（2）幼儿发展记录：更新幼儿语言发展档案，记录幼儿在活动中的语言表现、进步情况以及需要关注的问题，作为持续追踪和个性化支持活动的依据。

※ 活动三 ※

围绕"幼儿早期语言发展异常的表现"，分析下列案例，完成思考题。

［案例］在9月6日上午的语言活动中，小朋友们都抢着回答老师提出的问题，鑫鑫看着大家，她的小脸涨得通红，右手低低地放在左手肘上，举了起来，眼睛一直盯着老师看。老师看到她举起了小手，就让她回答问题。可当老师喊出她的名字后，鑫鑫却低下了头，两手搓着裙角。当老师鼓励她时，她微微抬起头，结结巴巴地冒出了一句话。老师表扬鑫鑫善于思考问题，鑫鑫坐在椅子上，脸上露出灿烂的笑容。

［思考］案例中鑫鑫的表现属于语言发展迟缓吗？为什么？

四、幼儿早期语言发展异常的表现

1.语言发育延迟

相对于同龄儿童，幼儿在特定年龄段的语言能力明显落后，例如，18个月仍无有意义的单词表达，2岁时词汇量极少，3岁时无法说出简单的句子。

2.发音问题

幼儿发音含糊不清，难以理解，如将"苹果"说成"阿波"，持续发错某些音素，如"s"发成"sh"，或者有严重的口齿不清现象。

3.语法结构混乱

幼儿在使用语言时，句子结构不完整，频繁省略动词、代词等关键成分，如常说"妈妈，我要那个"，而不是"妈妈，我要那个玩具"。

4.词汇理解与使用异常

幼儿对常用词汇的理解和使用存在困难，无法理解简单指令，或者频繁使用与情境不符的词汇，如在夏天说"冷"。

5.沟通意图不明

幼儿在试图表达需求或想法时，无法清晰传达意图，常常通过手势、哭闹等方式替代语言，或者频繁使用固定短语，而不尝试用新词汇或句子来描述具体情境。

6.社交沟通障碍

幼儿在与他人交流时，缺乏目光接触，对他人的话语反应迟钝或漠视，难以维持正常的对话，或者过度依赖成人翻译其意思。

7.语言模仿能力差

幼儿对成人的语言示范或模仿指令反应迟钝，难以模仿简单的语音、短语或歌曲，或者模仿时严重偏离原样。

8.语言使用刻板或重复

幼儿反复使用同一句话或短语，即使在情境已经改变的情况下仍然如此，或者过度关注某些特定的词语或话题，无法灵活转换。

知识链接

幼儿早期语言发展水平的评估方法和工具

9.语音韵律异常

幼儿说话时音调、节奏、重音等韵律特征异常，如语速过快或过慢，音调平淡无起伏，或者过度强调某些音节。

10.语言发展倒退

幼儿原本已经掌握的语言技能突然丧失，如曾经会说的话不再说，或者原本清晰的发音变得模糊。

以上异常表现可能是幼儿语言发展过程中的暂时困难，也可能是某种语言障碍（如语言发育迟缓、特定语言障碍、自闭症谱系障碍等）的症状。家长或保育师发现幼儿存在以上任一或多个异常表现时，应及时咨询专业人士进行评估，以便在早期识别问题，及时干预和治疗，促进幼儿语言能力的正常发展。

任务实训

实训视频

幼儿词语接龙游戏支持

实训目的

（1）了解词语接龙游戏对于幼儿词汇积累、思维拓展的重要性，掌握幼儿词语接龙游戏的规则和内容。

（2）引导幼儿积极参与游戏，促进其语言能力的发展。

（3）培养与幼儿有效沟通、互动的能力，以及与他人协同组织活动的能力。

"幼儿词语接龙游戏支持"实训节选

实训内容

了解词语接龙游戏的基本规则和变体形式；根据幼儿年龄特点和语言发展阶段，设计符合幼儿兴趣、有助于语言发展的词语接龙游戏；准备游戏所需的词语卡片（图4-3-9）、画板、图片等材料；组织幼儿参与游戏，引导幼儿按照规则进行词语接龙，并在过程中进行适时的指导和鼓励。

图4-3-9　幼儿小火车词语卡片

⊚ **实训步骤**

（1）分析幼儿群体的语言发展阶段，选择适合的词汇范围。

（2）制作词语卡片，准备好游戏所需的其他物品，如托盘、展示板等。

（3）制订详细的游戏流程，包括游戏开始、接龙规则讲解、示范、分组活动等环节。

（4）向幼儿介绍词语接龙游戏的规则，进行示范操作，幼儿词语接龙步骤如图4-3-10所示。

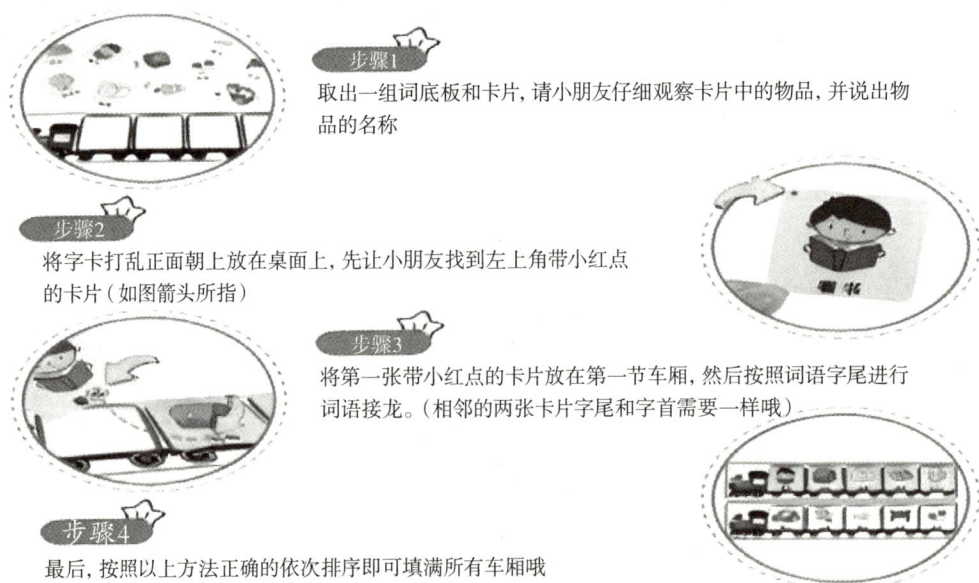

步骤1
取出一组词底板和卡片，请小朋友仔细观察卡片中的物品，并说出物品的名称

步骤2
将字卡打乱正面朝上放在桌面上，先让小朋友找到左上角带小红点的卡片（如图箭头所指）

步骤3
将第一张带小红点的卡片放在第一节车厢，然后按照词语字尾进行词语接龙。（相邻的两张卡片字尾和字首需要一样哦）

步骤4
最后，按照以上方法正确的依次排序即可填满所有车厢哦

图4-3-10　幼儿词语接龙步骤

（5）将幼儿分组，每组由一名中职学生带领，指导幼儿进行词语接龙。

（6）在游戏过程中适时给予幼儿帮助和鼓励，保证每个幼儿都有发言的机会。

（7）观察记录幼儿在游戏中运用词汇的情况和问题，收集反馈信息。

（8）在游戏结束后组织讨论，分析幼儿在游戏中表现出的语言能力和存在的问题。

（9）对活动进行总结，修改和完善游戏方案，为下一次实训做好准备。

⊙ 实训材料

词语卡片、游戏道具（计时器、骰子、画板等）、活动记录表、游戏环境布置材料。

⊙ 实训评价

学生与教师共同组成评审团，按照表4-3-2的内容进行考核、打分。

表4-3-2　实训考核表

序号	考核维度	考核内容	配分/分	学生自评	学生互评	教师检评	得分/分
1	时间要求	在规定时间内完成实训	10				
2	质量要求	能创新设计有趣的词语接龙游戏，以及在组织过程中能把握游戏节奏，维持秩序	20				
		幼儿在游戏中的活跃程度和词汇接续的正确性高，并能创造性使用词语	20				
		在游戏过程中对幼儿个体差异有关注和针对性指导，并对幼儿学习成果进行有效反馈	20				
		能对游戏组织过程进行反思，并针对存在的问题提出改进意见	10				
3	准备要求	做好实训的知识、技能、工具准备	10				
4	沟通要求	在与组长、组员、评委、指导老师等相关人员进行沟通时注重沟通技巧	10				
总分							

知识链接

评分标准

注：①实际得分=学生自评×10%+学生互评×20%+教师检评×70%。

　　②考核满分为100分，0～59分为不及格，60～69分为及格，70～84分为良好，85～100分为优秀。

💡 任务拓展

一、单选题

1.幼儿早期语言发展的关键期是（　　　）。

A.0～6岁　　　　　B.3～6岁　　　　　C.2～6岁　　　　　D.0～6、7岁

2.以下不属于保育师创设语言学习环境支持要点的是（　　　）。

A.整理室外器械　　　　　　　　　B.布置语言角落

C.展示语言素材　　　　　　　　　D.维持适宜声音环境

3.以下关于幼儿语言学习活动支持心理氛围营造的说法错误的是（　　　）。

A.情绪安抚　　　　　B.兴趣激发　　　　C.规则强调　　　　D.绘画引导

4.以下关于幼儿语言学习活动支持的引导与参与的说法错误的是（　　　）。

A.激发兴趣　　　　　B.消极回应　　　　C.示范与讲解　　　D.互动引导

5.语言发育迟缓是指（　　　）。

A.幼儿反复使用同一句话或短语，即使在情境已经改变的情况下仍然如此，或者过度关注某些特定的词语或话题，无法灵活转换

B.幼儿说话时音调、节奏、重音等韵律特征异常，如语速过快或过慢，音调平淡无起伏，或者过度强调某些音节

C.幼儿原本已经掌握的语言技能突然丧失，如曾经会说的话不再说，或者原本清晰的发音变得模糊

D.相对于同龄儿童，幼儿在特定年龄段的语言能力明显落后

二、多选题

1.在创设语言环境方面，保育师应为幼儿提供安静、温馨、富有语言刺激的活动空间，具体指导要点有（　　　）。

A.布置语言区　　　　　　　　　　B.展示语言素材

C.维持适宜声音环境　　　　　　　D.语言环境创设可有可无

2.保育师应为幼儿创设良好的语言环境，除此之外，也要为幼儿提供多样化的语言材料，其要点包括（　　　）。

A.精选适龄的语言资源　　　　　　B.定期更新与轮换语言材料

C.引导幼儿自主选择阅读材料　　　D.阅读材料不必更新和轮换

3.保育师应关注每个幼儿的语言发展水平和特点，为幼儿提供差异化的指导，指导要点有（　　　）。

A.积极回应　　　　B.耐心倾听　　　　C.开展小组讨论　　　　D.及时表扬

4.保育师应建立积极的师幼关系，对幼儿的语言尝试给予肯定与赞扬，增强其表达的信心，具体的指导要点有（　　　）。

A.提供专业指导　　　B.观察与评估　　　C.差异化指导　　　　D.协同干预

5.对于有特殊语言需求或障碍的幼儿，保育师应给予积极回应，为幼儿应提供哪些个性化的辅助，确保幼儿在活动中获得成长？（　　　）

A.手语支持　　　　　　　　　　　B.对幼儿的需求不予回应

C.简化指令　　　　　　　　　　　D.充足的练习时间

三、判断题

1.为幼儿提供丰富的语言输入和输出机会，有助于语音、词汇、语法等语言要素的习得，加速语言理解与表达能力的成长。　　　　　　　　　　　　（　　　）

2.幼儿语言学习活动支持对幼儿的语言能力、认知发展、社交情感、文化素养、读写

准备、全面发展以及家园合作等方面具有重要意义。　　　　　　　　　　　（　　）

3.按照幼儿的兴趣变化和学习进度，定期更换语言材料，保持新鲜感，同时引入不同类型的资源（如触摸书、有声书），满足多元感官学习需求。　　　　　　　（　　）

4.在语言学习活动过程中，保育师应持续关注幼儿的嗓音使用，提醒幼儿适度发声，避免长时间大声喊叫导致嗓音疲劳，声带受损。　　　　　　　　　　　　（　　）

5.对有特殊语言需求或语言障碍的幼儿，由于保育师工作繁忙且细碎，可以不予辅助。

　　　　　　　　　　　　　　　　　　　　　　　　　　　　　　　　　　（　　）

任 务 四　实施幼儿早期社会性学习活动支持

任务目标

▶**知识目标**：理解幼儿早期社会性学习的内涵，掌握幼儿早期社会性学习支持的内容、要点，明确社会性学习活动支持对儿童发展的意义。

▶**能力目标**：遵循幼儿早期社会性学习支持要点，按照前、中、后的支持实施流程，能根据幼儿社会行为分析幼儿早期社会化过程中的异常表现。

▶**素质目标**：树立以儿童为中心的学习活动支持理念，形成较强专业意识和专业认同感、责任感及使命感。

任务准备

（1）预习本任务内容。

（2）阅读案例，完成案例下面的思考题。

　　［案例］晨间活动的时候，保育师杨老师组织大二班的小朋友在运动场上跳绳。小朋友们三三两两地聚在一起，有的在认真跳绳，有的在开心聊天，还有的在一旁玩耍。特别的，有三个小女孩拽着绳子拉扯着玩游戏，一会儿蹦蹦跳跳，一会儿哈哈大笑。在不远处，小女孩乐乐拿着跳绳独自一人站在边上，默默地望着嬉闹的同学们，闷闷不乐。杨老师看到后走到她身边，温柔地问道："乐乐，你怎么了？为什么你看起来很不开心？"乐乐低头细语："她们不跟我玩。"杨老师摸了摸乐乐的头，鼓励道："你可以试着主动跟她们说'我可以跟你们一起玩吗？'。"然而，乐乐听后摇了摇头，依然站在原地一动不动。

　　［思考］如果你是保育师杨老师，接下来你将会怎么做？

💡任务支撑

※ 活动一 ※

请结合"幼儿早期社会性学习活动支持的意义",思考幼儿园的保育师为什么要组织开展社会性学习活动?

一、幼儿早期社会性学习活动支持的内涵

幼儿早期是个体社会性发展的关键期,幼儿社会性发展顺利与否直接影响其日后的发展。因此,家长和保育师要帮助幼儿培养社会性情感,引导幼儿学会与他人交往,逐渐掌握社会的道德行为规范,适应社会生活,成长为人格健全、品德高尚的"社会人"。

知识链接

哈洛博士的依恋实验

(一)幼儿早期社会性学习支持

社会性是个体为了适应社会生活所表现出来的符合社会规范的心理和行为特征。《中国学前教育百科全书》指出,幼儿社会性发展,又称儿童的社会化,是指幼儿在参与社会生活的过程中,他们的社会性会逐步获得发展。幼儿早期社会性学习指的是幼儿在生命初期阶段,通过与周围环境、重要抚养者及其他个体(如同龄伙伴)的互动,逐渐习得、内化社会规范、社会角色、社会技能以及社会情感,从而适应社会生活、建立人际关系、形成自我认同,并具备初步的社会适应能力的过程。

幼儿早期社会性学习支持是指为促进幼儿顺利进行社会性学习,成人(如父母、保教人员等)以及其他社会系统(如家庭、幼儿园、社区等)所提供的有意识、有计划的环境营造、资源提供、策略运用及互动方式,旨在满足幼儿在社会性发展上的需求,增强其社会性学习的效果。

(二)幼儿早期社会性学习活动支持的意义

《3~6岁儿童学习与发展指南》指出良好的社会性发展对幼儿身心健康和其他各方面的发展都具有重要影响。

幼儿早期社会性学习活动支持对幼儿的社会性技能习得、社会情感塑造、自我认知与调控能力提升、社会角色理解与扮演、社会适应能力增强、社会行为问题预防、家庭与社区参与以及全人教育目标实现等方面具有深远影响,是幼儿早期学习支持体系中不可或缺的一环,对幼儿的短期适应和长期发展具有决定性意义。

1.促进社会性技能发展

有效的活动支持可为幼儿提供丰富的实践机会,帮助幼儿习得和巩固诸如沟通、合作、分享、协商、解决问题、遵守规则等核心社会性技能。这些技能是幼儿未来适应社会、人际交往、团队合作乃至职业生涯成功的基础。

2.塑造健康社会情感

通过支持性的活动,幼儿得以体验并表达各种社会性情感,如友谊、关爱、同情、尊重、同理心等,进而培养积极的人际情感和亲社会态度。这有助于幼儿建立良好的人际关系,形成对社会的积极情感联结,为心理健康和社会融入打下良好基础。

3.增强自我认知与自我调控

在支持性的社会性学习活动中，幼儿有机会反思自己的行为、情绪和动机，增强自我意识。幼儿学习如何表达个人需求和感受，理解并接受他人差异，发展自控力和情绪管理能力，这对于形成稳定的自我概念、自尊心和自信心至关重要。

4.促进社会角色理解与扮演

通过角色扮演（图4-4-1）、小组分工、模拟社会场景等活动，幼儿能更深入地理解并尝试扮演不同的社会角色，如朋友、同学、领导者、合作者等，从而更好地适应社会角色要求，为未来社会角色的顺利转换做好准备。

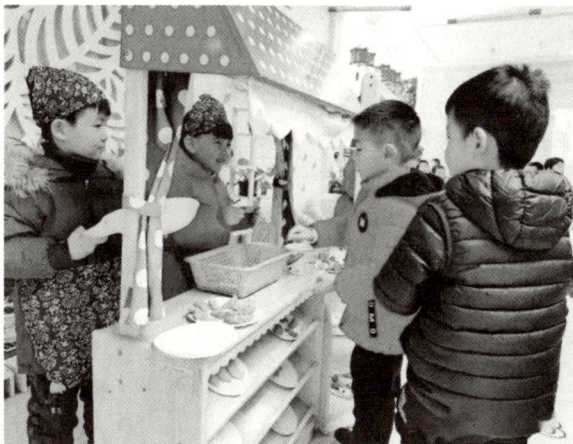

图4-4-1 幼儿角色扮演活动

5.提升社会适应能力

社会性学习活动支持有助于幼儿熟悉和适应社会规则、习俗和期望，增强其在不同社会情境中灵活应变的能力，包括学习如何遵守公共秩序，尊重他人权利，处理冲突和矛盾，以及在团队中发挥作用，这些能力对幼儿进入小学及后续生活阶段的社会适应至关重要。

🔔**知识链接**

幼儿社会适应能力评价量表见表4-4-1，表中有关行为描述完全符合的计5分，基本符合的计4分，有些不符合的计3分，不太符合的计2分，极不符合的计1分。

表4-4-1 幼儿社会适应能力评价量表

行为描述	得分				
情绪不稳定，起伏周期明显，其行为也会因情绪变化而变化	5	4	3	2	1
经常遇到尴尬场合，并且不知道如何寻找转机	5	4	3	2	1
很少主动与小朋友交往，更希望别人主动接近自己	5	4	3	2	1
尽量忍让克制，但一旦爆发出来便不可收拾	5	4	3	2	1

续表

行为描述	得分				
相信一切问题都是别人的错	5	4	3	2	1
有一种不可抑制的对家庭的眷恋感，只要回到家中，就感到顺心如意	5	4	3	2	1
做事缺乏果断，更希望依赖别人来解决自己在日常生活中遇到的各种矛盾，如与小朋友相处或生活自理方面的问题	5	4	3	2	1
对于各种人际关系觉得稀里糊涂，不能像同龄儿童那样去认识清楚	5	4	3	2	1
总是担心自己，对于自己胜任人际关系、学习或其他事情缺乏必要的自信，有不踏实或不安全感	5	4	3	2	1

注：得分低于20分，表明社会适应能力较好；在20~26分，属于社会适应能力一般；高于26分，则表示幼儿可能存在某些适应困难。

6.预防社会行为问题

有针对性的社会性学习活动支持能及时发现并矫正幼儿的社会行为问题，如攻击性行为、过度依赖、逃避交往等，通过积极引导和干预，帮助幼儿建立健康的社交模式，降低未来出现严重社会行为问题的风险。

7.促进家庭与社区参与

社会性学习活动支持鼓励家庭和社区成员的积极参与，形成家园共育（图4-4-2）、社区联动的学习支持环境。这不仅能增强幼儿的社会支持网络，也有助于家长和社区成员了解幼儿社会性发展的需求和策略，共同为幼儿营造一个有利于社会性学习的家庭和社区氛围。

图4-4-2　家园共育

8.推动全人教育目标实现

社会性学习活动支持是实现全人教育目标的重要组成部分，它与认知、语言、艺术、运动等领域的发展相互交织，共同促进幼儿全面发展。一个具备良好社会能力的幼儿，更有可能在其他领域展现出积极的学习态度和较高的学习成效，从而实现全面发展。

※ **活动二** ※

请结合"幼儿早期社会性学习活动支持的内容"，分析保育师应注意哪些支持要点。

二、幼儿早期社会性学习活动支持的内容及要点

（一）创设适宜的社会环境

1.内容

保育师提供安全、温馨、开放、尊重的环境，鼓励幼儿自由表达、积极探索和互动，包括设置利于社交的空间布局，如合作区、角色扮演区、安静角落等，提供丰富的社交素材，如合作游戏、角色扮演道具、共享玩具等，以及制订并坚持公正、公平、包容的班级规则；营造积极的班级氛围，鼓励幼儿表达情感、分享经验，尊重和接纳个体差异，培养团结友爱、互相帮助的精神。

2.要点

（1）安全舒适的空间布局

①确保活动区域无安全隐患，如尖锐边角、易吞咽小物件、不稳固的家具等。

②设计空间布局时考虑幼儿的身高、视野及活动特点，如设置低矮的储物架，便于幼儿取放物品；保持通道宽敞，方便幼儿自由移动。

③提供多样化的功能区域，如角色扮演区、阅读角（图4-4-3）、建构区（图4-4-4）、艺术创作区等，满足幼儿不同类型的社交互动需求。

图4-4-3　阅读角　　　　　　　　　　　　图4-4-4　建构区

（2）丰富的社交素材与资源

①提供适合幼儿年龄特点的社交游戏材料，如合作拼图、集体音乐游戏道具、多人角色扮演服装及道具（图4-4-5）等，鼓励幼儿在游戏中合作、协商、分享。

②准备多元化的图书、绘本，内容涵盖友谊、情绪认知、社会规则等，以支持幼儿通过阅读理解社会关系和情感表达。

③明确且易于理解的规则：制订简洁明了、符合幼儿理解能力的班级规则，如"轮流玩玩具""说话要轻声细语""尊重他人意见"等，并以图文并茂的方式展示给幼儿；引导幼儿共同参与规则的制定与维护，增强其规则意识和责任感。

④积极的互动氛围：保育师以身作则，展示友善、尊重、耐心的行为典范，构建关爱、接纳、支持的班级文化；鼓励幼儿表达自己的想法和感受，倾听并回应他们的需求，让幼儿感受到自己的声音被重视；定期组织团队建设活动，如集体庆祝生日（图4-4-6）、季节性主题活动等，增进幼儿之间的友谊与归属感。

图4-4-5　角色扮演道具　　　　　　　　　图4-4-6　集体生日会

⑤灵活的座位安排：根据活动性质和目标，灵活调整座位布局，如小组圆桌讨论、半圆形故事会、自由结伴工作等，以促进不同形式的社交互动；定期更换座位安排，避免形成固定的小团体，鼓励幼儿与更多同伴交往。

⑥尊重与接纳的文化：尊重每个幼儿的独特性，接纳他们的差异，避免任何形式的歧视，如性别、种族、文化背景、能力等；引导幼儿欣赏他人优点，学会接纳与自己不同的观点和习惯，培养同理心和包容性。

⑦适时地引导与干预：当幼儿在社交过程中遇到困难或冲突时，保育师应及时介入，以引导性问题或温和的提示帮助他们解决问题，而非直接替代解决；对于幼儿的良好社会行为，如主动分享、关心他人、有效沟通等，保育师应及时给予正面反馈和赞扬，强化其社会性技能。

（二）设计与实施社会性学习活动

1.内容

保育师根据幼儿的年龄和发展水平，设计并实施各种旨在培养社会性技能的游戏、活动和项目。如角色扮演、小组讨论、合作游戏、故事分享、模拟社交情境等，让幼儿在实践中学习沟通、合作、协商、解决冲突、分享、遵守规则等；结合生活实际，开展社会实践活动，如参观社区设施、参与志愿服务、举办小型庆典等，让幼儿在真实社会情境中锻炼社会交往能力，增强社会责任感。

2.要点

（1）明确学习目标

①协助主班教师根据幼儿社会性发展的核心领域（如自我认知、情绪管理、人际交

往、社会规则遵守等）设定具体、可操作的学习目标。

②目标应与幼儿的年龄和发展水平相适应，既涵盖基础的社会技能，如分享、轮流、合作，也包括复杂的社会概念，如公平、尊重、责任。

（2）选择适宜的主题与内容

①选取贴近幼儿生活经验、兴趣点和社会现象的主题，如"友谊日""我是小小志愿者""我们的社区"等。

②内容设计应包含多种社会性学习元素，如角色扮演、小组讨论、合作游戏、模拟情境等，使幼儿在参与中自然习得社会性知识和技能。

（3）结构化与开放性相结合

①设计活动时应兼顾结构化指导与自由探索。例如，开始时明确活动规则和步骤，然后留出足够时间让幼儿自主互动、解决问题。

②结构化部分包括协助教师引导集体讨论、示范演示或故事讲述，以便引入主题、教授新技能或引发思考；开放性部分则允许幼儿在一定的框架内自由发挥，实践所学技能。

（4）多元化的活动形式

①结合幼儿的多元智能，采用丰富多样的活动形式，如角色扮演、小组合作项目、情境模拟、故事剧场（图4-4-7）、社交游戏等，激发幼儿积极参与。

图4-4-7 故事剧场

②活动应鼓励幼儿之间的言语交流、非言语沟通（如肢体语言、表情）以及共享注意力，以促进其社会交往能力的发展。

🔔知识链接

活动区游戏

1.表现性活动区

表现性活动区是以幼儿已有经验为导向的，通过各种开放性材料的发放，为幼儿提供自我表现与表达的机会。幼儿在这类活动区中会综合运用已有知识，在表达意愿、展示能力、充分体现自己天性和精力的过程中，进行各种创造性的活动。表现性活动区具体包括装扮区、表演区、建构区、美工区等。

2.探索性活动区

我们知道，获得新知的过程可以由教师直接传递，也可以通过环境的创设让幼儿自己去发现，活动区就是后者。一般来说，新异刺激引发的是探索活动。因此探索是以未知为导向的，目的是使幼儿通过活动对未知世界有所发现，从而获得新知，以充实自己的认知结构。对幼儿来说，探索性活动区应当是充满好奇并极具挑战性的，惊奇、疑问、尝试、发现是这类活动的一般过程，如何通过创设环境激发幼儿的认知冲突，让幼儿在不断的尝试错误中建构自己的经验，是教师对这类活动区的主要作为。探索性活动区主要包括益智区、科学区、沙水区、种植饲养区等。

3.运动性活动区

运动性活动区是指在户外场地上引发的。以粗大动作练习为主要内容的活动区域。一方面，身体运动是幼儿生长发育所必需的。喜欢运动也是幼儿的年龄特点；另一方面，阳光和空气是保障幼儿健康的自然条件，所以户外运动就成为幼儿园一日生活各项活动中必不可少的一环，每天必须进行，运动区的环境创设也就显得格外重要。运动性活动区主要包括固定运动器械区、可移动运动器材区、自然游戏区等。

4.欣赏性活动区

如果说幼儿园大部分活动区的幼儿活动方式是动手动脑进行探索与表现，那么欣赏性活动区的主要活动方式是通过用眼用脑进行理解和接受。欣赏性活动区主要包括图书阅览区和实物展览区，这是幼儿增长见识，获得自主发展的重要区域。

（三）提供适时的引导与反馈

1.内容

保育师和主班教师作为观察者和引导者，密切关注幼儿在活动中的表现，适时介入提供支持和引导，如示范恰当的社交行为、解释社交规则、协助解决冲突、鼓励幼儿表达感受和需求等；给予幼儿及时、具体、积极的反馈，肯定其社会性行为的进步，温和纠正不当行为，帮助幼儿建立正确的社会行为模式。

2.要点

（1）观察与理解

①保育师应保持敏锐的观察力，关注幼儿在活动中的行为、情绪、互动模式及问题解决策略，理解其行为背后的社会性发展需求和挑战。

②观察应全面、细致且持续，既要关注个体表现，也要关注群体动态，以便及时捕捉到需要引导的关键时刻。

（2）适时介入

①在幼儿面临困难、冲突、困惑或需要提升社会性技能的关键时刻，保育师应适时介入，以提问、建议、示范或协助等方式提供引导。

②干预应以尊重幼儿主体性为前提，避免过度干预或包办代替，鼓励幼儿在保育师的支持下自主解决问题。

（3）提问引导

①使用开放性、启发性问题，引导幼儿反思自己的行为、理解他人感受、探讨解决方案。例如，"你觉得这样做会让小明感到怎样""你们可以怎样公平地分配玩具呢"。

②提问应避免指责或质询语气，以保持幼儿的自尊心和安全感，激发其思考和解决问题的积极性。

（4）示范与模仿

①保育师可以通过亲身示范或角色扮演，展示恰当的社会行为、情绪表达、沟通技巧和问题解决策略，为幼儿提供直观的学习模板。

②鼓励幼儿模仿保育师或同伴的优秀社会行为，通过模仿学习加速社会性技能的内化。

（5）积极反馈与强化

①对幼儿展现出的良好社会行为，如分享、合作、倾听、尊重他人等及时给予具体、真诚的表扬，强调其行为的社会价值和对他人的积极影响。

②可以使用口头表扬、手势肯定、奖励贴纸、荣誉证书等形式，增强反馈的可视性和激励性，巩固幼儿的社会性学习成果。

（6）温和纠正与指导

①对于幼儿的不当社会行为，如抢夺玩具、言语攻击、逃避交往等，保育师应以温和、理解的态度指出问题，解释为何这种行为不可取，并提供替代的合适行为。

②在纠正过程中，强调规则的重要性，但同时关注幼儿的情绪反应，提供情绪疏导和支持，避免幼儿因被批评而产生抵触或自卑情结。

（7）持续跟进与调整

①在活动后及日常生活中，持续关注幼儿的社会性行为变化，评估引导与反馈的效果，如有必要，调整学习活动支持策略或提供额外的支持。

②与家长沟通幼儿在园内的社会性学习进展，提供家庭学习活动支持建议，形成家园共育的良好局面。

（四）培养情绪识别与管理能力

1.内容

教授幼儿识别和命名各种情绪，通过故事、绘本、歌曲等形式，帮助幼儿理解情绪的产生和表达方式；提供情绪管理技巧训练，如深呼吸、冷静角、情绪对话等，教幼儿如何在面对冲突或负面情绪时自我调节等。

2.要点

（1）情绪词汇与表达的引导

①教授幼儿识别并命名基本情绪，如开心、伤心、生气、害怕、惊讶、厌恶等，使用简单、直观的方式，如表情卡片（图4-4-8）、绘本、故事、歌曲等，帮助幼儿理解不同情绪的含义。

②鼓励幼儿用语言表达自己的情绪，如"我现在感觉很伤心，因为我的玩具坏了"，引导幼儿认识到表达情绪是正常且被接纳的。

（2）情绪识别的实践

①创设情境或利用日常事件，引导幼儿观察他人（包括同伴、故事角色、动画人物等）的表情、动作和言语，猜测并说出幼儿可能正在经历的情绪。

②通过角色扮演、故事讨论等活动，幼儿体验并模拟不同情境下的情绪反应，加深对各种情绪的理解和感知。

（3）情绪管理策略的教授

①向幼儿介绍并示范情绪管理的基本技巧，如深呼吸、数数、找安静的地方冷静下来、用画笔或言语表达情绪等。

②引导幼儿在实际情境中应用这些策略，如当幼儿感到生气时，提醒幼儿试试深呼吸，或者提供一个冷静角（图4-4-9）供幼儿暂时独处。

图4-4-8　表情卡片墙

图4-4-9　幼儿园情绪冷静角

（4）共情能力的培养

①通过故事、情境模拟、角色扮演等方式，幼儿站在他人的角度理解他人的情绪和需要，培养其同理心。

②鼓励幼儿在同伴遇到困难或情绪波动时，提供关心、安慰和支持，实践关怀他人的情绪。

（5）情绪接纳与理解的氛围营造

①保育师自身应展现出对各种情绪的接纳态度，不对幼儿的情绪作出评判，而是引导他们理解情绪的正常性和暂时性。

②在幼儿出现强烈情绪反应时，提供安全、支持的环境，让幼儿知道即使感到难过、生气也是可以被接纳的，同时教会幼儿如何安全、适当地表达这些情绪。

（6）情绪引导与日常生活的融合

①将情绪引导融入日常活动和常规管理中，如在点心时间谈论期待食物带来的愉快心情，在分发玩具时讨论轮流等待可能引发的耐心考验等。

②利用日常交往冲突，作为教授情绪识别、表达和解决策略的契机，如当幼儿争执时，引导幼儿识别彼此的情绪，学习用语言表达不满，寻求和平解决问题的办法。

（7）家园共育

①与家长沟通幼儿在园内的情绪识别与管理支持情况，提供家庭支持建议，例如，

如何在家中识别并回应幼儿的情绪，如何引导幼儿用语言表达情绪等。

②鼓励家长在家中延续幼儿园的情绪引导实践，如定期与幼儿讨论情绪话题，共同 知识链接
阅读有关情绪管理的绘本等。

家庭教育建

（五）家庭与社区的联动支持

1.内容

与家长保持密切沟通，定期分享幼儿在园内的社会性发展情况，提供家庭支持建议，鼓励家长在家中延续和强化幼儿的社会性学习；组织家长参与幼儿园的社会性活动，如亲子游戏、家长志愿者服务等，增强家庭与幼儿园在社会性学习活动支持上的协同效应。

利用社区资源，邀请社区成员（如消防员、医生、艺术家等）进园开展讲座或互动活动，扩大幼儿的社会交往圈子，增强其对社区的归属感。

2.要点

（1）建立有效的家园沟通机制

①定期召开家长会、举办亲子活动，及时与家长分享幼儿在园内社会性学习的情况，包括情绪识别与管理、人际交往、道德行为等方面的进展和挑战。

②使用通信软件、家长手册、教育专栏等形式，提供家庭学习支持内容指导材料，如情绪管理的小游戏、亲子互动建议等，帮助家长在家中延续和强化幼儿园的学习支持内容。

（2）引导家长参与社会性学习活动支持

①鼓励家长参与幼儿园的社会性学习活动，如邀请家长志愿者参与角色扮演、故事讲述、主题活动等，加深家长对幼儿社会性发展的直观认识。

②提供家庭学习活动支持工作坊、线上讲座等专业支持，教授家长如何在日常生活中识别、接纳和引导幼儿的情绪，如何通过亲子互动提升幼儿的社交技巧。

（3）开发家园合作项目

①设计并实施家园合作的社会性学习项目，如"情绪日记""家庭友善行为挑战"等，让家长与幼儿共同完成任务，增进亲子互动，同时强化幼儿在家庭环境中运用社会性技能的机会。

②通过"家庭观察记录"或"家长反馈表"，邀请家长记录幼儿在家中的社会性表现，保育师据此调整学习活动支持策略，确保家园学习活动支持的一致性。

（4）社区资源整合与利用

①与社区图书馆、文化中心、公园等公共机构合作，组织幼儿参加社区组织的阅读、艺术、户外探索等活动，扩展幼儿的社会交往空间，增加幼儿在真实社会情境中锻炼社会性技能的机会，如图4-4-10所示。

②邀请社区专业人士（如警察、医生、艺术家等）到幼儿园开展讲座或开设工作坊，丰富幼儿的社会认知，增强幼儿对社区角色和社会规则的理解。

（5）社区服务与公益活动：

①组织幼儿参与社区服务项目，如环保清洁、敬老院慰问、公益募捐等，培养幼儿的公民意识和社会责任感。

图4-4-10　社区儿童之家

②举办社区开放日、文化节等互动活动，邀请社区居民参与，增进幼儿与社区其他年龄段人群的互动，提升幼儿的社交适应性。

（6）政策倡导与资源争取

①积极与社区管理部门、教育部门沟通，争取政策支持和资源倾斜，如申请社区教育基金、场地支持等，以增强幼儿园在社区中的影响力和资源整合能力。

②参与或发起社区教育论坛、研讨会，与社区教育工作者、家长代表共同探讨幼儿社会性支持的有效策略和合作模式，推动社区整体学习活动支持水平的提升。

（六）持续的专业培训与自我反思

1.内容

保育师和主班教师定期参加关于幼儿社会性保教的专业培训，更新保教理念，提升学习支持技巧，确保学习支持实践的科学性和有效性；定期进行学习支持反思和案例研讨，分析幼儿社会性学习的难点和亮点，调整学习支持策略，优化活动设计。

2.要点

（1）专业培训与学习

①参加定期的社会性学习活动支持专题培训，如情绪管理、冲突解决、同伴关系培养等，更新保教理念，掌握最新的学习活动支持方法和技术。

②阅读专业书籍、期刊文章，关注行业动态，了解幼儿社会性发展的最新研究成果和最佳实践案例，不断提升理论素养和实践能力。

（2）同行交流与合作

①参加教研活动、工作坊活动、研讨会等，与其他保育师分享学习支持经验，讨论社会性学习活动支持中的难点和问题，共同寻找解决方案。

②组建或加入专业学习社群，如线上讨论组、线下读书会等，拓宽视野，获取多元化的学习活动支持观点和策略。

（3）自我反思与评估

①定期回顾和反思自己的社会性学习活动支持实践，思考学习支持活动的设计、实施、效果等方面是否符合幼儿的社会性发展需求，是否有待改进之处。

②制订个人专业发展计划，明确短期和长期的学习目标，设定实现目标的具体步骤和时间表，持续追踪自己的专业成长。

（4）观察与记录

①详细记录幼儿在社会性学习活动中的行为、反应、进步和问题，包括情绪表达、交往方式、冲突解决策略等，为反思和调整学习支持提供依据。

②利用视频、照片、文字等多种方式记录幼儿的社会性学习过程，便于回顾、分析和分享。

（5）案例分析与研讨

①选取典型的社会性学习支持案例，进行深度剖析，分析幼儿的行为动机、心理状态、社会性发展水平等因素，提炼学习支持策略和方法。

②与同事、专家共同研讨案例，探讨不同社会性学习活动支持策略的优缺点，寻求最符合幼儿需求的社会性学习活动支持路径。

（6）学习支持观摩与互评

①参加或组织学习支持观摩活动，观看其他保育师的社会性学习支持课堂，学习他们的学习支持方法和技巧，借鉴成功的经验。

②开展互评活动，与同事相互点评对方的学习支持活动录像，提出改进建议，促进共同进步。

（7）家长反馈与社区评价

①收集家长对幼儿社会性发展的反馈意见，了解家长对保育师社会性学习支持工作的评价，据此调整学习支持策略和方法。

②关注社区对幼儿园社会性学习支持工作的评价，如社区满意度调查、家长满意度调查等，了解社区对保育师社会性学习支持工作的期待和要求，提升保育师的社会责任感和学习支持使命感。

（七）评估与监测幼儿社会性发展

1.内容

建立幼儿社会性发展评估体系，定期观察和记录幼儿在社会性学习活动中的表现，评估其社会性技能的进步、情绪管理能力的提升、社会适应状况等；根据评估结果，调整学习活动支持计划，为个别幼儿提供针对性的支持，确保所有幼儿在社会性学习方面都能得到充分的关注和发展。

2.要点

（1）建立科学的评估体系

①依据幼儿社会性发展的核心领域，如情绪识别与管理、人际交往、道德行为等，设计全面、系统的评估指标，确保评估内容覆盖幼儿社会性发展的各个方面。

②选择适合幼儿年龄特点的评估方法，如观察法、访谈法、问卷法、游戏法等，确保评估过程对幼儿无压力、无干扰。

（2）持续观察与记录

①在日常活动中，持续观察幼儿的情绪表达、人际交往、问题解决等方面的表现，详细记录幼儿的行为、反应、进步和问题，为评估提供丰富、真实的素材。

②制订观察记录表，明确记录内容、格式和标准，确保记录的客观、准确、全面。

（3）定期评估与反馈

①根据评估体系，定期对幼儿进行社会性发展评估，如每学期一次、每季度一次或

每月一次，确保评估的连续性和及时性。

②将评估结果及时反馈给家长，让家长了解幼儿的社会性发展状况，共同制订针对性的学习活动支持策略。

（4）个别化评估与指导

①根据幼儿的个体差异，进行个别化评估，识别幼儿在社会性发展方面的优势和不足，制订个性化的学习活动支持计划。

②对于在社会性发展中存在困难的幼儿，提供一对一的指导和支持，如情绪管理训练、社交技巧辅导等，帮助幼儿克服困难，提升社会性能力。

（5）家庭评估与合作

①邀请家长参与幼儿社会性发展的评估，了解幼儿在家中的社会性表现，收集家长的观察和反馈，确保评估的全面性和真实性。

②与家长共同制订家庭学习活动支持策略，如情绪管理的家庭规则、亲子互动的建议等，促进家园学习活动支持的一致性。

（6）社区评估与资源利用

①利用社区资源，如社区图书馆、文化中心、公园等，对幼儿的社会性发展进行实地评估，了解幼儿在真实社会情境中的表现。

知识链接

3~6岁幼儿社会领域学习与发展目标

②与社区教育工作者、家长代表等合作，共同评估幼儿的社会性发展状况，制订社区学习活动支持策略，提升幼儿的社会适应能力。

※ **活动三** ※ ....

请结合"幼儿早期社会性学习活动支持实施流程"，举例说明保育师在幼儿早期社会性学习活动中的支持步骤。

微课

幼儿早期社会性学习活动支持实施流程

三、幼儿早期社会性学习活动支持实施流程

（一）幼儿早期社会性学习活动前的准备工作

保育师要确保幼儿社会性学习活动的顺利进行，为幼儿创造一个积极、有益的社会性学习环境，有效促进其社会性能力的发展。

1.规划活动

（1）确定主题：根据幼儿社会性发展的需求和阶段特点，选定贴近幼儿生活经验、兴趣点和社会现象的主题，如友谊、合作、公平、尊重等。

（2）明确目标：明确活动的具体目标，确保目标与幼儿的社会性发展核心领域（如情绪管理、人际交往、道德行为等）紧密相关，且可操作、可测量。

2.策划活动

（1）设计方案：结合活动主题和目标，设计丰富多样、符合幼儿年龄特点和兴趣的社会性学习活动，如角色扮演、小组讨论、合作游戏、情境模拟等。

（2）确定细节：确定活动流程、所需材料、时间安排、角色分工等细节，确保活动的有序进行。

3.物质准备

（1）材料投放：根据活动方案，提前投放所需的各种材料和道具，如角色扮演服装、合作游戏道具、情境卡片、情绪表情图等，确保材料安全、适用且有趣。

（2）环境创设：调整活动场地布局，创造利于幼儿社交互动、情绪表达和问题解决的空间环境，如设立合作区、情绪角、角色扮演区等。

4.规范活动

（1）制订规则：清晰、简明、易于幼儿理解的活动规则，如轮流发言、尊重他人观点、妥善处理冲突等，确保活动秩序。

（2）设定期望：向幼儿明确活动中的期望行为，如积极倾听、分享想法、合作解决问题等，引导幼儿形成良好的社会性行为习惯。

5.预备情绪管理

（1）情绪预备：预测活动可能引发幼儿的情绪反应，如兴奋、紧张、挫败等，提前做好情绪管理的预备工作，如教授简单的放松技巧、提供情绪支持的语言等。

（2）情绪引导：在活动开始前，通过故事、游戏（图4-4-11）、讨论等方式，引导幼儿认识和理解与活动主题相关的情绪，如友情中的快乐、合作中的成就感等，激发幼儿的参与热情。

图4-4-11 课前游戏活动

6.家园沟通与协作

（1）家园沟通：向家长介绍活动的目的、内容和预期效果，获取家长的理解和支持，鼓励家长在家中延续活动主题的相关学习活动支持。

（2）家园协作：如有必要，请求家长提供活动所需的特定资源，如家庭照片、特殊才艺展示等，增强活动的趣味性和参与感。

7.保育师准备与反思

（1）保育师的自我准备：保育师需提前熟悉活动流程，预演可能出现的问题及应对策略，确保自身对活动的掌控力。

（2）保育师的自我反思：反思以往类似活动的经验，总结成功之处和有待改进的地方，为本次活动做好调整和优化。

（二）幼儿早期社会性学习活动时的支持流程

保育师能够在幼儿早期社会性学习活动过程中提供全方位的支持，促进幼儿社会性能力的发展，同时与家长形成支持合力，共同为幼儿的社会性成长保驾护航。

1.观察与记录

保育师全程观察幼儿在活动中的行为、情绪、互动模式及问题解决策略，记录他们的表现、进展和问题，以便后续分析和干预。

2.引导与示范

当幼儿遇到困难或需要提升社会性技能时，保育师适时介入，以提问、建议、示范或协助等方式提供引导。例如，示范恰当的沟通方式、解决冲突的策略或情绪管理技巧。

3.情绪支持与调节

对幼儿的情绪反应保持敏感，提供情绪识别与表达的支持，如帮助幼儿命名和理解自己的情绪，教授情绪管理技巧。在幼儿情绪波动较大时，及时进行情绪安抚和引导。

4.促进互动与合作

鼓励幼儿之间的互动与合作，如引导他们轮流发言、倾听他人意见、共同解决问题。当出现冲突时，保育师介入调解，教授公平公正的冲突解决方法。

5.反馈与强化

对幼儿展现出的良好社会行为及时给予具体、真诚的表扬，强调其行为的社会价值和对他人的积极影响。使用奖励系统（如贴纸、积分等）进一步强化正面行为。

6.调整与优化

根据观察记录和现场情况，保育师适时调整活动节奏、难度或规则，以适应幼儿的需求和反应。如发现某个环节幼儿参与度不高，可能需要简化任务或提供更多支持。

（三）幼儿早期社会性学习活动后的支持流程

保育师在幼儿早期社会性学习活动后提供持续、深入的支持，巩固幼儿在活动中的学习成果，解决存在的问题，加强家园合作，进一步促进幼儿的社会性能力发展。

1.活动回顾与反思

与幼儿一起回顾活动过程，讨论他们在活动中的感受、收获以及遇到的挑战，引导幼儿对自己的社会性行为进行反思，如分享成功的交往经验，探讨有待改进的地方。

2.行为强化与表彰

对在活动中展现出良好社会性行为的幼儿进行公开表彰，如颁发小奖状、口头表扬或在班级公告栏展示，强化正面行为，激发其他幼儿效仿。

3.个别指导与干预

对在活动中表现出社会性发展困难或问题的幼儿进行个别谈话，提供针对性的指导和策略，如情绪管理技巧的再次讲解、人际交往问题的深入讨论。

4.家长沟通与反馈

与家长分享活动详情，包括幼儿在活动中的具体表现、进步以及需要家长关注或配合的地方，提供家庭学习活动支持建议，共同探讨如何在家庭环境中继续支持幼儿的社会性学习。

5.支持调整与优化

根据活动后的反思与评估，调整后续社会性学习活动的设计与实施，如改进活动流程、更新学习支持材料、调整学习支持策略等，以更好地满足幼儿的社会性发展需求。

6.持续观察与记录

在活动后继续关注幼儿的社会性行为变化，记录他们在日常生活中的社会性表现，评估活动效果，为下一步学习活动支持计划提供依据。

7.资源链接与整合

如果幼儿在某一方面的社会性发展需要额外支持，保育师可以链接社区资源、专业机构或家庭教育专家，为幼儿及其家庭提供专业的咨询服务或培训。

8.家园共育活动策划

与家长合作策划延伸活动，如家庭亲子游戏、社区实践活动等，将社会性学习从幼儿园延伸到家庭和社区，形成家园共育的良好态势。

※ **活动四** ※

根据"幼儿早期社会性学习发展常见问题"，分析幼儿在社会性学习活动中会遇到哪些困难。

四、幼儿早期社会性发展常见问题

幼儿早期社会性发展过程中可能会遇到一些常见问题，通常与幼儿在这个关键时期所面临的社交挑战、情绪调控、自我认知以及与他人互动的能力发展有关。

（一）社交互动困难

幼儿不善于主动发起或维持交往，如害羞、回避眼神接触、不愿意参与集体学习活动；缺乏有效的沟通技巧，如语言表达不清、难以理解他人意图、倾听能力较弱；对分享、轮流、合作等基本社交规则理解不足，导致争抢玩具、不愿等待等情况。

（二）情绪调控能力欠缺

幼儿情绪表达过于激烈，如容易大哭大闹、发脾气、难以平静下来；情绪识别能力有限，难以准确识别和命名自己的情绪以及他人的情绪；情绪管理策略匮乏，面对负面情绪时不知如何自我安慰或寻求帮助。

（三）自我认知与自我调控问题

幼儿自我意识较弱，对自己在社交关系中的角色定位模糊；自尊心与自信心不足，对自我能力与价值的认知消极，易受他人评价影响；自我控制能力差，表现为冲动行为、难以遵守规则、对延迟满足的耐受力低。

（四）同伴关系问题

幼儿交友困难，如难以融入群体、被同伴排斥或孤立；交往方式不当，如霸道、欺负他人、过度依赖他人或过度顺从他人；解决冲突能力不足，如容易陷入争吵、无法妥协或寻求成人帮助。

（五）性别角色认知与性别认同困惑

幼儿对性别角色的理解过于刻板，如认为某些活动只适合某一性别；对自身性别认同感到困惑，可能表现为对性别角色的反叛或模仿异性行为。

（六）道德规范与社会规则理解与遵守问题

幼儿对基本的道德规范如诚实、尊重他人、公平正义等理解不足；遵守社会规则的意识淡薄，如不排队、乱扔垃圾、未经许可拿取他人物品等。

（七）亲子关系与依恋问题

幼儿与父母或其他主要抚养者的依恋关系不稳定，可能表现为分离焦虑、过度依赖或冷漠疏离；家庭环境中的冲突、忽视或过度保护可能影响幼儿的社交信心与技能发展。

（八）社会适应性问题

幼儿对新环境（如幼儿园、亲友家）适应慢，表现出明显的不安、抗拒或退缩行为；面对社会压力（如学业、竞争）时表现出过度焦虑、逃避或反抗行为。

这些问题并非所有幼儿都会全部经历，且程度和表现形式因个体差异而异。保育师、家长应及早识别这些问题，并采取适当的干预策略，如提供适宜的社会性学习活动、营造良好的家庭与幼儿园环境、进行情绪引导等，有助于幼儿克服这些挑战，促进其社会性健康发展。

实训视频

“幼儿情绪调控指导”实训节选

任务实训

幼儿情绪调控指导

实训目的

（1）通过实训，将所学幼儿情绪管理理论知识转化为实践操作。

（2）锻炼观察、分析、沟通、引导等专业技能，提高在实际情境中帮助幼儿识别、表达、调节情绪的能力。

（3）体验并理解保育师在幼儿情绪管理中的角色定位，培养耐心、爱心、同理心等职业素养。

实训内容

引导幼儿识别和命名基本情绪，如开心、伤心、生气、害怕等，通过游戏、故事、表情卡片等手段帮助幼儿理解情绪的含义和表现；教授幼儿如何用语言、绘画、肢体动作等方式恰当地表达自己的情绪；介绍并示范深呼吸、数数、冷静角、情绪涂鸦等情绪调控策略；通过角色扮演、故事讨论等活动，帮助幼儿理解他人的情绪；模拟幼儿在日常生活和游戏中可能遇到的情绪冲突场景，引导幼儿用沟通、协商、妥协等方式解决问题。

实训步骤

（1）介绍实训目的、内容和步骤，讲解情绪管理相关理论要点。

（2）分组进行模拟实训，扮演保育师使用实训材料引导虚拟幼儿进行情绪识别、表达、调控等练习。

（3）小组内互换角色，体验幼儿视角，随后进行小组讨论，分享实训心得，反思并改进策略。

（4）邀请教师对各小组的实训情况进行点评，指出优点与不足，提供有针对性的指导和建议。

（5）撰写实训报告，反思个人在实训过程中的表现，总结学到的知识与技能，提出后续学习与实践的改进计划。

🎯 **实训材料**

情绪卡片或表情图（用于帮助幼儿识别和表达不同情绪）、情绪故事书或视频（多种情绪情境，引导幼儿理解和讨论）、情绪调控工具包（深呼吸计时器、情绪涂色本、冷静角标识牌等实用道具）、情绪问题解决剧本（设计若干幼儿可能遇到的情绪冲突情境，进行模拟演练）、实训手册（实训目标、内容、步骤、评价标准等详细说明，供实训参考）。

🎯 **实训评价**

学生与教师共同组成评审团，按照表4-4-2的内容进行考核、打分。

表4-4-2　实训考核表

序号	考核维度	考核内容	配分/分	学生自评	学生互评	教师检评	得分/分
1	时间要求	在规定时间内完成实训	10				
2	质量要求	观察与识别幼儿情绪的敏锐度	10				
		有引导幼儿表达情绪的技巧	15				
		教授情绪调控策略有效	15				
		处理情绪问题灵活	10				
		总结反思有针对性	10				
3	准备要求	做好实训的知识、技能、工具准备	15				
4	沟通要求	在与组长、组员、评委、指导老师等相关人员进行沟通时注重沟通技巧	15				
总分							

知识链接

评分标准

注：①实际得分=学生自评×10%+学生互评×20%+教师检评×70%。

②考核满分为100分，0～59分为不及格，60～69分为及格，70～84分为良好，85～100分为优秀。

💡 **任务拓展**

一、单选题

1.个体社会性发展的关键时期是（　　　）。

A.幼儿早期　　　　　B.幼儿中期　　　　　C.幼儿晚期　　　　　D.幼儿期

2.（　　　）是个体为了适应社会生活所表现出来的符合社会规范的心理和行为特征。

A.生理性　　　　　B.社会性　　　　　C.系统性　　　　　D.整体性

3.下列关于幼儿早期社会性学习的描述不正确的是（　　　）。

A.幼儿在生命初期阶段，与周围环境、重要抚养者及其他个体的互动

B.逐渐习得、内化社会规范、社会角色、社会技能以及社会情感

C.适应社会生活、建立人际关系、形成自我认同

D.具备成熟的社会适应能力的过程

4.幼儿早期社会性学习活动的内容不包括（　　　）。

A.创设适宜的社会环境　　　　　　　B.设计与实施社会性学习活动

C.提供适时的引导与反馈　　　　　　D.体育锻炼

5.小米说"我现在感觉很伤心，因为我的玩具坏了"，这属于培养情绪识别与管理能力中（　　　）的支持。

A.培养幼儿积极情绪　　　　　　　　B.情绪词汇与表达的引导

C.情绪识别的实践　　　　　　　　　D.情绪管理策略的教授

二、多选题

1.下列有助于培养幼儿共情能力的方法是（　　　）。

A.故事　　　　　　　B.情境模拟　　　　C.角色扮演　　　　D.学习

2.下列属于幼儿早期社会性学习活动中家庭与社区联动支持要点的是（　　　）。

A.建立有效的家园沟通机制　　　　　B.引导家长参与社会性学习活动支持

C.开发家园合作项目　　　　　　　　D.定期联系家庭医生

3.评估与监测幼儿早期社会性发展的支持要点包括（　　　）。

A.建立科学的评估体系　　　　　　　B.持续观察与记录

C.定期评估与反馈　　　　　　　　　D.个别化评估与指导

E.家庭评估与合作　　　　　　　　　F.社区评估与资源利用

4.保育师实施示范与模仿的支持包括（　　　）。

A.亲身示范　　　　　B.角色扮演　　　　C.模仿学习　　　　D.口头表扬

E.温和纠正

5.幼儿早期社会性学习活动主题应符合的要求有（　　　）。

A.家长喜欢　　　　　　　　　　　　B.贴近幼儿生活经验

C.内容设计包含多种社会性学习元素　D.教师擅长的领域

三、判断题

1.幼儿早期社会性学习支持是指为促进幼儿顺利进行社会性学习，成人以及其他社会系统提供的有意识、有计划的环境营造、资源提供、策略运用及互动方式，旨在满足家长对幼儿社会性发展的需求。　　　　　　　　　　　　　　　　　　（　　　）

2.社会性学习活动支持有助于幼儿提升社会适应能力。　　　　　（　　　）

3.保育师在设计幼儿早期社会性学习活动空间布局时考虑幼儿身高、视野及活动特点，设置低矮的储物架。　　　　　　　　　　　　　　　　　　　　　（　　　）

4.游戏结束后，为避免幼儿过于疲倦，保育师不应组织幼儿收拾区角材料。（　　　）

5.在幼儿期，幼儿情绪调控能力已经很成熟，不会出现大哭大闹的现象。（　　　）

任务五 实施幼儿早期科学学习活动支持

任务目标

▶ **知识目标**：理解幼儿早期科学学习活动支持的意义，掌握幼儿早期科学学习活动支持的内容及要点。

▶ **能力目标**：根据幼儿早期科学学习活动前、中、后的支持实施流程，能科学有效地支持幼儿的科学学习。

▶ **素质目标**：激发并深化对保教工作的热情与专注，树立责任意识。

任务准备

（1）预习本任务内容。

（2）阅读案例，完成案例下面的思考题。

[案例] 在一次幼儿科学课上，保育师彭老师设计了一个"小小植物学家"的活动。她带领孩子们来到花园，让幼儿观察不同植物的生长情况，并让幼儿亲手触摸、闻味、记录。彭老师鼓励幼儿提问，如"为什么这种植物叶子是绿色的""这朵花为什么有香味"等。回到教室后，彭老师用图画和简单的文字解答了幼儿的问题，并一起制作了植物生长的小模型。

[思考] 案例中保育师的做法正确吗？作为未来的保育师，你认为彭老师应从哪些方面支持了幼儿的科学学习活动呢？

任务支撑

※ 活动一 ※

结合"幼儿早期科学学习活动支持的意义""幼儿早期科学学习活动支持的要点"，思考保育师如何实施幼儿早期科学学习活动支持。

一、幼儿早期科学学习活动支持的内涵

幼儿早期科学学习活动是指针对幼儿阶段的幼儿设计的一系列旨在促进他们对自然界和周围环境的认识、理解、探索和发现的学习支持活动。这些活动通常包括观察、实验、操作、讨论和创造性思考等多种形式，旨在通过互动和游戏的方式来激发幼儿的好奇心，培养幼儿的科学思维和问题解决能力。3～6岁幼儿正出于好奇心旺盛、探索欲望强烈的时期，幼儿对周围世界的好奇心和疑问，如同繁星般闪烁，照亮了幼儿探索未知的道路。科学学习活动不仅能够满足幼儿的好奇心，更能够激发幼儿的探索欲望，对于促进幼儿的全面发展具有深远影响。

（一）幼儿早期科学感知

幼儿早期科学领域的学习是一个综合性、多样性的过程，它将促进幼儿对自然和科

学的认知，培养幼儿的好奇心和探索欲望，激发幼儿的创造力和想象力，并为幼儿未来的学习和生活奠定坚实的基础。家长和保育师应该提供丰富的科学资源和环境，鼓励幼儿积极参与科学活动，培养幼儿对科学的兴趣和热爱。

1.感知自然现象

幼儿将学习观察和感知日常生活中的自然现象，如天气变化、日夜交替、四季更替等。通过观察和记录，幼儿可以了解自然现象的变化规律，并对自然界产生好奇心和探索欲望。

2.探索物质世界

幼儿将学习通过各种感官探索和了解物质世界，如触摸、闻味、观察颜色等。幼儿可以认识不同的物体和材质，了解它们的性质和用途。

3.认识生命多样

幼儿将了解不同生物的多样性和生命的共同特征。通过观察和探索，幼儿可以了解动植物的生长和繁衍过程，培养对生命的敬畏和尊重。

4.体验科技乐趣

幼儿将有机会接触和体验简单的科技产品和玩具，如机器人、玩具车等。通过这些体验，幼儿可以了解科技的基本原理和应用，培养对科技的兴趣和好奇心。

5.培养科学思维

在科学领域的学习中，幼儿将培养科学的思维方式和解决问题的能力。幼儿可以学习提出问题、观察实验、得出结论等科学方法，培养逻辑思维和批判性思维。

6.激发创造想象

科学领域的学习不仅限于概念和对模型现有知识的理解，更重要的是激发幼儿的创造力、学习力和想象力。通过创新和实验，幼儿可以发挥自己的想象力，创造新的科学知识。

7.学习安全知识

在科学领域的学习中，幼儿将学习安全知识，了解如何正确使用实验工具和材料，避免潜在的危险。幼儿可以学习如何保护自己和他人的安全，并养成良好的安全习惯。

8.养成良好习惯

在科学领域的学习中，培养幼儿良好的学习习惯和生活习惯。幼儿可以学习如何保持专注、分享和交流、尊重他人等习惯，为未来的学习和生活奠定良好的基础。

（二）幼儿早期科学学习活动的特点

在幼儿成长的早期阶段，幼儿利用他们的感官和肢体动作作为探索世界的窗口，这一过程不仅是丰富的感知经历，更是心智发展的基石。因此，科学学习活动重在培养幼儿的好奇心、观察力和基本的分类、比较、因果关系等思维能力，幼儿早期科学学习活动应体现如下特点。

1.探索性

保育师鼓励幼儿通过观察、实验和操作等手段，自主探索自然界的奥秘和科学原理。

知识链接

幼儿科学实验中常用的工具和材料

2.实践性

通过动手实践活动，幼儿亲身参与和体验科学过程，从而加深对科学知识的理解。

3.互动性

通过小组合作、讨论和交流，促进幼儿之间的相互学习和知识共享。

4.趣味性

将科学学习融入游戏和有趣的情境中，提高幼儿的学习兴趣和参与度。

5.适龄性

保育师根据幼儿的认知发展水平和兴趣特点，设计适宜的科学学习内容和活动。

6.整合性

将科学学习与其他学科领域相结合，形成跨学科的综合学习体验。

（三）幼儿早期科学学习活动支持的重要性

科学学习活动在幼儿全面成长中扮演着不可或缺的角色，通过亲身参与科学活动，幼儿不仅能够满足探索未知世界的好奇心，还可以在观察、实验和解决问题的过程中锻炼观察力、思考力和动手能力。这种综合性的学习体验不仅能丰富幼儿的知识储备，更能培养幼儿的科学思维、创造力和解决问题的能力，为幼儿的未来发展奠定坚实的基础。

1.满足幼儿的好奇心和探索欲望

幼儿天生好奇，心灵如沃土，滋生探索欲望。保育师应当呵护并激发其好奇心，提供丰富材料与情境，满足幼儿的探索欲，使幼儿在探究中体验满足与快乐。如在探索物质溶解性的实验中，保育师可为幼儿提供水、不同物质（如糖、盐、沙子等）和容器，让幼儿观察哪些物质可以溶解在水中，哪些不能。这种活动能激发幼儿对物质特性的好奇心，引发幼儿对溶解原理的探索。

2.提高幼儿解决问题的能力

在科学活动中，幼儿需要面对各种问题和挑战，通过观察和实验寻找解决方案。这种过程能锻炼幼儿的逻辑思维能力、分析问题的能力以及解决实际问题的能力。保育师配合教师可以设计一个有趣的实验任务，如让幼儿利用提供的材料制作一个小船，使其能够漂浮在水面上，幼儿需要思考如何利用材料制作小船，并尝试不同的方法来解决问题。

3.跨学科融合学习

在科学活动中，幼儿可以接触到各种新的概念和知识，像数学、艺术、语言等相互关联，有助于促进幼儿跨学科融合学习。如在观察昆虫的活动中，保育师引导幼儿通过绘画和制作昆虫模型锻炼艺术表达力，同时记录昆虫数量和种类以培养数学和语言能力。这种跨学科学习有助于幼儿理解世界，促进其智力与思维能力的发展。

4.提高幼儿的社交能力

幼儿科学学习活动对于幼儿的社交能力也具有积极的影响。在科学活动中，幼儿需要与他人合作、分享和沟通，这有助于培养幼儿的团队协作能力和社交技巧。如大班幼儿通过参与小组科学实验，合作搭建一座小桥，不仅能锻炼幼儿的动手能力，更能在共同解决问题的过程中让幼儿学会倾听、表达和协商。

5.提高幼儿的科学素养

科学学习活动可以让幼儿更加深入地了解科学，从而培养幼儿对科学的热爱和追求。如保育师让幼儿观察植物生长（图4-5-1），激发幼儿的好奇心，引导幼儿提出问题并寻找答案。这种互动式学习培养了幼儿的科学素养，为未来深入学习自然科学奠定了坚实的基础。

图4-5-1　种植豆子

6.增强幼儿的自信心和兴趣

在科学学习中，幼儿通过努力探索获得成功体验，增强自信；有趣的实验活动激发科学兴趣，培养学习热情。幼儿独立完成复杂科学制作项目，如成功发射自制小型火箭模型，幼儿会获得巨大成就感，进而增强幼儿的自信心和提高学习兴趣，使幼儿更加热爱科学学习。

二、幼儿早期科学学习活动支持的内容及要点

保育师在幼儿早期科学学习活动中起着至关重要的作用，保育师的支持涵盖环境、互动、情感、共育和评估等多个方面，旨在支持幼儿的科学探索和学习。

（一）创设科学环境

1.内容

保育师为幼儿提供一个充满科学元素和探究机会的学习环境，能激发幼儿的好奇心，促使他们自由地进行实验、观察和发现，从而积极主动地参与科学学习。

2.要点

（1）布置科学角落：在教室或走廊设置专门的观察区，可以是小型温室、鱼缸或是昆虫观察箱等，配备植物种植箱或花盆，如图4-5-2所示，设备和材料均摆放在易于取用的位置，保育师定期给植物浇水、清理落叶、打扫地面等，保持环境整洁美观。

图4-5-2　植物观察区

（2）展示丰富的科学素材：墙面可以布置一些与科学相关的图案、图表和照片（图4-5-3），让幼儿能够随时接触，激发幼儿的好奇心。

（二）投放科学材料

1.内容

保育师为不同年龄和认知水平的幼儿提供生物标本、植物种子、简单的科学实验器材和探究工具等丰富多样的科学材料；定期更新和丰富科学角落的学习资源，让幼儿持续保持对科学的好奇心和探索欲望，促进幼儿的认知发展。

2.要点

（1）多样性和适龄性资源：选择符合幼儿认知水平和兴趣的幼儿科学教材、科学图书和绘本、多媒体科学教具、科学玩具等，具有一定的趣味性及学习活动支持意义。

（2）易于获取和操作：科学材料应该易于获取和操作，不需要花费太多的时间和金钱，便于幼儿进行探索和实验。如图4-5-4所示为种子基地，可供幼儿在此观察种子的变化。

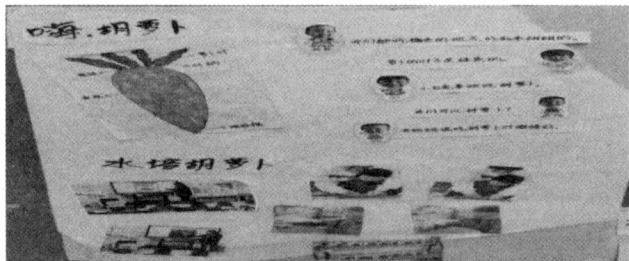

图4-5-3　科学图片

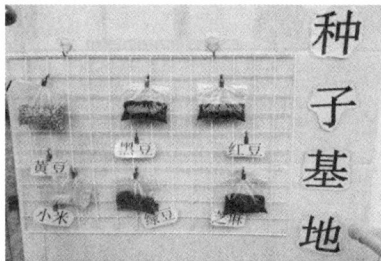

图4-5-4　种子基地

（3）目标化和任务化：提供的科学材料应该与特定的科学目标或任务相关联，以帮助幼儿理解和掌握知识。

（三）鼓励多样化活动

1.内容

保育师将科学学习活动支持渗透在幼儿一日生活的环节中，以幼儿的生活为背景，通过值日生（天气播报、自然角的照料）工作和幼儿的自主与随机探究积累科学经验，是幼儿科学学习与科学学习活动支持的重要途径。

2.要点

（1）科学发现：引导幼儿在一日生活环节中科学发现，如厕与盥洗、进餐与饮水、午睡、户外学习活动等生活环节与活动中处处隐藏着学习活动支持契机，保育师组织一定时间的集体或小组体育活动、游戏活动，允许幼儿选择器械进行自由活动，或者组织幼儿观察或探究园区内的小生物或各种有趣的事物或现象。

（2）天气预报：设置每天的天气播报，幼儿通过关注天气状况、温度变化、风力大小、适宜的穿着打扮与户外学习活动等内容，了解天气的变化特点及其与人们生活和活动之间的关系。

（3）"野外"考察：保育师带领幼儿进行"野外"考察，让幼儿亲近大自然，实地体验并探索大自然的奥秘，培养幼儿对自然的热爱和环保意识。

（四）引导与启发式探究

1.内容

保育师精心设计、配合和准备科学活动，包括活动前的讨论、探索过程和活动后的整理、分析、归纳，以及在活动中的适时提问、有效鼓励和引导幼儿个体或小组进行思考和讨论，以确保活动的有效性。启发式探究方法强调幼儿的主动参与和探究，而不是被动接受知识。保育师可以采用启发式的探究方法，提出一些问题或设置一些情境，引导幼儿观察、思考和探索。

2.要点

（1）问题要有启发性：保育师提出的问题应具有启发性和思考性，能够引导幼儿深入思考并探索答案。

（2）情境要真实有趣：设置的情境应尽可能真实有趣，能够吸引幼儿的注意力并激发幼儿的探究欲望。

（3）给予幼儿足够的时间和空间：在进行启发式探究时，保育师应给予幼儿足够的时间和空间来观察、思考和探索，不要急于给出答案或进行干预。

🔔**知识链接**

"野外"考察活动不同阶段的关键提问见表4-5-1。

表4-5-1　"野外"考察活动不同阶段的关键提问

活动前的预想与讨论	活动中的关键提问	活动后的整理、分析与归纳
活动会发现什么？ 为什么这么想？（依据） 需要带哪些物品和工具？ 怎样保存和带回你采集到的"宝贝"？	你找到的东西是什么？（识别物品） 你在哪儿找到的？它原来可能在什么地方？（关注物品的来源及其与周围环境的关系）	这些东西我们可以怎么分类？（分类活动） 为什么这样分？你是怎么想的？（关注分类标准） 这次活动你有什么新发现？和你原来想的一样吗？为什么？

（4）注重个体差异：每个幼儿的发展水平和兴趣点都有所不同，保育师应根据幼儿的个体差异进行有针对性的启发和引导。

（五）引导合作与互动式学习

1.内容

根据《幼儿园教育指导纲要（试行）》中提到的"幼儿园教育应尊重幼儿的人格和权利，尊重幼儿身心发展的规律和学习特点"，保育师在组织小组学习活动时，应确保每个幼儿都有机会参与和表达，促进幼儿之间的平等交流和合作。同时，保育师应注意幼儿的性格、能力和兴趣爱好的搭配，以便幼儿能够相互帮助、共同学习。

2.要点

（1）组织科学游戏：设计自然观察、科学实验、物理探索等游戏，通过规则引导幼儿观察记录、动手实践、团队合作和分享交流，锻炼观察力、动手能力和合作能力。

（2）合理分组与分工：根据幼儿的性格、能力和兴趣进行分组，每小组成员明确分工，确保每个成员的能力与角色相匹配，以实现团队的整体效率和目标的顺利达成。

（3）开展小组讨论：通过提出引人入胜的问题、分组鼓励交流、倾听并引导讨论，以及总结分享经验，来有效引导幼儿开展小组讨论。

（4）鼓励合作与分享：创设合作环境，提供分享机会，以激发幼儿合作意愿，促进知识经验的共享与互补。

（六）情感与态度支持

1.内容

根据《3～6岁儿童学习与发展指南》中"关注幼儿的学习特点和个性差异，尊重和理解幼儿的学习方式和速度"的要求，保育师应尊重每个幼儿的特点和差异，关注幼儿在科学学习活动中的情绪体验，鼓励幼儿大胆尝试和探索。

2.要点

（1）细心洞察：保育师需细心观察幼儿的学习特点、兴趣和个性，了解幼儿在科学探索中的需求和表现，重视并认真对待幼儿的问题，尊重幼儿的想法和观点，支持和引导他们的积极猜想和假设。

（2）循循善诱：保育师应创造条件支持幼儿通过观察、调查或有趣的小实验来寻找问题的答案，耐心引导幼儿学习，给予幼儿充足的时间和空间进行探索和发现，避免急于求成。当幼儿在科学探索中遇到困难时，及时为幼儿提供情感支持，帮助幼儿克服在科学学习活动中可能遇到的挫折和困难。

（七）家长参与和支持

1.内容

根据《幼儿园教育指导纲要（试行）》中提到的"家庭是幼儿园重要的合作伙伴"，保育师需定期与家长沟通幼儿科学学习活动的情况，鼓励家长创造科学学习活动的家庭环境，了解幼儿在家中的科学学习活动进展，分享幼儿在园中的学习成果，实现家园共育。

2.要点

（1）建立稳定沟通：确保与家长保持及时、有效地联系，共同关注幼儿的科学学习活动进展。

（2）推荐支持资源：为家长提供科学学习活动支持建议和资源，助力家庭科学环境的营造。

（3）助推家园共育：通过园内活动，吸引家长参与，提升家长对科学学习活动支持的关注度和参与度。

（4）倾听家长心声：积极采纳家长的意见与建议，不断优化科学学习活动支持方法，共同营造家园共育的和谐氛围。

（八）评估与反馈

1.内容

根据《3～6岁儿童学习与发展指南》中"关注幼儿的学习过程和学习品质"的要

求，保育师通过细致观察、详细记录和全面评估幼儿在科学活动中的表现，能够深入了解其学习水平和兴趣点，进而提供精准而个性化的反馈与指导，助力幼儿提升科学学习能力。

2.要点

（1）关注结果，侧重过程：保育师针对幼儿科学学习活动的评估应侧重于在科学学习过程中的表现和努力，可以进行实时观察，记录幼儿的行为、语言和互动情况，了解幼儿的兴趣、好奇心以及解决问题的能力。

（2）关注作品，及时评估：幼儿在科学活动中可能会创作一些作品，如绘画、手工制作等。保育师应通过幼儿的作品来评估幼儿的创造力、观察力和对科学概念的理解程度，引导幼儿进行自我评价，培养幼儿的自我反思能力和自主学习能力。

（3）及时反馈，科学指导：在活动结束后，立即给予幼儿正面的反馈和鼓励，表扬幼儿的努力、创造性和合作精神，指出幼儿在活动中表现出的亮点和进步，使用多种方式进行反馈，如口头表扬、小奖品、贴纸、奖状等，以增加反馈的趣味性和激励性。在活动后持续关注幼儿的学习兴趣和需求，确保活动始终符合幼儿的发展水平和兴趣点。

（4）关注成长，鼓励为主：鼓励幼儿观察身边的自然现象，引导幼儿提出自己的问题，培养幼儿主动思考和解决问题的能力；鼓励幼儿与同伴一起进行科学探索，通过合作学习，培养幼儿的团队协作能力和沟通交流能力。

知识链接

3~6岁幼儿科学学习活动目标

※ 活动二 ※

分小组探讨幼儿早期科学学习活动前应该做好哪些准备。思考在幼儿科学学习活动中的支持步骤是怎样的。

三、幼儿早期科学学习活动支持实施流程

微课

幼儿早期科学学习活动支持实施流程

（一）幼儿早期科学学习活动前的准备工作

保育师要确保科学活动的顺利进行，为幼儿营造一个温馨舒适的学习环境。

1.了解科学学习活动的要求

保育师在开展科学学习活动前，应深入了解活动的目标与要求，确保自己能够准确把握活动的重难点，有针对性地做好环境准备和材料选择，确保活动的顺利进行。

2.协助教师布置活动场地

在了解了活动要求后，保育师应协助教师共同规划和布置活动场地，包括选择合适的场地、安排桌椅的摆放、设置实验区或观察区等，如保育师为确保听力、视力受限及内向幼儿的学习体验，应将其座椅安排在靠近教师的位置，便于教师为幼儿提供精准指导。保育师应根据活动的需要，与教师紧密合作，确保场地布置既符合科学学习的要求，又能吸引幼儿的兴趣。

3.环境准备

保育师应确保科学学习活动场地的环境整洁、安全，仔细检查活动场地，确保没有安全隐患，提前调整好温度、光线等条件，可以通过摆放绿植、装饰墙面等方式，为幼

营造一个良好的学习氛围。

4.教具和材料投放

在科学学习活动前，教具和材料的投放是确保活动顺利进行的关键环节。保育师需要提前投放好所需的教具和材料，如量筒、放大镜、昆虫标本、记录本、手套等，并在活动前进行仔细检查，确保数量充足、完好无损、无安全隐患。

5.生活物品准备

保育师需要精心准备各种日常生活用品，充分考虑幼儿的年龄特点和活动需求，以确保幼儿在活动中的基本需求得到满足，并提供幼儿充分的照顾和支持，如为年龄较小的幼儿选易抓握的水杯、纸巾，助其自理；对年龄较大的幼儿可给具操作性的物品以培养其自理能力。活动前预测需求，如实验服、防晒用品等，保障安全与活动顺利进行。

6.关注幼儿的需求

在科学学习活动前，保育师应确保幼儿有序完成幼儿的生活准备，营造良好学习环境，并关注幼儿情绪，及时安抚与调节。同时，说清科学学习活动的注意事项，维护课堂秩序，为高效学习铺路。保育师还需了解个别幼儿需求，提供辅助设备和心理疏导，鼓励其积极参与。

7.保育师自身准备

保育师应了解活动主题，掌握相关科学知识和实验原理，确保自身具备足够的知识和技能来指导幼儿进行科学探究。同时，保育师提前模拟实验的步骤，确保实验的顺利进行。

（二）幼儿早期科学学习活动过程中的支持流程

保育师在幼儿科学学习活动过程中的配合工作是非常重要的，保育师应与教师紧密合作，确保活动的顺利进行，并满足幼儿的需求。

1.活动导入与参与

（1）活动导入：在科学活动过程中，保育师协助教师通过生动的故事讲述、有趣的实验演示或贴近生活的情境创设，巧妙地辅助活动引入，激发幼儿对科学的好奇心与探索欲望。

（2）示范与指导：在科学活动过程中，保育师演示科学活动的操作方法，清晰展示实验器材的正确使用方法、实验步骤的关键环节以及安全操作规范等，逐步引导幼儿跟随示范进行动手操作。

2.安全监护

（1）持续监督：在科学活动进行过程中，保育师应保持高度警惕，实时监控幼儿的操作情况，一旦发现有不安全或不合规的行为，立即进行制止和纠正，确保活动的安全进行。

（2）精准介入：存在安全隐患时，保育师应迅速介入，确保幼儿安全。

3.卫生维护

（1）保持干净：在活动过程中，保育师应适时清理科学实验的残留物和废弃物，如用过的纸巾、棉签、废液等，保证实验环境的整洁和安全。同时，也要定期清洁实验器材和桌面，确保实验环境的无菌无尘。

（2）注意个人卫生：实验过程中，保育师应提醒幼儿避免直接用手触摸口鼻，以防细菌传播。

4.反馈与激励

（1）即时反馈：保育师应迅速、明确地回应幼儿的操作和观察，用语言、表情或手势给予肯定或建议，帮助幼儿了解自身表现，及时调整学习策略。

（2）有效激励：保育师应适时以口头表扬或鼓励眼神等方式，肯定幼儿在科学活动中的积极表现和创新思维，激发幼儿的兴趣和热情，增强自信，促进幼儿在科学领域的持续发展。

5.突发事件的处理

（1）评估伤势：保育师应迅速评估幼儿伤势，判断是否需要紧急医疗援助。

（2）急救措施：保育师应冷静应对，运用急救知识处理伤口，安抚幼儿情绪。

（3）通知相关人员：保育师应及时通知园内其他工作人员及家长，说明情况。

（4）联系医疗救助：发现重伤或不适持续，保育师应迅速联系救护车或附近医疗机构。

（5）记录事故：保育师应详细记录事故详情，为后续调查和改进提供依据。

（三）幼儿早期科学学习活动后的支持流程

在科学学习活动结束后，保育师的支持流程如下。

1.回顾和总结

（1）引导回顾：保育师应配合教师通过提问的方式，引导幼儿回顾自己在科学学习活动中的观察和发现，如"你们今天在科学活动中做了什么实验？""你们看到了什么有趣的现象？"

（2）总结要点：保育师应配合教师帮助幼儿总结活动的主要内容和学到的新知识，用简单明了的语言解释科学概念，确保幼儿理解。

（3）鼓励分享：保育师应配合教师组织一个分享环节，鼓励幼儿用自己的语言描述自己的观察和感受，这有助于幼儿巩固记忆和理解。

2.整理和检查

（1）指导分类：保育师应示范如何正确分类整理实验器材和材料，然后指导幼儿自己进行分类整理，培养幼儿的分类和整理能力。

（2）培养习惯：保育师应通过鼓励和表扬的方式，帮助幼儿建立活动后整理的好习惯，培养幼儿的责任感和独立性。

（3）安全检查：在整理结束后，保育师应进行安全检查，确保所有器材和材料都妥善存放，没有安全隐患。

3.卫生消毒

（1）清洁活动区域：在科学学习活动后，保育师需彻底清洁活动区域，清除杂物并使用清洁剂对地面（图4-5-5）、桌面和椅子、实验台、器具及容器进行全面清洁。

（2）更换受污染物品：及时更换并清洗消毒可能接触实验物质或受污染的床单、毛巾、衣物等物品，确保卫生安全。

（3）组织盥洗：确保参与活动的幼儿使用肥皂和清水彻底清洗双手，以预防细菌和病毒的传播。

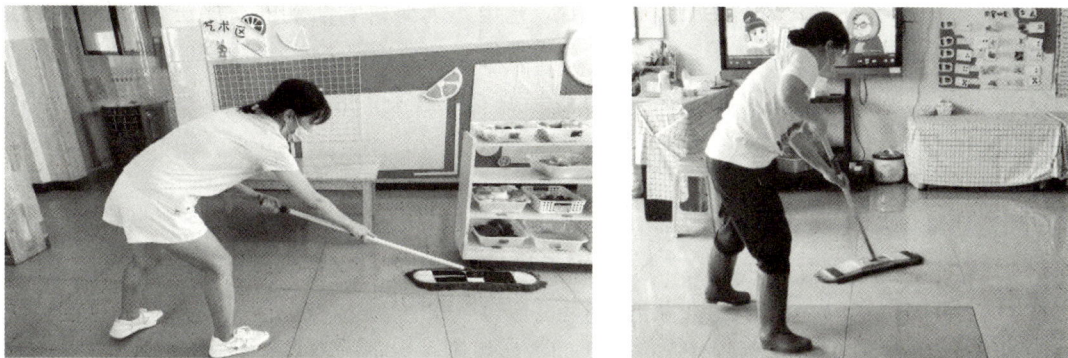

图4-5-5 清洁地面

4.关注幼儿的情感反应

（1）观察情绪：保育师在活动结束后应细心观察幼儿的情绪变化，注意幼儿是否感到兴奋、好奇或困惑。

（2）提供安慰：对失落或沮丧的幼儿，给予安慰与鼓励，促其积极参与后续科学活动；对情绪积极的幼儿，提供正面反馈，进一步激发其对科学学习的兴趣与热情。

5.家园共育

（1）分享进步：保育师可以向家长分享幼儿在科学学习活动中的表现，肯定幼儿的进步。

（2）家园合作：保育师可以主动与家长建立合作关系，虚心听取家长的建议，共同关注和支持幼儿的科学学习和发展。

※ **活动三** ※ ···

结合"幼儿早期科学学习活动支持注意事项"，分小组探讨幼儿早期科学学习活动支持有哪些注意事项。

··

四、幼儿早期科学学习活动支持注意事项

幼儿早期科学学习活动支持注意事项的重要性不容忽视，它为幼儿科学学习活动的顺利开展提供了坚实的保障。

（一）安全性

保育师应确保所有科学材料无毒、安全，如使用无毒的颜料进行色彩混合实验；教授幼儿稳定地握住放大镜的方法，避免其滑落或碰撞；进行实验时，提醒幼儿应穿戴适当的服装，如长袖长裤，避免皮肤直接接触可能产生刺激的物质。

（二）适宜性

针对幼儿不同年龄和认知水平的差异，保育师协助教师在选择科学实验和活动时，

应考虑适宜性。如对于4~5岁的幼儿，可以选择"植物生长实验"，这样的实验既不会让幼儿觉得枯燥无味，也不会超出幼儿的理解范畴。

（三）自由探索的环境与材料投放

保育师提前投放好材料，保证材料供应充足，确保科学活动的有序进行。同时为幼儿提供一个专门的探索空间，设立专门的科学角，摆放有趣的实验器材，如磁铁、电池等；展示自然物品，如石头、树叶、昆虫等；放置于科学相关的图书和绘本，供幼儿阅读和学习。

（四）反馈与激励

当幼儿提出问题或找到答案时，保育师应给予幼儿积极的反馈和赞扬，如"你做得很好"或"我很高兴看到你尝试"，以增强幼儿的自信心和对科学的探索欲望；保育师引导幼儿欣赏同伴的科学学习活动的创意作品，鼓励幼儿从中汲取灵感，尝试在自己的科学探索中融入新的想法和创意，以促进幼儿创造性思维的发展。

（五）记录与评价

在科学学习活动中，保育师应全面观察并记录幼儿表现与发展，同时采用正面评价，关注幼儿亮点与进步，而不应过分强调实验的精确性。

这些支持注意事项不仅关乎幼儿学习的安全和成长，更是培养其创造性思维的关键。

实训视频

"幼儿科学学习活动'颜色混合'"实训节选

任务实训

幼儿科学学习活动"颜色混合"

实训目的

（1）理解"颜色混合"对于幼儿探索色彩奥秘的重要性，掌握指导幼儿进行"颜色混合"的基本技能。

（2）提升与幼儿沟通互动、引导幼儿参与实验的能力。

（3）通过与幼儿的互动，增强对幼儿的关爱和耐心。

实训内容

探究幼儿颜色认知能力的发展历程，洞悉其对心理成长的助力，并探索两者间紧密交织、相互促进的关系；设计符合幼儿年龄特点和认知发展的颜色混合活动方案（包括色彩选择、材料准备、支持方法等）；示范演示并引导幼儿进行颜色混合实验（包括激发幼儿对色彩的兴趣、适时引导探索、肯定鼓励幼儿的发现）；实施颜色混合活动过程中的安全防范措施；展示和欣赏幼儿制作的颜色混合作品。

实训步骤

（1）了解颜色混合的基本原理和概念，讨论和制订活动计划。

（2）设计具体的"颜色混合"方案，包括目标、内容、过程、评价等方面。

（3）按照方案要求，准备所需的各种"颜色混合"的工具和材料。

（4）向幼儿介绍"颜色混合"的概念，展示实验材料。

（5）示范"颜色混合"的过程。

（6）每组幼儿配备一名中职生，指导幼儿进行"颜色混合"的实验操作。

（7）在实验过程中引导幼儿观察颜色变化，必要时给予幼儿帮助和鼓励。

（8）观察记录幼儿在实验中的操作情况，整理意见反馈，对活动效果进行反思和总结。

（9）在实验结束后组织讨论，分析幼儿在实验中表现出的观察能力和问题所在。

（10）总结实验结果，修正实验方案，撰写实训报告。

🔔 知识链接

红黄蓝三原色配色（图4-5-6）：红+黄=橙色；红+蓝=紫色；蓝+黄=绿色；红+黄+蓝=黑色。

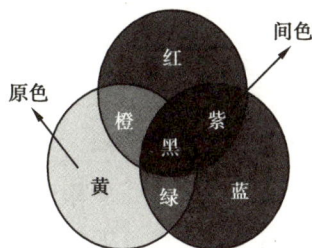

图4-5-6　红黄蓝三原色配色

🎯 实训材料

透明玻璃杯若干，红、黄、蓝三种颜色的食用色素，清水，勺子或搅拌棒，实验围裙，实验记录本。

🎯 实训评价

学生与教师共同组成评审团，按照表4-5-2的内容进行考核、打分。

表4-5-2　实训考核表

序号	考核维度	考核内容	配分/分	学生自评	学生互评	教师检评	得分/分
1	时间要求	在规定时间内完成实训	10				
2	质量要求	活动设计符合幼儿认知发展规律	15				
		激发幼儿对颜色混合现象的好奇心	10				
		引导并鼓励幼儿细致观察和总结	15				
		关注幼儿之间的情感交流与社交互动	10				
		充分考虑安全因素，传递正确的科学知识和价值观	10				
3	准备要求	做好实训的知识、技能、工具准备	15				

知识链接

评分标准

续表

序号	考核维度	考核内容	配分/分	学生自评	学生互评	教师检评	得分/分
4	沟通要求	在与组长、组员、幼儿、家长、其他相关人员等进行沟通时注重沟通技巧	15				
总分							

注：①实际得分=学生自评×10%+学生互评×20%+教师检评×70%。

②考核满分为100分，0～59分为不及格，60～69分为及格，70～84分为良好，85～100分为优秀。

任务拓展

一、单选题

1.以下属于幼儿早期科学学习活动支持的是（　　　）。

A.强制幼儿记忆知识　　　　　　　　　B.限制幼儿自由活动

C.提供科学实验材料供幼儿探索　　　　D.反复讲解科学概念

2.幼儿早期科学学习活动支持的理念是基于（　　　）。

A.幼儿的身心发展规律　　　　　　　　B.教师的教学经验

C.家长的学习活动支持观念　　　　　　D.社会的教育需求

3.幼儿早期科学学习活动对幼儿发展的意义不包括（　　　）。

A.培养观察力　　　　　　　　　　　　B.提高语言表达能力

C.增强社交技能　　　　　　　　　　　D.快速掌握科学知识

4.幼儿早期通过科学学习活动，可以培养（　　　）。

A.社交技能　　　　B.艺术创造力　　　C.观察力和思维能力　　D.体育运动能力

5.幼儿早期科学学习活动支持的特点不包括（　　　）。

A.实践性　　　　　　B.趣味性　　　　　C.系统性　　　　　　D.抽象性

二、多选题

1.在幼儿早期科学学习活动支持中，如何保护幼儿的探究兴趣和好奇心？（　　　）

A.提供多样化的探究材料和任务　　　　B.鼓励幼儿尝试和犯错，从经验中学习

C.强制幼儿完成所有探究任务　　　　　D.给予幼儿正面的鼓励和肯定

2.实施幼儿早期科学学习活动支持时，下列做法恰当的有（　　　）。

A.引导幼儿观察并记录实验现象　　　　B.鼓励幼儿之间的合作与交流

C.忽视幼儿实验中的错误和失败　　　　D.适时给予幼儿指导和反馈

3.幼儿早期科学学习活动支持的意义有（　　　）。

A.激发幼儿对自然世界的好奇心和探索欲

B.培养幼儿初步的科学思维和问题解决能力

C.确保幼儿掌握所有科学概念

D.减少幼儿户外学习活动的时间

4.幼儿早期科学学习活动后的支持流程包括（　　　　）。

A.引导幼儿总结活动经验，巩固学习成果　　　B.立即进行新的科学探究活动

C.鼓励幼儿将所学知识与生活相联系　　　　　D.评估幼儿的表现，为后续活动提供依据

5.以下哪些因素会影响幼儿早期科学学习活动的效果？（　　　　）

A.教师的专业素养　　　　　　　　　　　　　B.活动材料的适宜性

C.探究任务的难易程度　　　　　　　　　　　D.幼儿的参与度和兴趣

三、判断题

1.幼儿早期科学学习活动支持应以传授知识为主要目标。　　　　　　　　（　　　）

2.在幼儿早期科学学习活动中，保育师应注重培养幼儿的观察力和思维能力。

（　　　）

3.提供丰富的科学实验材料是幼儿早期科学学习活动支持的重要措施之一。（　　　）

4.在幼儿早期科学学习活动中，保育师的角色是活动的组织者和管理者，而非幼儿的学习伙伴。　　　　　　　　　　　　　　　　　　　　　　　　　　　　　　　（　　　）

5.在幼儿早期科学学习活动中，保育师的评价应以幼儿的参与度和表现为主要依据，而不是以保育师的评价为准。　　　　　　　　　　　　　　　　　　　　　　　　（　　　）

任务六　实施幼儿早期艺术学习活动支持

任务目标

▶知识目标：了解幼儿艺术学习活动支持的意义，掌握幼儿艺术学习活动支持的要点，熟知幼儿艺术学习活动注意事项。

▶能力目标：能够根据不同的艺术学习活动开展幼儿艺术学习活动支持。

▶素质目标：热爱保育工作，形成科学的保教观和儿童观，树立美心，发展创新思维，追求卓越。

任务准备

（1）预习本任务内容。

（2）阅读案例，完成案例下面的思考题。

［案例］今天，大班段老师计划组织幼儿进行"美味的家乡美食"美术活动。保育师李老师把需要的家乡美食图片、美术材料准备好放在桌子上后，对段老师说："艺术活动我不懂，你们上课，我去打扫卫生了。"说完李老师拿起抹布在班内开始擦桌子，对班内幼儿的艺术学习活动不管不问。

［思考］你认为李老师的做法正确吗？如果你是李老师会怎么做？

任务支撑

※ 活动一 ※

结合"幼儿早期艺术学习活动支持的意义"，思考艺术学习活动对幼儿全面发展具有什么价值。

一、幼儿早期艺术学习活动支持的意义

保育师在幼儿早期艺术学习活动中的作用至关重要，他们不仅要为幼儿提供一个安全、愉悦、富有启发性的艺术学习环境，还在其中起到不可或缺的引导者、支持者和陪伴者的角色，助力幼儿在艺术领域得到全面和谐的发展。

（一）幼儿早期艺术学习活动

幼儿早期艺术学习并非单纯地教授绘画技巧或音乐知识，而是通过各种形式的艺术体验，激发幼儿的创造力、想象力和表达能力。这一阶段的学习重点在于培养幼儿对美的感知与享受，让他们在自由创作的过程中发现自我，学会以独特的方式认识世界。

幼儿艺术学习活动是幼儿非常喜欢的一项活动，它包含多种形式，有美术活动、音乐活动、舞蹈活动等，具有具体性、表象性、活动性，符合幼儿的思维水平和认知特点。每个幼儿都有通过艺术去感受美、欣赏美、表现美的愿望。艺术活动不仅能给幼儿带来乐趣，还是发展幼儿想象力、培养幼儿创造力的重要途径。

（二）幼儿早期艺术学习活动支持的价值

幼儿期的艺术学习支持如同为孩子打开一扇通向美的窗户，在幼儿的心中播撒下审美的胚芽，让幼儿在未来的人生道路上，拥有发现美、感受美、创造美的能力。

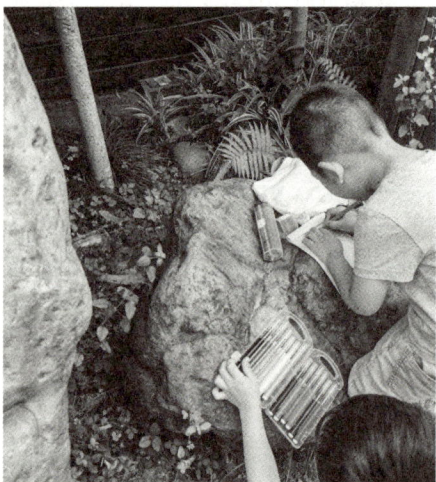

图4-6-1　幼儿艺术学习活动

1.促进幼儿全面发展

幼儿期是幼儿艺术启蒙的关键期，在这一时期对幼儿进行艺术潜能激发有助于促进幼儿的全面发展。马克思曾说："社会的进步就是人类对美的追求的结晶。"艺术学习活动（图4-6-1）是幼儿精神生命活动的表现，是幼儿的一种精神成长性需要的满足，是一种没有直接功利性的、以活动过程本身为目的的需要的满足；艺术学习活动是幼儿感性地把握世界的一种方式，是表达对世界的认识的另一种"语言"，是一种真正的塑造完整的人的学习活动；艺术学习活动具有促进幼儿向善与益智等价值，通过艺术活动使幼儿获得其他领域发展所需的态度、能力、知识与技能，以及多方面的全面发展。

2.满足幼儿审美情感需要

艺术对于幼儿而言，除了具有其本体的审美价值，还有衍生价值。幼儿对于艺术培

养有一种自然需要，他们天生好动，发现力强，但以自我为中心，常常不自觉地把自己的情感投射到客体上，使无机世界生命化、拟人化。如幼儿把玩具当作自己的孩子，为它穿衣，与它互动。这种移情作用为幼儿的艺术培养提供了心理基础。

艺术活动为幼儿提供情感沟通与满足的机会，成为幼儿情绪表达的活动。如幼儿通过唱歌、舞蹈、弹奏乐器、表演等艺术形式自由地表达自己的情绪，抒发内心的情感，感受到用艺术与别人交流的快乐，从而获得精神上的满足，一种因自我肯定而产生的愉悦感。

3.促进幼儿手、眼、脑协调

苏联教育家列·符·赞科夫认为，现代社会需要"手脑并用"的人，即所谓的"全脑思维"。艺术创作是一个手、眼、脑并用的过程，需要幼儿用多种感官去感知审美对象，用脑去想象，理解、加工审美意象，用语言去表达自己的审美感受，用手操作工具和材料去表现自己的审美感受、思想情感和所见所闻。幼儿在创作中通过心理感受和实际操作，把自身对美的感受向他人传递。

4.有利于培养幼儿的健全人格

艺术创作是幼儿培养自信心的一个卓越途径，它让幼儿在自由挥洒与快乐探索中体验成长的乐趣。幼儿的创作偏好深刻映射出他们的个性特质：偏好节奏鲜明、动感十足的艺术形式的幼儿，往往展现出外向活泼的性格；而倾向于选择静谧、内敛艺术表达的幼儿，则可能拥有更为内向沉稳的个性。保育师通过细致观察幼儿在艺术学习中的表现，能够深入理解并把握每个幼儿的独特性格特征，进而利用艺术激发的力量，积极引导并塑造幼儿形成健康、良好的个性。

艺术创作的过程及其成果，为幼儿带来深刻的满足感，这种满足感是他们个人成就感的重要基石。在艺术创作中，幼儿学会了自我表达，体验到了创造的喜悦，这种积极的情感体验对于幼儿自我意识的形成以及良好道德品质的塑造具有不可估量的价值。因此，艺术创作不仅是幼儿展现才华的舞台，更是幼儿心灵成长的沃土，对于促进幼儿全面发展具有深远的意义。

5.有助于发展幼儿的观察力、想象力和创造力

幼儿在从事艺术创作时发展起来的直觉能力和空间想象能力，与抽象、逻辑思维起到互补作用，有助于智力发展。在创作的过程中，幼儿通过视觉去感知事物的形状、比例、色彩等，观察力得到很好的锻炼和培养；根据自己对事物的认识和记忆去创作，在创作的过程中促进记忆力的发展；幼儿的注意力一般较弱，不稳定，兴趣容易转移，而艺术创作活动从内容、过程、结果都较容易吸引幼儿的注意，能有效地锻炼和增强幼儿的注意力。艺术创作能够有效地激发幼儿的想象力，激发幼儿的再造想象和创造想象。创作活动是比较自由的，它不受客观自然规律的限制，能使人超越时间和空间、有生命与无生命、现实和幻想的种种限制，从而为想象和创造提供一片可以自由驰骋的广阔天地，用一种现实化，形象化，具体可见、可闻的形式，使幼儿的想象和创造能够依托艺术媒介表达出来，实现出来。

6.有助于幼儿大脑潜能的开发

美国科学家斯佩里博士研究发现，人的大脑两半球的功能是高度专门化的，分工明确，两个半球的功能独立、完整，又相互配合。以形象思维为主的艺术活动主要是由大脑

右半球支配，对幼儿进行艺术学习活动支持将有助于他们大脑的健康、协调发展及大脑右半球潜能的开发。早期右脑得到充分发展，可与日后逻辑思维加工的学习任务大量增加、刺激左脑功能迅速发展之间起到平衡和协调的作用，也为入学后右脑功能获得持续发展打下良好的基础。

在幼儿期，大脑正处于快速发育时期，此时，既需要新颖鲜明信息的刺激以开发智力，又要防止感觉轰炸造成幼儿学习疲倦，艺术创作恰恰兼有二者之长，它对幼儿的发育成长有着特别的意义。艺术培育的功能是整体的，它虽主要作用于右脑，却又不止右脑，它所培养的空间知觉能力和直觉思维能力不仅为智能健全的人所必需，而且它对于左脑的语言功能也有促进作用。因此艺术培育的特别意义还在于它有利于大脑潜能的全面开发。

7.有利于幼儿学习其他学科和适应将来的工作

美国的吉尔福特与洛厄福尔特两位博士曾报告，通过各种艺术活动培养出的能力有八种，即感受性、流畅性、整体性、独创性、再决定与再构成的能力、分析及抽象能力、综合与结合能力、组织之一贯性。他们曾追踪研究并证实了这种创造性的学习迁移之可能性。

现在，社会主义物质文明与精神文明建设中的各行各业都需要各种类型的德、智、体、美、劳全面发展的人才。社会经济各个部门和自然科学各个领域都离不开一定的艺术基本知识与技能，这些领域中的人都需要有一定的艺术修养，如教师制作形象化教具、工程师绘制工程设计图、科学家设计发明创造模型等，都离不开艺术创作灵感。因此，艺术培育不仅有利于幼儿学习其他学科，而且有利于幼儿适应未来的工作和生活。

知识链接

3～6岁幼儿艺术领域学习与发展目标

※ **活动二** ※ ···

请根据"幼儿早期艺术学习活动支持的内容及要点"，以小组形式展开讨论，说一说幼儿早期艺术学习活动支持的要点有哪些。

微课

幼儿早期艺术学习活动支持的内容及要点

二、幼儿早期艺术学习活动支持的内容及要点

在幼儿艺术学习活动中，早期支持内容的核心是营造一个充分尊重幼儿主体性、满足其探究欲望和创新需要的环境，通过多种艺术形式的体验，全面提高幼儿的认知、情感、社会和审美能力。

（一）课程设计与实施

1.内容

保育师结合幼儿年龄特点和发展阶段，设计富有创意、趣味性和启发性的艺术课程，涵盖绘画、手工、雕塑、音乐、舞蹈、戏剧等多种艺术形式；创设丰富的主题情境，利用故事、游戏等方式引入艺术元素，吸引幼儿积极参与；引导幼儿观察自然、生活环境中的美，培养幼儿对艺术作品的感受力和鉴赏能力。

2.要点

课程应结合幼儿身心发展特点，围绕生活经验、季节变化、童话故事等生动有趣的主题展开；课程包括绘画、手工制作、陶艺、音乐、舞蹈、戏剧等多元艺术形式，注重艺术实践和探索过程。

（二）材料与资源支持

1.内容

保育师投放适合幼儿操作的各种艺术材料，确保材料安全且易于幼儿使用；创造多元化的艺术体验机会，如参观美术馆、博物馆，观看儿童剧表演等。

2.要点

投放丰富多样的安全、无毒、易操作的材料，如各种颜色的画笔、颜料、彩纸、橡皮泥、打击乐器等；创建一个自由、开放、充满创意的艺术空间，激发幼儿动手操作和创新思维的兴趣。

（三）个性化指导与支持

1.内容

保育师针对每个幼儿不同的兴趣和能力水平，给予个性化的指导和支持，鼓励幼儿按照自己的想法和喜好进行艺术创作；对于有艺术潜能的幼儿，提供额外的关注与资源，帮助其进一步发掘和发展特长。

2.要点

尊重每个幼儿的独特性，关注幼儿的兴趣点和个人节奏，引导幼儿自主表达，避免过多干预或强求一致标准；鼓励幼儿尝试不同艺术手法，发现和培养潜在的艺术才能。

（四）情感与社交支持

1.内容

保育师倡导开放、接纳的学习氛围，鼓励幼儿大胆表现自我情感，学会欣赏他人作品，增进同伴间的交流与合作；在艺术活动中融入情感引导，帮助幼儿通过艺术表达情感，促进其情绪认知和社交技能的发展。

2.要点

通过艺术活动培养幼儿的情感表达能力和同理心，幼儿学会用艺术来抒发内心情感；带领幼儿欣赏各类艺术作品，培养基本的审美观，学会从形状、色彩、质感等方面感受美；通过合作完成艺术项目，提升幼儿的团队协作和社会交往技能；组织实地参观、观赏文艺演出等活动，扩展幼儿的艺术视野。

（五）评价与反馈机制

1.内容

保育师采用发展性评价方式，侧重于幼儿在艺术创作过程中的主动参与、想象力、创新能力及审美感知等方面的进步，而非单纯的作品质量评价；定期举办成果展示会，让幼儿有机会向同伴和家长展示自己的作品，增强自信心和成就感。

2.要点

重视过程性评价，记录幼儿在艺术活动中的表现和进步，肯定其独特创意和努力；避免过早对幼儿作品做技术上的高标准评判，而是更多关注他们在创作过程中表现出的想象力、创造力和解决问题的能力。

（六）家园共育与社区融合

1.内容

保育师与家庭密切合作，鼓励家长参与到幼儿的艺术学习活动中，共同培育幼儿的艺术兴趣和素养；利用社区资源，开展亲子艺术工作坊、社区艺术节等活动，将艺术培育延伸至家庭学习支持和社区文化层面。

2.要点

加强与家长沟通，邀请家长参与艺术活动，形成家庭与幼儿园之间的艺术培育合力；整合社区内的文化艺术资源，利用社区公共空间举办户外艺术节、亲子艺术工作坊等活动，让幼儿在真实的生活情境中接触艺术。

※ 活动三 ※ ···

结合"幼儿早期艺术学习活动支持实施"，模拟在幼儿早期艺术学习活动中，保育师应如何组织与引导幼儿开展艺术创作。

三、幼儿早期艺术学习活动支持实施流程

（一）幼儿早期艺术学习活动前的准备工作

保育师应确保艺术活动的顺利进行，为幼儿创造一个有利于创造性表达和全面发展艺术潜能的环境。

1.活动准备阶段

（1）选定主题与制订计划：配合主班教师根据课程大纲和幼儿年龄特点选定艺术活动主题，如绘画、手工、音乐或舞蹈等，了解设计详细的活动方案，明确活动目标、内容、流程以及所需的材料和工具。

（2）物资准备：依据活动方案提前投放好所有必需的教具和材料，如颜料、画笔、剪刀、纸张、乐器（图4-6-2）、道具等，确保数量充足且安全无害。

（3）环境布置：清理和布置活动场地，营造适合艺术创作和表达的氛围，如摆放舒适的桌椅，设置便于操作的工作台，挂上相关的主题装饰等。

（4）安全检查：检查活动区域的安全性，确保无尖锐边角、电源安全、地面清洁干燥，尤其对于可能存在的安全隐患进行排除。

（5）健康卫生保障：对活动使用的器具进行清洁消毒，保证幼儿的手部卫生，如有必要，在活动前指导幼儿正确洗手。

2.家园沟通

（1）发送通知：提前告知家长活动内容、要求及注意事项，邀请家长配合准备相关物品或衣物，如旧衣物用于手工艺制作等。

（2）接待与咨询：接待前来询问或送药的家长，做好药物交接手续，记录用药情况。

3.心理准备

（1）引导幼儿情绪：活动前通过故事讲述、儿歌引入等方式，引起幼儿对即将开始的艺术活动的兴趣和期待。

（2）简单讲解：简单介绍当天艺术活动的主题和目的，帮助幼儿理解活动的意义，激发幼儿的参与热情。

4.个性化关注

对有特殊需要的幼儿，如过敏体质、身体障碍等情况，做出特别安排，确保每个幼儿都能安全愉快地参与活动。

（二）幼儿早期艺术学习活动中的指导流程

保育师在幼儿艺术学习活动过程中扮演着多重角色，既是安全保障者、活动指导者，也是幼儿情感的支持者和学习进步的见证者。

1.组织与引导

（1）活动导入：召集幼儿进入活动区域，按照预定的活动程序，清晰简洁地向幼儿介绍活动规则和步骤，引导幼儿进入艺术创作状态。

（2）示范与指导：演示艺术活动的操作方法，如绘画技巧、手工制作过程或音乐节奏模仿等，逐步引导幼儿跟随示范进行实践。

（3）个性化关注：在活动中密切关注每位幼儿的进度和状态，针对不同幼儿的发展水平和能力差异给予个性化的辅导和鼓励。

2.安全监护

（1）现场监管：在场内持续巡视，确保幼儿使用材料的安全，如避免误吞异物、防止剪刀等尖锐工具造成伤害。

（2）行为规范：纠正幼儿不良姿势和不当操作，提醒幼儿遵守安全规则，如正确使用工具、不在活动区内奔跑打闹。

3.情感支持与激励

（1）鼓励创新：鼓励幼儿自由发挥想象力，肯定他们的独特创意，培养其自信心和创新精神。

（2）积极反馈：在幼儿创作过程中给予及时有效的表扬和正面评价，强化幼儿的成就感和积极性。

4.协作与互动

（1）促进合作：如果活动涉及团队合作，保育师要协助幼儿建立良好的伙伴关系，促进幼儿之间的交流与互助。

（2）解决冲突：遇到幼儿间的矛盾冲突时，及时介入调解，引导幼儿学会分享、轮流和尊重他人作品。

5.卫生维护

（1）保持环境整洁：在活动过程中适时清理散落的材料和垃圾，维持活动空间的干净整洁。

（2）个人卫生管理：监督幼儿在使用材料前后洗手，如图4-6-3所示。对于需要用到颜料、泥土等容易弄脏衣物的活动，提醒幼儿保持衣物和个人整洁。

6.记录与评估

（1）过程记录：记录下幼儿在活动中的表现、进步以及亮点，为后续学习支持改进提供参考。

（2）效果评估：观察并评估幼儿在活动中的参与程度、技能掌握以及情感反应，以此调整后期的支持策略。

图4-6-2　乐器

图4-6-3　监督幼儿洗手

（三）幼儿早期艺术学习活动后的整理指导流程

在幼儿艺术学习活动后，保育师不仅要做好活动现场的整理与清洁工作，还要注重活动的延续性，通过总结反思、家园沟通等方式巩固和提升幼儿的学习成果。

1.收纳整理

（1）收集作品：活动结束后，保育师负责收集幼儿的艺术作品，包括绘画、手工制品等，小心存放或展示，以免受损。

（2）清理现场：整理活动区域，回收和归置各类艺术材料，如颜料、画笔、剪刀、胶水等；清理桌面、地面的杂物和污渍，保持活动室清洁。

2.卫生消毒

对接触过艺术材料的桌面、椅子、地面进行清洁消毒，特别是处理掉可能残留的颜料、粉尘或其他污染物，确保环境卫生。

3.作品保存与展示

将幼儿的作品妥善保管，可以拍照留档，或者选择部分优秀作品用于班级展示墙，增强幼儿的成就感和归属感。

4.总结反思

回顾活动过程，记录幼儿在艺术活动中的表现，包括完成的作品质量、参与度、问题与困难，以及解决问题的过程，以便分析学习支持效果和下一步学习支持计划。

5.家园沟通

如果有必要，可以将幼儿在艺术活动中的精彩瞬间或作品通过照片、视频等形式与家长分享，增进家园共育的效果。

6.资料调整与维护

根据活动后的消耗情况，检查并补充艺术活动所需的耗材，确保下次活动顺利进行。

7.持续跟进

在接下来的时间里，根据活动成果与幼儿进一步互动，如讨论作品背后的故事、解释创作意图等，深化幼儿对艺术创作的理解。

四、幼儿早期艺术学习活动支持注意事项

保育师在开展幼儿艺术学习活动时，需要全方位地考虑幼儿的安全、兴趣、能力和成长需求，同时结合学习活动支持项目实施有效的支持和引导。

（一）安全第一

保育师应确保所有艺术材料无毒、安全，例如，使用无毒环保的儿童专用颜料和黏土等；监控尖锐物品（如剪刀）的使用，避免幼儿受伤，并教授正确的使用方法；提醒幼儿注意个人卫生，如手部清洁，避免颜料入口等。

（二）尊重幼儿主体性

保育师应鼓励幼儿自由表达，不强加成人审美，尊重每个孩子的独特创意和表现形式；提供开放性的艺术探索环境，避免过度干预或指导，让幼儿在实践中发现和发展自己的艺术潜能。

（三）差异化引导

保育师应考虑到不同幼儿的发展水平和兴趣差异，提供多元化的艺术活动形式和难易程度不同的任务；对于能力较弱或有特殊需求的幼儿，给予适当的支持和个别化指导。

（四）积极反馈与鼓励

在活动过程中，保育师应及时肯定幼儿的努力和进步，赞美幼儿的作品，提高其自信心和对艺术活动的兴趣；引导幼儿欣赏同伴的作品，培养幼儿尊重他人劳动成果和接纳多元文化的能力。

（五）环境创设与材料投放

保育师应提前投放好充足且适宜幼儿使用的艺术材料，确保活动流程顺畅；创建一个激发幼儿创造力的环境，例如，设置专门的艺术角或巧手作坊（图4-6-4），摆放各种启发灵感的素材和作品。

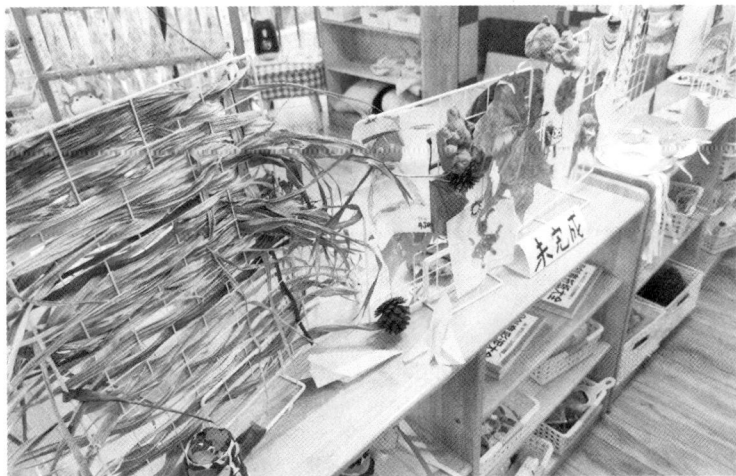

图4-6-4　巧手作坊

（六）活动过程记录与评价

保育师应记录幼儿在艺术活动中的行为表现和情感变化，作为后续支持评估和改进的依据；采用正面评价的方式，关注幼儿在活动中获得的成长和技能发展，而非过分强调

作品的完美程度。

（七）融合保教目标

结合幼儿园的教学目标和课程规划，保育师应在设计艺术活动时融入其他领域的知识进行学习，如科学认知、数学概念、社会情感等。

实训视频

任务实训

幼儿涂鸦学习活动支持

"幼儿涂鸦学习活动支持"实训节选

实训目的

（1）理解涂鸦对于幼儿身心发展的重要性，掌握指导幼儿进行涂鸦活动的基本技能。

（2）理论联系实际，观察幼儿涂鸦过程中的行为表现、认知发展和情绪表达，并进行科学地分析与解读。

（3）学会合理利用空间与资源，为幼儿提供适宜涂鸦的环境及安全无毒的涂鸦材料。

实训内容

学习关于幼儿涂鸦发展阶段、意义及其与幼儿心理发展的关系等知识；设计符合幼儿年龄特点和发展需求的涂鸦活动方案，包括主题设定、材料投放、支持方法等；实操演练引导幼儿进行涂鸦活动，包括激发幼儿兴趣、适时引导、肯定鼓励等；实施涂鸦活动过程中的安全防范措施，养成幼儿良好的卫生习惯；展示和欣赏幼儿涂鸦作品，给予幼儿正向且具有启发性的反馈。

实训步骤

（1）了解涂鸦活动相关理论，讨论和制订活动计划。

（2）设计具体的涂鸦课程方案，包括目标、内容、过程、评价等方面。

（3）按照方案要求，布置适合涂鸦的支持环境，投放所需的各种涂鸦工具和材料。

（4）在模拟环境下或者真实的幼儿园环境中组织涂鸦活动，对幼儿进行现场指导示范。

（5）学生分组进行实践活动，各自负责指导一组幼儿进行涂鸦创作。

（6）活动结束后，收集学生与幼儿的反馈意见，对活动效果进行反思和总结。

（7）组织作品展示和点评，学生互相评价，并由指导老师进行专业点评和指导。

（8）整理实训过程、收获、遇到的问题和解决办法，形成实训报告。

实训材料

围裙、袖套、轻音乐、教育心理学和幼儿美术培育等方面的书籍、研究报告、涂鸦活动案例分析资料、安全使用涂鸦工具的指南、各种涂鸦活动方案模板、幼儿涂鸦作品实例及解析、关于幼儿艺术培育的规定。

实训评价

学生与教师共同组成评审团，按照表4-6-1的内容进行考核、打分。

表4-6-1　实训考核表

序号	考核维度	考核内容	配分/分	学生自评	学生互评	教师检评	得分/分
1	时间要求	在规定时间内完成实训	10				
2	质量要求	符合幼儿身心发展规律，充分考虑趣味性和教育性	20				
		根据幼儿在实训结束后的涂鸦作品的色彩和创造性来评判	20				
		在活动组织、分组安排、安全监控等方面的执行情况	10				
		在指导幼儿涂鸦时能准确发现问题，针对涂鸦技巧给予指导	10				
		从幼儿的积极性、创造力、涂鸦技巧掌握情况等方面反映实训效果	10				
3	准备要求	做好实训的知识、技能、工具准备	10				
4	沟通要求	在与组长、组员、幼儿、家长、其他保教人员等进行沟通时注重沟通技巧	10				
总分							

注：①实际得分=学生自评×10%+学生互评×20%+教师检评×70%。

　　②考核满分为100分，0～59分为不及格，60～69分为及格，70～84分为良好，85～100分为优秀。

知识链接

评分标准

任务拓展

一、单选题

1.幼儿早期艺术学习并非单纯地教授绘画技巧或音乐知识，而是通过各种形式的艺术体验，激发幼儿的（　　）。

A.创造力　　　　　　B.想象力　　　　　　C.表达能力　　　　　D.以上都是

2.（　　）创作是幼儿建立自信心的最好途径之一，他们在创作中获得自由快乐的体验。

A.艺术　　　　　　　B.科技　　　　　　　C.文学　　　　　　　D.想象

3.通过多种艺术形式的体验，全面提高幼儿的认知、（　　）能力。

A.情感　　　　　　　B.审美　　　　　　　C.社会　　　　　　　D.以上都是

4.在幼儿艺术学习活动中，保育师在"组织与引导"环节可以给予的支持包括（　　）。

A.示范与指导　　　　B.活动导入　　　　　C.个性化关注　　　　D.以上都是

二、多选题

1.幼儿早期艺术学习活动支持有助于（　　　　）。

A.促进幼儿全面发展　　　　　　　　B.满足幼儿审美情感需要

C.促进幼儿手、眼、脑协调　　　　　D.培养幼儿的健全人格

E.发展幼儿的观察力、想象力和创造力　F.开发幼儿大脑潜能

G.幼儿学习其他学科和适应将来的工作

2.下列属于幼儿早期艺术学习活动材料与资源支持要点的是（　　　　）。

A.围绕生活经验、季节变化、童话故事等生动有趣的主题展开

B.注重艺术实践和探索过程

C.提供丰富多样的安全、无毒、易操作的材料

D.创建一个自由、开放、充满创意的艺术空间

E.尊重每个幼儿的独特性，关注幼儿的兴趣点和个人节奏

3.在幼儿早期艺术学习活动支持中，下列属于情感与社会支持的是（　　　　）。

A.保育师倡导开放、接纳的学习氛围，鼓励幼儿大胆表现自我情感

B.对于有艺术潜能的幼儿，提供额外的关注与资源

C.带领幼儿欣赏各类艺术作品，培养基本的审美观，学会从形状、色彩、质感等方面感受美

D.提供丰富多样的安全、无毒、易操作的材料

E.在艺术活动中融入情感引导，帮助幼儿通过艺术表达情感

4.下列属于幼儿早期艺术学习活动前的活动准备阶段工作的是（　　　　）。

A.选定主题与制订计划　　　　　　　B.物资准备

C.环境布置　　　　　　　　　　　　D.安全检查

E.健康卫生保障　　　　　　　　　　F.接待与咨询

5.幼儿早期艺术学习活动中的指导流程包括（　　　　）。

A.组织与引导　　　　　　　　　　　B.安全监护

C.情感支持与激励　　　　　　　　　D.协作与互动

E.卫生维护　　　　　　　　　　　　F.记录与评估

三、判断题

1.幼儿早期艺术学习活动准备阶段主要包括选定主题与制订计划、物资准备、环境布置、安全检查和健康卫生保障5项工作。　　　　　　　　　　　　　　　　（　　　）

2.幼儿早期艺术学习活动前不需要家园沟通，活动后如果有必要可以家园沟通。
　　　　　　　　　　　　　　　　　　　　　　　　　　　　　　　　　（　　　）

3.幼儿早期艺术学习活动后的"收纳整理"主要包括收集作品和清理现场。（　　　）

项目五 幼儿早期学习家园合作支持

↓项目导读

　　《幼儿园教育指导纲要（试行）》中明确指出，家庭是幼儿园重要的合作伙伴。应本着尊重、平等、合作的原则，争取家长的理解、支持和主动参与，并积极支持、帮助家长提高学习支持能力；幼儿园应与家庭、社区密切合作，与小学相互衔接，综合利用各种学习支持资源，共同为幼儿的发展创造良好的条件。《幼儿园保育教育质量评估指南》也将家园共育作为幼儿园保育教育质量的关键评价指标之一，要求通过强化家园协同育人，不断提高保育教育质量。

　　保育师作为幼儿学习支持一线工作者，是家园合作的推动者。在家园共育中应遵循"尊重、平等、合作"原则，与家长沟通交流，对家长进行育儿指导，根据对幼儿的观察记录，向家长介绍幼儿每日情况和重要事件，组织家园共育活动，对家长提供科学育儿咨询和指导……并在此过程中与家长建立紧密关系，传播党的教育方针，引导家长树立正确保教观，明确家庭学习支持在培养未来社会建设者中的关键作用。

项目导图

幼儿早期学习家园合作支持
- 分析家园合作支持幼儿早期学习的内涵与意义
  - 家园合作的内涵
  - 家园合作支持幼儿早期学习的意义
- 掌握家园合作支持幼儿早期学习的内容与形式
  - 家园合作支持幼儿早期学习的内容
  - 家园合作支持幼儿早期学习的形式
- 运用家园合作支持幼儿早期学习的原则与策略
  - 家园合作支持幼儿早期学习的原则
  - 家园合作支持幼儿早期学习的策略

任务一　分析家园合作支持幼儿早期学习的内涵与意义

任务目标

▶知识目标：了解家园合作的内涵，理解家园合作支持幼儿早期学习的意义。

▶能力目标：通过幼儿园的见习活动观察、记录保育师、教师与家长之间的家园合作；努力推动家园合作学习共同体的构建。

▶素质目标：树立幼儿全面发展的保育理念，形成正确的家园合作意识。

任务准备

（1）预习本任务内容。

（2）阅读案例，完成案例下面的思考题。

[案例]有人断言："如果家长不配合，幼儿很多学习习惯、行为习惯的养成往往是5+2=0（星期一到星期五在幼儿园受到5天学习支持，却在周末两天因为父母不同形式的干扰而完全抵消，使得幼儿在幼儿园5天里养成的良好学习习惯、行为习惯为0）。"

[思考]谈谈你对以上言论的看法。作为保育师，我们应该如何开展家园合作支持幼儿的早期学习呢？

任务支撑

※ 活动一 ※

2021年10月，我国颁布了《中华人民共和国家庭教育促进法》（图5-1-1），请仔细阅读具体内容，并谈谈你的体会。

图5-1-1　家庭教育促进法

一、家园合作的内涵

《幼儿园保育教育质量评估指南》指出，设计家园共育关键指标，旨在促进幼儿园坚持以游戏为基本活动，理解尊重幼儿并支持其有意义地学习，强化家园协同育人，不断提高保育教育质量。

家园合作是指幼儿园与家庭之间建立的一种积极、和谐、互动的合作关系，旨在共同促进幼儿的全面发展。其内涵可以从以下几个方面来理解。

（一）共享保教责任

家园合作意味着幼儿园与家庭共同承担起对幼儿学习支持的责任，认识到幼儿的成长和发展是家园双方共同努力的结果。双方应明确各自的角色定位，幼儿园作为专业的学习支持机构，提供系统的课程支持和专业的学习支持服务；家庭作为幼儿的第一所学校，提供日常生活中的学习支持熏陶和个性化的关怀支持。

（二）尊重与平等对话

家园合作基于对彼此保教理念和方式的尊重，进行平等、开放的沟通交流（图5-1-2）。幼儿园应尊重家长的保教权利和独特育儿经验，倾听家长的意见和建议；家长也应尊重幼儿园的专业知识和学习支持实践，积极参与幼儿园的各项活动。双方通过定期的家长会、个别约谈、在线交流等方式，共同探讨幼儿的发展需求和学习支持策略。

图5-1-2 家园沟通

（三）信息共享与协作

家园合作强调信息的透明化和及时反馈。幼儿园应及时向家长通报幼儿在园的学习、生活、社交等情况，同时了解幼儿在家的行为表现、兴趣特长、个性特点等信息。双方根据共享的信息，共同制订和调整学习支持计划，确保学习支持的一致性和连续性。

（四）学习支持活动的共同参与

家园合作鼓励家长参与幼儿园的学习支持活动，如亲子活动、家长志愿者服务、家长助教等，使家长亲身体验幼儿园学习支持的过程，增强对幼儿园学习支持的理解和支持。同时，幼儿园也应支持和指导家长开展家庭学习支持活动，如亲子阅读、家务劳动、户外探索等，共同营造有利于幼儿全面发展的家庭环境。

（五）学习支持资源的互补与整合

家园合作旨在充分利用和整合幼儿园与家庭的学习支持资源，形成学习支持合力。幼儿园提供专业的师资、丰富的教具、规范的课程等学习支持资源；家庭则提供独特的家庭学习支持环境、个性化的家庭学习支持方式、丰富的生活实践经验等资源。双方通过资源共享、互惠合作，为幼儿提供更为丰富多元、贴近生活的学习体验。

（六）持续地学习与成长

家园合作不仅是对幼儿的学习支持合作，也是对家长和保育师自身学习支持观念与能力的提升。幼儿园应为家长提供科学育儿知识培训、家庭学习支持指导等服务，帮助家长提升学习支持素养；家长也应积极参与幼儿园组织的家长学习支持活动，学习先进的学习支持理念和方法。双方在合作中共同学习、共同进步，形成学习支持共同体。

家园合作包括共享保教责任、尊重与平等对话、信息共享与协作、学习活动的共同参与、学习资源的互补与整合以及持续地学习与成长，旨在构建一个以幼儿为中心，幼儿园与家庭紧密合作、相互支持的学习支持生态系统，共同为幼儿的全面发展创造最佳条件。

※ 活动二 ※

结合"家园合作的内涵""家园合作支持幼儿早期学习的价值和意义"，思考家园合作对幼儿早期学习支持有何重要意义。

二、家园合作支持幼儿早期学习的意义

微课

家园合作支持幼儿早期学习的意义

家园合作在幼儿早期学习中起到构建学习支持一致性、提供个性化支持、实现资源互补、及时干预问题、提升家长学习支持素质、增强幼儿心理安全感以及促进保育师专业发展等多重作用，对于保障和提升幼儿早期学习的质量与成效至关重要。

（一）一致性与连续性学习支持

家园合作确保幼儿在家庭和幼儿园这两个主要生活学习环境中接收到一致且连续的学习支持信息和指导，有助于知识技能的巩固和良好习惯的养成。家庭和幼儿园双方围绕共同的学习目标，协调各自的角色和行动，减少学习支持的脱节和矛盾，为幼儿提供无缝衔接的成长环境。

（二）个性化学习支持

通过密切的家园沟通，保育师能够深入了解幼儿在家庭中的表现和兴趣，家长也能掌握幼儿在园内的学习进展和需求。这种双向交流有助于双方针对幼儿的独特性，共同制订和实施个性化的学习支持方案，满足幼儿个体差异化的学习与发展需求。

（三）充实幼儿园早期学习支持力量

家长有着不同的职业、爱好、个性特点，幼儿园应充分利用家长资源，鼓励家长根据自己的特点和特长参与幼儿园的早期学习支持活动，甚至是一些活动的策划与组织，也可以全程交给家长。相信家长的参与不仅能够带给幼儿惊喜，更能与幼儿园形成优势互补，进一步充实学习支持力量，促进幼儿的发展。

（四）促进保育师专业发展

保育师在与家长沟通合作的过程中，不仅能锻炼沟通协调能力，也能获得更全面的幼儿发展信息，这对于保育师调整学习支持策略、提升学习支持效果、深化对幼儿发展规律的理解具有重要价值，促进保育师的专业成长。

（五）提高家庭学习支持水平

我国现代教育家陈鹤琴先生提出："儿童教育是幼稚园和家庭共同的责任。"建立家园学习支持同盟是一种必然趋势。然而，目前的家庭学习支持普遍存在一系列问题：第一，不少家长对幼儿期家庭学习支持的重要性缺乏正确认识，普遍认为上小学后才是学习的开始；第二，大部分家长比较重视孩子的身体健康、智力发展和兴趣特长，却忽视孩子的心理需要、良好品行和健全人格的培养；第三，家庭学习支持缺乏理论指导，多数家长认为"树大自然直"，缺少科学的学习支持方法；第四，对孩子溺爱和保护，凡事包办代替，不利于幼儿自主性的形成。

这一切问题的解决都需要幼儿园做出专业引领，指导家长了解幼儿学习支持理念、意义、内容和要求；引导家长正确陪伴、科学育儿，帮助幼儿形成良好的个性。

（六）问题早期识别与干预

家园合作有助于及时发现幼儿在学习、行为、情绪等方面的问题，通过双方共同观察、分析和讨论，可以更准确地判断问题性质，尽早采取针对性的干预措施。家长和保育师的联合支持有助于幼儿顺利渡过难关，减少潜在的学习支持风险。

（七）增强幼儿安全感与归属感

当家庭与幼儿园建立起积极的合作关系时，幼儿感受到来自两个重要环境的协同关爱与支持，有助于增强其安全感与归属感。这种情感上的稳定状态有利于幼儿情绪管理能力的提升，也有助于他们在学习过程中保持积极态度和专注力。

任务实训

实训视频

"家庭访谈"实训节选

家庭访谈

实训目的

（1）理解家园合作对幼儿早期学习的价值和意义。

（2）通过进入家庭采访家长，从家长视角更全面地掌握家园合作支持幼儿早期学习的价值与意义。

（3）提高家园沟通与交流的能力。

实训内容

了解幼儿的基本信息，设计访谈提纲，明确访谈目的和重点；与家长进行深入交流，了解家庭状况、保教观念、学习支持方法等；对访谈内容进行整理，分析家庭环境对幼儿成长的影响，提出针对性的学习支持建议。

实训步骤

（1）学生分组，每组选定一名幼儿作为访谈对象，收集幼儿的基本信息，制订访谈计划。

（2）按照访谈计划，分组进行家庭访谈。在访谈过程中，注意倾听家长的观点，记录关键信息。

（3）访谈结束后，学生需对访谈内容进行整理和分析，提炼出家庭环境、保教观念等方面的特点。

（4）根据分析结果，需提出针对性的学习支持建议，并撰写实训报告。

🎯**实训材料**

记录本、笔、录音笔、实训报告模板等访谈资料。

🎯**实训评价**

学生与教师共同组成评审团，按照表5-1-1的内容进行考核、打分。

表5-1-1　实训考核表

知识链接

评分标准

序号	考核维度	考核内容	配分/分	学生自评	学生互评	教师检评	得分/分
1	时间要求	在规定时间内完成实训	10				
2	质量要求	在访谈前做好充足的准备	15				
		访谈中提出的幼儿早期学习支持建议是针对家庭实际情况的，具有可操作性和实用性	15				
		访谈后能准确提炼出家庭环境、学习支持观念等方面的特点	15				
		撰写的实训报告条理清晰、内容完整、观点明确	15				
3	准备要求	做好实训的知识、技能、工具准备	15				
4	沟通要求	在与组长、组员、幼儿、家长、其他保教人员等进行沟通时注重沟通技巧	15				
总分							

注：①实际得分=学生自评×10%+学生互评×20%+教师检评×70%。

②考核满分为100分，0～59分为不及格，60～69分为及格，70～84分为良好，85～100分为优秀。

💡**任务拓展**

一、单选题

1.（　　　）指幼儿园与家庭之间建立的一种积极、和谐、互动的合作关系，旨在共同促进幼儿的全面发展。

A.师幼互动　　　　　B.亲子互动　　　　　C.家园合作　　　　　D.家园合作

2.家园合作旨在构建一个以（　　　）为中心，幼儿园与家庭紧密合作、相互支持的学习支持生态系统，共同为幼儿的全面发展创造最佳条件。

A.教师　　　　　　　B.家长　　　　　　　C.幼儿　　　　　　　D.幼儿园

3.幼儿园及时向家长通报幼儿在园的学习、生活、社交等情况，同时了解幼儿在家的行为表现、兴趣特长、个性特点等信息，这体现了家园合作的（　　　）。

    A.共享保教责任　　　　　　　　　　　　B.尊重与平等对话

    C.信息共享与协作　　　　　　　　　　　D.学习支持活动的共同参与

    4.下列选项中，不属于家园合作支持幼儿早期学习的意义的是（　　　）。

    A.一致性与连续性学习支持　　　　　　　B.个性化学习支持

    C.充实幼儿园早期学习支持力量　　　　　D.防止幼儿学习问题的出现

    5.家园双方在合作中共同学习、一起进步，形成学习支持（　　　）。

    A.合作关系　　　　　B.共同体　　　　　C.互助　　　　　D.指导

二、多选题

    1.家园合作的内涵包括（　　　）。

    A.共享保教责任　　　　　　　　　　　　B.尊重与平等对话

    C.信息共享与协作　　　　　　　　　　　D.学习支持活动的共同参与

    E.学习支持资源的互补与整合　　　　　　F.持续地学习与成长

    2.家园双方可以通过（　　　）方式进行家园沟通。

    A.家长会　　　　　B.个别约谈　　　　　C.在线交流　　　　　D.家访

    3.家园合作支持幼儿早期学习的价值和意义包括（　　　）。

    A.一致性与连续性　　　　　　　　　　　B.个性化学习支持

    C.充实幼儿园早期学习支持力量　　　　　D.促进保育师专业发展

    E.提高家庭学习支持水平　　　　　　　　F.代为家长支持幼儿

三、判断题

    1.家园共育旨在促进幼儿园坚持以学习为基本活动，理解尊重幼儿并支持其有意义地学习，强化家园协同育人，不断提高学习支持质量。（　　　）

    2.幼儿园是幼儿的第一所学校。（　　　）

    3.家园合作是指幼儿园和家庭之间建立的一种积极、和谐、互动的合作关系，旨在共同促进幼儿学习能力的发展。（　　　）

    4.家园合作强调信息的透明化和及时反馈。（　　　）

    5.幼儿早期学习支持是幼儿园和家庭共同的责任。（　　　）

任务二　掌握家园合作支持幼儿早期学习的内容与形式

任务目标

    ▶知识目标：了解家园合作支持幼儿早期学习的内容，掌握开展家园合作的形式。

    ▶能力目标：会分析幼儿家庭学习支持中存在的问题，能组织开展各种形式的家园合作。

    ▶素质目标：形成科学的家园共育理念，尊重家长、热爱幼儿，热爱幼儿保育事业。

💡**任务准备**

（1）预习本任务内容。

（2）阅读案例，完成案例下面的思考题。

［案例］在一次小班家长开放日活动中，保育师在户外组织幼儿开展体育活动——双脚并拢跳，要求孩子跳过横在地面上的一个接一个的长条形积木。

小一班的情形：活动直接开始，家长们看得挺开心，觉得孩子们跳得很有趣，很可爱，他们为孩子拍手鼓励，乐得哈哈大笑，活动在一阵阵欢笑声中结束。

小二班的情形：活动开始前，保育师小张向家长介绍了本次活动的活动目标，并请家长在活动过程中仔细观察自己孩子的行为表现。活动结束后，保育师小张让家长分析自己孩子的动作发展情况，例如，跳时是不是双脚并拢了？跳过积木后是不是站稳了？跳过一段积木后是接着跳下去还是重新调整状态后再跳……最后，保育师小张还为家长们提供了提高幼儿动作发展水平的方法。

［思考］你认为哪个班级的家长开放日活动开展得更合理、更有效？为什么？

💡**任务支撑**

※ **活动一** ※

结合"家园合作支持幼儿早期学习的内容"，思考家园合作支持幼儿早期学习包含了哪些内容。

一、家园合作支持幼儿早期学习的内容

（一）共同制订学习支持目标

家园双方应就幼儿的全面发展目标达成共识（图5-2-1），包括认知、情感、社会性、身体发展等方面。这有助于确保家庭学习支持与幼儿园学习支持的一致性，避免学习支持方向的冲突或混乱。

（二）幼儿园向家长介绍办园宗旨及各项工作

为了让家长支持、理解幼儿园的各项工作，幼儿园有必要向家长详细介绍办园宗旨、学习支持目标、学习支持任务、学习支持内容、课程计划等，这样不仅能使家长认识到幼儿早期学习对其成长的重要意义，又能让家长对幼儿的早期学习支持与幼儿园同步，起到事半功倍的效果。

（三）幼儿园为家庭提供家庭学习支持指导

幼儿早期学习支持与指导是一门科学，也是一门艺术。对于大多数没有经过专业培训的家长，在对幼儿进行家庭学习支持时难免会因为观念和方法的不当，出现一些违背学习支持规律、违背幼儿身心发展的现象。针对幼儿在园所学习的主题或技能，如阅读习惯培养、数学启蒙、艺术创作等，家园合作可以设计相应的亲子活动或任务，让家长在家中也能科学地引导孩子进行相关学习，实现家园学习支持的无缝衔接，共同促进幼儿的全面发展。

图5-2-1　家园双方共同制订学习支持目标

（四）家长参与幼儿园的各项工作

保育师与家长一起工作的时间越长，家庭生活与幼儿园生活之间的一致性就越高。很多家长是各行各业的能手，对幼儿园的发展和幼儿的成长都很关心，所以，幼儿园可以邀请家长参与幼儿园的各项活动，在为幼儿园的工作和发展出谋划策、添砖加瓦的同时，也有利于家长更加深入地了解幼儿园。

（五）组织亲子互动学习活动

幼儿园定期举办各类亲子活动，如亲子阅读会、手工制作、户外探险等，不仅有利于增进亲子关系，同时在互动过程中，家长也能直观了解幼儿的学习兴趣与能力，进一步调整家庭学习支持方式。

（六）开发家庭学习支持资源

作为家园共育的重要一方，家庭在幼儿的认知发展、社会性发展过程中扮演着重要且不可替代的作用。保育师拥有幼儿照护的专业知识、经验和方法，能为家长提供专业的指导。而家庭却蕴含着丰富的学习支持资源，幼儿园应根据家长职业、爱好、特长和阅历，充分发挥家长的学习支持功能。幼儿园应确立"家庭视角"，引导家长主动参与合作。家园合作是彼此互助的学习支持过程，保育师和家长应加强沟通，共同促进幼儿的全面发展。

（七）分享育儿理念与策略

幼儿园定期向家长传递科学的育儿理念和方法，如以游戏为基本活动形式、尊重幼儿个体差异、鼓励主动探索等。同时，倾听家长的育儿经验与困惑，形成双向交流，提升家庭学习支持的质量。

（八）定期沟通与反馈

建立有效的家园沟通机制，如家长会、个别约谈、家园联系册、在线平台等，及时向家长反馈幼儿在园所的表现、进步与需要关注的问题，同时听取家长对幼儿在家情况的介绍，以便双方共同制订针对性的支持策略。

（九）营造家庭学习支持环境

家园合作鼓励并指导家长创设利于幼儿早期学习的家庭环境，如设立阅读角、提供开放式的玩具材料、设定规律的生活作息等，使家庭成为幼儿持续学习与探索的重要场所。

（十）支持特殊需求儿童

对于有特殊学习支持需求的幼儿，家园合作共同制订个性化学习支持计划，提供必要的资源和支持，确保他们在家庭和幼儿园都能得到适宜的干预和服务。

※ **活动二** ※ ·····

请根据"家园合作支持幼儿早期学习的形式"，以小组的形式展开合作，模拟一次家长会的实践活动。

二、家园合作支持幼儿早期学习的形式

微课

家园合作支持幼儿早期学习的形式

家园合作支持幼儿早期学习的形式多种多样，旨在通过有效的沟通、互动与协作，将幼儿园与家庭的力量凝聚起来，共同为幼儿创造一个有利于早期学习的良好环境。以下是常见的家园合作支持幼儿早期学习的形式。

（一）家委会

家委会作为家长与幼儿园之间的桥梁，由家长代表组成，直接代表并反映家长的意愿与需求。家委会的建立不仅能促进家园之间的多向沟通，使幼儿园的办学理念、教学计划及学习支持任务等信息能够顺畅地传达给家长，增强双方的信任与合作；同时，家委会也积极利用家长的智力资源与人力资源，根据每位家长的时间安排和能力特长进行合理调配，为家长提供个性化的资源服务，确保每位家长都能以最适合自己的方式参与到幼儿园的学习支持活动中来。

家委会还通过布置家庭学习任务、动员家庭学习支持资源等方式，帮助幼儿制订并实施成长规划，促进幼儿的全面发展。更重要的是，家委会致力于培养一批家长领袖和代表，使他们能够参与到幼儿园的决策过程中，为幼儿园的发展贡献智慧和力量。这种参与不仅能提升家长的责任感和归属感，也能增强决策的民主性和科学性。

为了进一步加强家园共育，家委会还积极推动相关制度建设，建立长效的合作机制，明确合作规则，提升家园共育的配合度和效率。通过这些努力，家委会为构建和谐的家园关系、促进幼儿健康成长奠定了坚实的基础。

（二）家长会

家长会是幼儿园和家长沟通的主要途径，是家长了解幼儿园的主要窗口，旨在向家长传递幼儿园的学习支持理念、学习支持思想、活动安排，与家长共同探讨幼儿学习支持的方法，同时听取家长对幼儿园工作的意见和建议，是一种最简明、直接、有效的家园合作形式。家长会可以是全园性的，也可以是以班级为单位的，具体取决于幼儿园的规模和需求。开家长会时，幼儿园不仅要做好讲授者，还应充分听取、尊重家长的意见，解答家长的疑惑，同时发挥家长的作用，让家长通过参与家长会有所获、有所思。

（三）家长学校

幼儿园应充分挖掘社会资源，加强社区合作，借助外围力量指导家庭创设成长环境，开发家庭资源优势。定期邀请专家或资深保育师为家长举办育儿讲座或工作坊活动，传授科学育儿理念、方法和技巧，解答家长在育儿过程中的困惑，提升家长的学习支持素养。邀请社区医生到园指导家长科学养育幼儿。

（四）家访

幼儿园应施行家访制度，组织保育师定期开展家访活动。通过实地了解幼儿家庭状况和幼儿表现，详细了解幼儿的生活习惯、兴趣爱好，以及家长的学习支持态度和方法，为家长提供合适的学习支持建议，为幼儿制订个性化的学习支持方案；增进保育师与家长的交流，建立相互理解和信任；帮助保育师为家庭提供科学的幼儿照护建议；针对特殊幼儿提供帮助，对于性格内向、生活自理能力差或来自单亲、离异家庭的特殊幼儿，家访有助于找出问题原因并采取有效措施促进幼儿健康成长；家访也是家长了解幼儿园学习支持理念、学习支持方案、安全保障措施等方面内容的好机会，有助于建立家长对幼儿园的信任和认同。

（五）家长开放日

家长开放日（图5-2-2）是幼儿园为家长提供的家园共育的平台，是幼儿园向家长展示办园理念、课程特色和学习支持过程的良好渠道。在开展、组织家长开放日活动时，家长需要走进幼儿园，走进班级，通过观察，清楚、具体地了解孩子的行为表现和发展现状，然后根据教师和保育师的指导对幼儿进行有针对性的家庭配合学习支持。

图5-2-2 家长开放日活动

（六）家长助教活动

家长助教就是家长进课堂，协助教师、保育师较好地完成学习支持任务的过程。积极有效地开展家长助教活动，能够促进家园联系，为家长和教师、保育师搭建一个互相交流、学习的平台，更好地促进幼儿的早期学习和全面发展。不同层面的家长来自不同的行业，有着不同的工作，家长的职业、阅历、特长对幼儿园来说就是一笔丰富的学习支持资源，家长资源的充分开发能够突破幼儿园学习支持中存在的许多局限，首先男家长的参与，对孩子们来说，充满了新鲜感和阳刚之气，这可以激发孩子们的学习兴趣，其次家长中不乏各领域的专业人才，对于求知欲极强的孩子来说，他们的到来能够满足自己对专业知识的渴求。

（七）家长参与多种活动

幼儿园应积极倡导家长参与园内各类活动，涵盖从课堂辅助到家委会服务，再到设备维护、衣物清洗、物资捐赠及环境清洁等方方面面。家长越深入参与班级事务，越能增强在班级中的归属感，营造一种"您是我们大家庭一员"的温馨氛围。儿童目睹家长与教师、保育师携手合作，会感受到更多的安全感，这种积极的情感环境对促进儿童的早期学习和全面发展大有裨益。

（八）个别约谈

保育师针对个别幼儿的特殊需求，主动预约家长进行一对一的深入面谈。在交谈中，保育师可全面剖析幼儿的发展状况，细致梳理存在的问题，并与家长共同探讨切实可行的解决方案。双方携手制订个性化的家园合作计划，旨在为幼儿提供更加精准、有效的学习支持。

（九）家园联系册/电子通信平台

定期通过家园联系册或电子通信平台，向家长分享幼儿在园的学习进展与生活点滴，同时提供针对性的家庭学习支持指导与建议。此外，还及时传达园所的重要通知与活动信息，并鼓励家长分享幼儿在家中的表现以及个人的学习支持心得与体会，以此促进家园之间的紧密沟通与协作。

（十）在线平台

利用社交媒体、App、网站等数字化工具建立家园互动平台，实时发布幼儿动态、学习支持资源、育儿知识，方便家长随时查看、留言、提问，实现家园间的即时沟通。

通过以上多种形式的家园合作，搭建起多元化、便捷化的沟通桥梁，使幼儿园与家庭形成紧密的合作关系，形成家园合作共同体，共同为幼儿早期学习提供有力支持。

实训视频

🔖 任务 实 训

"个别约谈幼儿家长"实训节选

个别约谈幼儿家长

🎯 **实训目的**

（1）了解幼儿的个体差异，针对幼儿的具体情况与家长进行有针对性的沟通。

（2）运用幼儿学习支持理论知识，解读幼儿行为特点，为家长提供学习支持建议和策略。

（3）掌握家园合作的实践操作，强化职业认同感和责任感。

🎯 **实训内容**

了解和收集幼儿的日常行为表现、性格特点、兴趣爱好等信息；准备约谈内容，包括幼儿的近期发展状况、进步与问题，以及相应的学习支持建议；学习和实践预约、接待、交谈、记录等约谈流程；与家长讨论、协商制订适合幼儿的个性化学习支持方案；妥善处理家长关切的问题。

🎯 **实训步骤**

（1）查阅幼儿档案，观察幼儿在园表现，分析问题和需求，准备约谈提纲。

（2）与家长约定合适的时间和地点，告知约谈的主要内容和目的。

（3）进行面对面交谈，阐述幼儿在园的情况，听取家长意见，共同探讨学习支持策略。

（4）做好约谈记录，整理成报告，并根据约谈内容调整学习支持方案。

（5）根据约谈结果，落实家园合作措施，定期与家长保持联系，追踪幼儿进展。

🎯 **实训材料**

幼儿个案记录表和观察报告、家长约谈预约单和会议记录表、幼儿学习支持相关理论资料和案例分析、家庭学习支持指导手册和相关政策法规资料、约谈所需的办公设备（如电脑、录音笔、纸笔等）。

实训评价

学生与教师共同组成评审团，按照表5-2-1的内容进行考核、打分。

表5-2-1 实训考核表

序号	考核维度	考核内容	配分/分	学生自评	学生互评	教师检评	得分/分
1	时间要求	在规定时间内完成实训	10				
2	质量要求	在约谈过程中注意了礼仪、沟通技巧、专业知识运用等	15				
		能准确把握幼儿特点，提供的幼儿早期学习支持建议科学合理，能有效回应家长关切的问题	15				
		家长反馈良好、家园合作成效良好、幼儿有进步	15				
		实训的自我反思深入，改进措施切实有效	15				
3	准备要求	做好实训的知识、技能、工具准备	15				
4	沟通要求	在与组长、组员、幼儿、家长、其他保教人员等进行沟通时注重沟通技巧	15				
		总分					

知识链接

评分标准

注：①实际得分=学生自评×10%+学生互评×20%+教师检评×70%。

②考核满分为100分，0～59分为不及格，60～69分为及格，70～84分为良好，85～100分为优秀。

任务拓展

一、单选题

1. （　　）作为家长与幼儿园之间的桥梁，由家长代表组成，直接代表并反映家长的意愿与需求。

A.家委会　　　　　　B.家长学校　　　　　　C.家长会　　　　　　D.家长开放日

2. （　　）是幼儿园和家长沟通的主要途径，是家长了解幼儿园的主要窗口。

A.家访　　　　　　　B.家长会　　　　　　C.家长学校　　　　　　D.在线平台

3. （　　）是幼儿园为家长提供的家园共育的平台，是幼儿园向家长展示办园理念、课程特色和学习支持过程的良好途径。

A.家长会　　　　　　B.家委会　　　　　　C.家长助教活动　　　　D.家长开放日

4. 家长助教就是家长进（　　），协助教师、保育师较好地完成学习支持任务的过程。

A.幼儿园　　　　　　B.活动室　　　　　　C.课堂　　　　　　　D.社区

5.幼儿园应实行家访（　　　），组织保育师定期开展家访活动。

  A.制度化   B.程序化   C.合理化   D.形式化

二、多选题

1.家园合作支持幼儿早期学习的内容包括（　　　）。

  A.共同制订学习支持目标   B.开发家庭学习支持资源

  C.分享育儿理念与策略   D.营造家庭学习支持环境

2.家园合作支持幼儿早期学习的形式包括（　　　）。

  A.家委会   B.家长会   C.家长学校   D.家访

  E.家长开放日   F.家长助教活动

3.亲子互动学习活动的组织包括（　　　）。

  A.亲子阅读会   B.手工制作   C.户外探险   D.郊游

三、判断题

1.家园双方需要对幼儿的全面发展目标达成共识。   （　　　）

2.幼儿园应实行家访制度化，组织保育师定期开展家访活动。   （　　　）

3.班级事务是保育师的工作，家长不用深入参与。   （　　　）

任务 三 **运用家园合作支持幼儿早期学习的原则与策略**

任务目标

▶ **知识目标**：掌握家园合作支持幼儿早期学习的策略。

▶ **能力目标**：能够通过分析家园合作案例中用到的策略，加深对有效策略的理解和认识。

▶ **素质目标**：培养对家园合作支持幼儿早期学习工作的兴趣和热爱；意识到作为幼儿园的保育师，只有与家庭形成合力，才能促进幼儿的全面发展。

任务准备

（1）预习本任务内容。

（2）阅读案例，完成案例下面的思考题。

[案例] 在金星幼儿园小（一）班，保育师发现阳阳在吃饭的时候总是把饭撒在桌子上，还经常下饭桌到处乱跑。经过询问发现，原来阳阳不会独立使用勺子吃饭，常常忍不住到处乱窜。保育师及时与家长沟通，了解到阳阳在家吃饭的时候，常常是由爷爷或奶奶追着喂，阳阳缺少使用勺子的练习，并形成了不良的饮食习惯。

[思考] 如果你是这位保育师，你将会怎么做？请根据所学知识制订合理

的家园合作方案。

💡 **任务支撑**

※ **活动一** ※ ···

结合"家园合作支持幼儿早期学习的原则"，谈谈在家园合作中应遵循哪些原则。

一、家园合作支持幼儿早期学习的原则

家园合作支持幼儿早期学习以实现家园双方的协同保育支持，促进幼儿全面发展。家园合作支持幼儿早期学习应遵循以下原则。

（一）尊重与平等

尊重家长作为幼儿第一任学习支持者的地位和权利，平等对待每一位家长，充分听取和尊重其学习支持观念、期望与需求。同时，倡导家长尊重幼儿园的专业知识和实践经验，形成相互尊重、平等对话的合作关系。

（二）合作与共享

倡导家园双方以合作的态度共享学习支持资源、信息和经验，共同规划和实施学习支持活动，共同承担学习支持责任。家长应积极参与幼儿园学习支持活动，幼儿园也应主动邀请家长参与决策和学习支持过程。

（三）沟通与理解

建立有效的家园沟通机制，定期进行面对面交流、电话沟通、书面报告或网络通信等，确保信息的准确、及时传递。同时，注重双向沟通，鼓励家长表达关切和建议，保育师则需充分理解家长的育儿观念和期望，以达成学习支持共识。

（四）个性化与差异化

根据每个幼儿的独特性，家园合作制订和实施个性化的学习支持方案，满足幼儿个体差异化的学习与发展需求。同时，关注家庭背景、文化差异等因素，提供差异化支持，确保所有幼儿都能在合作中受益。

（五）持续与动态

家园合作应是一个持续、动态的过程，随着幼儿的成长和环境变化，不断调整合作策略和内容。双方应定期评估合作效果，及时发现问题，共同寻求解决方案，持续优化合作模式。

（六）专业指导与家长赋权

幼儿园应提供专业的学习支持指导和咨询服务，帮助家长提升学习支持素养和能力。同时，鼓励家长发挥主体作用，赋权家长参与学习支持决策，共同为幼儿创造有利的学习和发展环境。

（七）法律与伦理

家园合作应遵守相关法律法规，尊重幼儿权益，保护幼儿隐私。同时，遵循学习支持伦理，坚持诚实守信、公正公平、尊重差异等原则，确保合作过程的合法、合规、合乎伦理。

※ **活动二** ※

结合"家园合作支持幼儿早期学习的策略",谈谈如何与家长建立有效的沟通机制。

二、家园合作支持幼儿早期学习的策略

有效的家园合作能实现家园同步学习支持,协调一致,使家庭和幼儿园形成学习支持合力,共同促进幼儿的早期学习。保育师只有充分认识家园合作对幼儿发展的重要价值,进一步挖掘家园合作的有效策略,才能让家园合作支持幼儿早期学习的成效显著。家园合作支持幼儿早期学习的策略包括以下几个方面。

(一)制订家园合作制度

没有规矩不成方圆,家园合作制度是家园合作行为的准绳,它能够通过制度和观念双管齐下,提高保育师和家长对家园共育的重视程度,并把制度落实到行动中。家园合作支持幼儿早期学习需要家长以及幼儿园共同维护,所以家园合作制度首先要将家园合作的重要性以及意义告知保育师和家长,从而取得家长的理解。其次家园合作制度须提出家园合作的细则,帮助家长和幼儿园明确各自应该做什么,怎么做。

(二)认识和了解家长

认识、了解家长是家园合作的前提。幼儿入园后,保育师应尽快认识家长,清楚每一位家长与某位幼儿的关系是什么,和幼儿相处得怎么样,再通过平时的观察、沟通与合作了解家长方方面面的情况,只有当保育师了解了家长们的育儿观念、性格、特长之后,才能对家长如何支持幼儿的早期学习提供恰当的建议。

(三)保持平等的合作伙伴关系

平等的合作伙伴关系肯定家长在家园合作中的潜能和作用。在家园合作中,保育师要避免以一种居高临下的姿态与家长交流,而应与家长保持平等的合作伙伴关系,充分尊重家长,尊重家长的学习支持主体地位,充分调动家长的主体性与创造性。同时,幼儿园与家长的交流应是双向的,不仅要指导家庭学习支持,同时还要吸收家长宝贵的学习支持经验,听取家长的反馈和意见,如进行家长问卷调查(图5-3-1),重视家庭对幼儿园学习支持的影响。

图5-3-1　家长问卷调查

（四）建立有效的沟通机制

1.定期家访与开家长会

保育师定期进行家访，了解幼儿在家的生活情况和家庭学习支持环境，同时通过家长会、家长开放日等活动，与家长面对面交流，分享幼儿在园表现和学习支持建议。

2.多元化沟通平台

利用电话、短信、微信、电子邮件、家园联系手册等多元化的沟通渠道，及时向家长反馈幼儿在园学习、生活情况，解答家长疑问，接收家长反馈。

（五）共享学习支持目标与计划

1.共同制订学期目标

保育师与家长共同讨论、制订幼儿学期发展目标，确保家庭与幼儿园学习支持目标的一致性。

2.定期分享学习支持计划

保育师定期向家长介绍幼儿园的学习支持计划、主题活动安排，鼓励家长在家中配合进行相关延伸活动。

（六）及时处理家长提出的意见

合作双方的意见反馈情况在一定程度上影响着合作的效果。幼儿园应重视家长提出的意见或建议，并及时给予反馈，不要拖延。在具体的实施中，幼儿园可派专人负责幼儿园网站、信箱、意见箱等信息沟通渠道，及时对家长提出的意见或建议给予反馈，并积极寻求解决办法，使家长的各项问题都能得到及时且妥善地处理。同时，幼儿园也可以积极寻求一些新的、简便快捷的意见处理途径，如家园信息栏、信息热线、在线反馈系统等。

（七）家长学习支持效果监测与反馈

1.家长学习支持行为观察

保育师通过日常观察、家长反馈等方式，了解家长在家庭学习支持中的行为和态度，及时给予肯定和建议。

2.家庭学习支持满意度调查

定期进行家庭学习支持满意度调查，了解家长对幼儿园学习支持工作的评价和建议，作为改进家园合作策略的依据。

任务实训

开展学习支持问卷调查

实训视频

"开展学习支持问卷调查"实训节选

实训目的

（1）了解和掌握如何从学习支持方面设计和实施有效的问卷调查。

（2）通过问卷调查的实践操作，培养收集、整理、分析数据的能力，锻炼沟通技巧与团队协作能力。

（3）关注并识别学习支持实际问题，寻找解决方案。

实训内容

学习问卷设计的基本原则、格式规范，以及如何根据幼儿学习支持设计恰当的问题项；采用合适的抽样方法选择样本；通过纸质问卷、在线问卷等形式进行数据采集；运用统计软件对收回的问卷数据进行录入、清洗、统计和初步分析。

◎ 实训步骤

（1）确定问卷调查的主题和目标，查阅相关文献资料，明确调查内容和范围。

（2）根据目标设计问卷，进行预测试以检验问卷的可读性、逻辑性和有效性。

（3）发放问卷，确保样本的代表性，记录数据收集过程中的问题和难点。

（4）整理回收的问卷数据，进行统计分析，得出初步结论。

（5）整理调查结果，撰写研究报告，包括研究背景、方法、结果、讨论与建议等部分。

◎ 实训材料

问卷设计模板、统计分析软件（SPSS、Excel等）、调查样本信息表；理论支撑和实践案例研究文献。

◎ 实训评价

学生与教师共同组成评审团，按照表5-3-1的内容进行考核、打分。

知识链接

评分标准

表5-3-1　实训考核表

序号	考核维度	考核内容	配分/分	学生自评	学生互评	教师检评	得分/分
1	时间要求	在规定时间内完成实训	10				
2	质量要求	评估问卷设计科学合理，问题具有针对性和有效性	15				
		在数据收集阶段有较强的组织协调能力和工作效率	15				
		数据处理和分析具有严谨性、科学性，结论具有合理性	10				
		研究报告的结构完整，内容有深度和广度，结论可靠且实用	10				
		方案展示与讲解时的语言表达流畅，思路清晰，内容表述准确无误	10				
3	准备要求	做好实训的知识、技能、工具准备	15				
4	沟通要求	在与组长、组员、幼儿、家长、其他保教人员等进行沟通时注重沟通技巧	15				
总分							

注：①实际得分=学生自评×10%+学生互评×20%+教师检评×70%。

②考核满分为100分，0~59分为不及格，60~69分为及格，70~84分为良好，85~100分为优秀。

任务拓展

一、单选题

1.倡导家园双方以合作的态度共享学习支持资源、信息和经验，共同规划和实施学习支持活动，共同承担保教责任，是家园合作支持幼儿早期学习的（　　）原则。

A.持续与动态　　　　B.沟通与理解　　　　C.尊重与平等　　　　D.合作与共享

2.建立有效的家园沟通机制，定期进行多种方式的交流，是家园合作支持幼儿早期学习的（　　）原则。

A.沟通与理解　　　　B.个性化与差异化　　C.持续与动态　　　　D.法律与伦理

3.根据每位幼儿的独特性，家园合作制订和实施个性化的学习支持方案，满足幼儿个体差异化的学习与发展需求是家园合作支持幼儿早期学习的（　　）原则。

A.沟通与理解　　　　B.个性化与差异化　　C.尊重与平等　　　　D.合作与共享

4.幼儿的第一任教育者是（　　）。

A.家长　　　　　　　B.教师　　　　　　　C.保育师　　　　　　D.早教师

5.（　　）制度是家园合作行为的准绳，它能够通过制度和观念双管齐下，提高保育师和家长对家园共育的重视程度，并把制度落实到行动中。

A.幼儿园卫生保健　　B.家园合作　　　　　C.幼儿园考勤　　　　D.安全制度

二、多选题

1.家园合作支持幼儿早期学习的原则包括（　　）。

A.尊重与平等　　　　B.合作与共享　　　　C.沟通与理解　　　　D.个性化与差异化
E.持续与动态　　　　F.专业指导与家长赋权　　　　　　　　　G.法律与伦理

2.能促进家园沟通与理解的方式包括（　　）。

A.面对面交流　　　　B.电话沟通　　　　　C.书面报告　　　　　D.电子通信

3.家园合作支持幼儿早期学习的策略包括（　　）。

A.制订家园合作制度　　　　　　　B.认识和了解家长
C.保持平等的合作伙伴关系　　　　D.建立有效的沟通机制
E.共享学习支持目标与计划　　　　F.及时处理家长提出的意见
G.家长学习支持效果监测与反馈

三、判断题

1.保育师应平等对待每一位家长，充分听取和尊重其学习支持观念、期望与需求。（　　）

2.家园合作只是一个暂时、不需要保持持续和动态的过程。（　　）

3.因为幼儿年龄小，所以在家园合作过程中，我们不用保护幼儿的隐私。（　　）

参考文献

［1］中华人民共和国教育部.《幼儿园教育指导纲要（试行）》［M］.北京：北京师范大学出版社，2001.

［2］中华人民共和国教育部.3～6岁儿童学习与发展指南［M］.北京：首都师范大学出版社，2012.

［3］中华人民共和国教育部.2016版幼儿园工作规程［M］.北京：首都师范大学出版社，2016.

［4］王振宇.幼儿心理学［M］.2版.北京：人民教育出版社，2012.

［5］孙明红，刘梅.婴幼儿身心发展及保育［M］.北京：高等教育出版社，2021.

［6］陈帼眉，冯晓霞，庞丽娟.学前儿童发展心理学［M］.北京：北京师范大学出版社，2013.

［7］汪薇.保教知识与能力［M］.北京：北京理工大学出版社，2018.

［8］毛萌，金星明.中国婴幼儿早期学习指导［M］.北京：人民卫生出版社，2013.

［9］蒙丽，王弦，陈清.幼儿早期学习支持［M］长春：东北师范大学出版社，2022.

［10］周晶.幼儿早期学习支持［M］上海：复旦大学出版社，2024.

［11］李杨，曾思燕，饶婷.幼儿环境创设［M］.上海：同济大学出版社，2018.

［12］何桂香.幼儿环境创设与利用［M］.北京：北京师范大学出版社，2023.

［13］李晓巍.学前儿童发展与教育［M］.上海：华东师范大学出版社，2018.

［14］苏彦捷.发展心理学［M］.北京：高等教育出版社，2012.

［15］梁红霞，杨玲，李杰平.教育心理学［M］北京：首都师范大学出版社，2020.